中国非洲研究院文库·学术著作

A Comparative Perspective of the Roles of China and the International Organization of Francophonie

RESEARCH ON PEACEBUILDING IN AFRICA

非洲建设和平研究

兼论中国与法语国家组织的作用

孟瑾 著

中国社会科学出版社

图书在版编目（CIP）数据

非洲建设和平研究：兼论中国与法语国家组织的作用 / 孟瑾著. -- 北京：中国社会科学出版社，2024.11. -- （中国非洲研究院文库. 学术著作）
ISBN 978-7-5227-3681-5

Ⅰ.①非… Ⅱ.①孟… Ⅲ.①国际争端—研究—非洲 Ⅳ.①D840.2

中国国家版本馆 CIP 数据核字（2024）第 110742 号

出 版 人	赵剑英
责任编辑	范晨星　田　耘
责任校对	韩天炜
责任印制	李寡寡

出　　版	中国社会科学出版社
社　　址	北京鼓楼西大街甲 158 号
邮　　编	100720
网　　址	http://www.csspw.cn
发 行 部	010-84083685
门 市 部	010-84029450
经　　销	新华书店及其他书店
印　　刷	北京君升印刷有限公司
装　　订	廊坊市广阳区广增装订厂
版　　次	2024 年 11 月第 1 版
印　　次	2024 年 11 月第 1 次印刷
开　　本	710×1000　1/16
印　　张	15
插　　页	2
字　　数	239 千字
定　　价	79.00 元

凡购买中国社会科学出版社图书，如有质量问题请与本社营销中心联系调换
电话：010-84083683
版权所有　侵权必究

《中国非洲研究院文库》编委会名单

主　任　蔡　昉
编委会　（按姓氏笔画排序）
　　　　王　凤　　王林聪　　王启龙　　安春英　　邢广程
　　　　毕健康　　朱伟东　　李安山　　李新烽　　杨宝荣
　　　　吴传华　　余国庆　　张永宏　　张宇燕　　张忠祥
　　　　张振克　　林毅夫　　罗建波　　周　弘　　赵剑英
　　　　姚桂梅　　党争胜　　唐志超　　冀祥德

充分发挥智库作用　助力中非友好合作

——《中国非洲研究院文库总序言》

当前，世界之变、时代之变、历史之变正以前所未有的方式展开。一方面，和平、发展、合作、共赢的历史潮流不可阻挡，人心所向、大势所趋决定了人类前途终归光明。另一方面，恃强凌弱、巧取豪夺、零和博弈等霸权霸道霸凌行径危害深重，和平赤字、发展赤字、治理赤字加重，人类社会面临前所未有的挑战。

作为世界上最大的发展中国家，中国始终是世界和平的建设者、国际秩序的维护者、全球发展的贡献者。非洲是发展中国家最集中的大陆，是维护世界和平、促进全球发展的重要力量之一。世界又一次站在历史十字路口的关键时刻，中非双方比以往任何时候都更需要加强合作、共克时艰、携手前行，共同推动构建人类命运共同体。

中国和非洲都拥有悠久灿烂的古代文明，都曾走在世界文明的前列，是世界文明百花园的重要成员。双方虽相距万里之遥，但文明交流互鉴的脚步从未停歇。进入21世纪，特别是党的十八大以来，中非文明交流互鉴迈入新阶段。中华文明和非洲文明都孕育和彰显出平等相待、相互尊重、和谐相处等重要理念，深化中非文明互鉴，增强对彼此历史和文明的理解认知，共同讲好中非友好合作故事，为新时代中非友好合作行稳致远汲取历史养分、夯实思想根基。

中国式现代化，是中国共产党领导的社会主义现代化，既有各国现代化的共同特征，更有基于自己国情的中国特色。中国式现代化，深深植根于中华优秀传统文化，体现科学社会主义的先进本质，借鉴吸收一切人类优秀文明成果，代表人类文明进步的发展方向，展现了不同于西方现代化模式的新图景，是一种全新的人类文明形态。中国式现代化的新图景，为包括非洲国家在内的广大发展中国家发展提供了有益参考和借鉴。近年来，非洲在自主可持续发展、联合自强道路上取得了可喜进步，从西方眼中"没有希望的大陆"变成了"充满希望的大陆"，成为"奔跑的雄狮"。非洲各国正在积极探索适合自身国情的发展道路，非洲人民正在为实现《2063年议程》与和平繁荣的"非洲梦"而努力奋斗。中国坚定支持非洲国家探索符合自身国情的发展道路，愿与非洲兄弟共享中国式现代化机遇，在中国全面建设社会主义现代化国家新征程上，以中国的新发展为非洲和世界提供发展新机遇。

中国与非洲传统友谊源远流长，中非历来是命运共同体。中国高度重视发展中非关系，2013年3月，习近平担任国家主席后首次出访就选择了非洲；2018年7月，习近平主席出访非洲；6年间，习近平主席先后4次踏上非洲大陆，访问坦桑尼亚、南非、塞内加尔等8国，向世界表明中国对中非传统友谊倍加珍惜，对非洲和中非关系高度重视。在2018年中非合作论坛北京峰会上，习近平主席指出："中非早已结成休戚与共的命运共同体。我们愿同非洲人民心往一处想、劲往一处使，共筑更加紧密的中非命运共同体，为推动构建人类命运共同体树立典范。"2021年中非合作论坛第八届部长级会议上，习近平主席首次提出了"中非友好合作精神"，即"真诚友好、平等相待，互利共赢、共同发展，主持公道、捍卫正义，顺应时势、开放包容"。这是对中非友好合作丰富内涵的高度概括，是中非双方在争取民族独立和国家解放的历史进程中培育的宝贵财富，是中非双方在发展振兴和团结协作的伟大征程上形成的重要风范，体现了友好、平等、共赢、正义的鲜明特征，是新型国际关系的时代标杆。

随着中非合作蓬勃发展，国际社会对中非关系的关注度不断提高。一方面，震惊于中国在非洲影响力的快速上升；一方面，忧虑于自身在非洲影响力的急速下降，西方国家不时泛起一些肆意抹黑、诋毁中非关系的奇谈怪论，诸如"新殖民主义论""资源争夺论""中国债务陷阱论"等，给发展中非关系带来一定程度的干扰。在此背景下，学术界加强对非洲和中非关系的研究，及时推出相关研究成果，提升中非双方的国际话语权，展示中非务实合作的丰硕成果，客观积极地反映中非关系良好发展，向世界发出中国声音，显得日益紧迫和重要。

以习近平新时代中国特色社会主义思想为指导，中国社会科学院努力建设马克思主义理论阵地，发挥为党和国家决策服务的思想库作用，努力为构建中国特色哲学社会科学学科体系、学术体系、话语体系作出新的更大贡献，不断增强我国哲学社会科学的国际影响力。中国社会科学院西亚非洲研究所是遵照毛泽东同志指示成立的区域性研究机构，长期致力于非洲问题和中非关系研究，基础研究和应用研究双轮驱动，融合发展。

以西亚非洲研究所为主体于2019年4月成立的中国非洲研究院，是习近平主席在中非合作论坛北京峰会上宣布的加强中非人文交流行动的重要举措。自西亚非洲研究所及至中国非洲研究院成立以来，出版和发表了大量论文、专著和研究报告，为国家决策部门提供了大量咨询报告，在国内外的影响力不断扩大。遵照习近平主席致中国非洲研究院成立贺信精神，中国非洲研究院的宗旨是：汇聚中非学术智库资源，深化中非文明互鉴，加强中非治国理政和发展经验交流，为中非和中非同其他各方的合作集思广益、建言献策，为中非携手推进"一带一路"高质量发展、共同建设面向未来的中非全面战略合作伙伴关系、构筑更加紧密的中非命运共同体提供智力支持和人才支撑。

中国非洲研究院有四大功能：一是发挥交流平台作用，密切中非学术交往。办好三大讲坛、三大论坛、三大会议。三大讲坛包括"非洲讲坛""中国讲坛""大使讲坛"，三大论坛包括"非洲留学生论坛""中非学术翻译论坛""大航海时代与21世纪海峡两岸学术论坛"，三大会议包括"中非文明对话大会""《（新编）中国通史》和《非洲通史（多卷本）》比较研究国际研讨会""中国非洲研究年会"。二是发挥研究基地作用，聚焦共建"一带一路"。开展中非合作研究，对中非共同关注的重大问题和热点问题进行跟踪研究，定期发布研究课题及其成果。三是发挥人才高地作用，培养高端专业人才。开展学历学位教育，实施中非学者互访项目，扶持青年学者和培养高端专业人才。四是发挥传播窗口作用，讲好中非友好故事。办好中国非洲研究院微信公众号，办好中英文中国非洲研究院网站，创办多语种《中国非洲学刊》。

为贯彻落实习近平主席的贺信精神，更好汇聚中非学术智库资源，团结非洲学者，引领中国非洲研究队伍提高学术水平和创新能力，推动相关非洲学科融合发展，推出精品力作，同时重视加强学术道德建设，中国非洲研究院面向全国非洲研究学界，坚持立足中国，放眼世界，特设"中国非洲研究院文库"。"中国非洲研究院文库"坚持精品导向，由相关部门领导与专家学者组成的编辑委员会遴选非洲研究及中非关系研究的相关成果，并统一组织出版。文库下设五大系列丛书："学术著作"系列重在推动学科建设和学科发展，反映非洲发展问题、发展道路及中非合作等某一学科领域的系统性专题研究或国别研究成果；"学术译丛"系列主要把非洲学者以及其他方学者有关非洲问题研究的学术著作翻译成中文出版，特别注重全面反映非洲本土学者的学术水平、学术观点和对自身发展问题的见识；"智库报告"系列以中非关系为研究主线，以中非各领域合作、国别双边关系及中国与其他国际角色在非洲的互动关系为支撑，客观、准确、翔实地反映中非合作的现状，为新时代中非关系顺利发展提供对策建议；"研究论丛"系列基于国际格局新变化、中国特色社会主义进入新时代，集结中国专家学者研究非洲政治、经济、安全、社会发展等方面的重大问题和非洲国际关系的创新性学术论文，具有基础性、系统性和标志性研究成果的特点；"年鉴"系列是连续出版的资料性文献，分中英文两种版本，设有"重要文献""热点聚焦""专题特稿""研究综述""新书选介""学刊简介""学术机构""学术动态""数据统计""年度大事"等栏目，系统汇集每年度非洲研究的新观点、新动态、新成果。

期待中国的非洲研究和非洲的中国研究在中国非洲研究院成立新的历史起点上，凝聚国内研究力量，联合非洲各国专家学者，开拓进取，勇于创新，不断推进我国的非洲研究和非洲的中国研究以及中非关系研究，从而更好地服务于中非高质量共建"一带一路"，助力新时代中非友好合作全面深入发展，推动构建更加紧密的中非命运共同体。

中国非洲研究院
2023年7月

序　言

本书深入分析了在全球秩序重组背景下非洲国家冲突性质的转变以及不同性质行为体如何通过对非合作促进非洲大陆和平的实现。探讨以中国、法语国家组织为代表的不同性质行为体之间在非洲建设和平进程中的互动及互补性构成了该著作的独创性。分析中国和法语国家组织在非洲建设和平中的作用，一方面有助于认识不同性质行为体在非洲建设和平中价值理念的差异性，为多角度考察非洲建设和平进程提供了有益素材。另一方面有助于找寻不同性质行为体在非洲建设和平中实践路径的交汇点，为国际社会共同探求破解非洲和平和安全困境之路做必要铺垫。

当今国际格局和国际体系正在发生深刻调整和变化，国际秩序在持续演进并且呈现出多边主义特征。在国际体系发生结构性变迁的过程中，新兴大国正在推动国际秩序朝着更加公正、合理的方向发展，以平等互利、合作共赢为基础的区域一体化进程不断推进，横向的、柔性的、包容的、多样的合作框架日益丰盈。作为发展中国家，中国致力于建立以相互尊重、公平正义、合作共赢为基础的新型国际关系。在这一理念的指引下，中国和非洲在多极世界中以双边和多边相结合的方式建立了相互依存的"横向平衡"。中国在非洲建设和平的政策和理念不仅为非洲实现和平稳定提供了新思路，而且为摆脱当前全球治理困境贡献了中国智慧。中国道路提供了西方价值观之外的又一可能。

新兴的中国国际关系学派正在构建自主的国际关系理论。他们在超越以西方为中心的传统理论的同时丰富了国际合作和全球治理理念，创新了参与地区和全球治理的方式。作者通过挖掘中国传统文化阐明了中国视角下的国际关系政治哲学，并对西方中心主义的建设和平理念和机制进行了反思。本书重点介绍的两个概念较为充分地体现了儒家哲学传统思想，在一定程度上构成了东亚政治的逻辑基础。首先是"天下"，这一概念将现实世界视为普天之下共存的产物，"天"也构成了合法性和权力的源泉。"天下"概念超越了宗教层面，天下的土地、人民以相互依赖的关系实现共存。当代哲学家赵汀阳在其对威斯特伐利亚国家逻辑的批判中根据现代世界的性质深化了这一概念。"关系"是新兴的中国国际关系学派提出的又一重要概念。国际关系学者秦亚青所论述的"关系"理论既勾勒了儒家处理与他者关系的方式，也阐明了亚洲文化圈社会互动的基础（并非西方基于自由意志的个人责任制）。这些对儒家思想的认识有助于理解中国通过参与非洲建设和平进程向国际社会提供国际安全公共产品，通过建立和深化发展中国家之间的关系来促进全球南方国家之间团结合作的初衷。

此外，作者还通过在研究对象国进行实地观察和半结构式访谈搜集了宝贵的一手资料，呈现了非洲建设和平进程参与者认知的多元性及其对建设和平的要素和困境的不同思考。本书的论述使非洲建设和平议题的相关研究者和实践者认识到军事手段并非实现和平的最有效手段，促进民族和解、激发经济活力、恢复社会公共服务等经济社会层面的措施对实现持久和平同样发挥着不可忽视的作用。

总而言之，本书在分析非洲冲突根源、阐释建设和平内涵和外延的基础上，致力于解读中国和法语国家组织在建设和平领域的政策与举措，明晰其行动理念和机制，进而探究不同性质行为体在建设和平领域建立合作的可能路径，不失为交叉视角下非洲建设和平研究的一次有益尝试，为不同行为体在非洲和平安全领域开展国际合作提供了更多思路。

法国里昂第三大学政治学教授 Brigitte Vassort-Rousset
2023 年 11 月 11 日 圣卡西安

目 录

引言 …………………………………………………………… (1)

第一章　冲突的概念与非洲冲突的根源 …………………… (6)
　　第一节　冲突的定义、特征及分类 ……………………… (6)
　　第二节　非洲冲突的根源 ………………………………… (18)

第二章　建设和平理论及其在非洲的实践 ………………… (39)
　　第一节　建设和平的起源、定义及不同维度 …………… (39)
　　第二节　研究对象国的建设和平进程 …………………… (74)

第三章　中国在非洲建设和平中的作用 …………………… (97)
　　第一节　中国在建设和平领域的原则和政策 …………… (97)
　　第二节　中国在非洲建设和平中的行动举措 …………… (118)

第四章　法语国家组织在非洲建设和平中的作用 ………… (147)
　　第一节　法语国家组织的缘起、架构及性质 …………… (147)
　　第二节　法语国家组织在非洲建设和平中的行动举措 … (159)

第五章　非洲建设和平：中国和法语国家组织共同关注的
　　　　　议题 ……………………………………………… (172)
　　第一节　非洲建设和平视角下的中国外交政策 ………… (172)

第二节　非洲建设和平视角下法语国家组织的困境与改革 ……（181）
第三节　建设和平政策和理念的互补性 ………………………（192）

结　语 ……………………………………………………………（203）

参考文献 …………………………………………………………（211）

引　言

一　问题缘起

冷战结束后，冲突在目标、方式、资金来源等方面呈现出诸多新特点。国家内部冲突的数量明显增多，成为人类有组织武装冲突的主要形式。国家内部冲突不仅会对本国的政治、经济和社会发展产生负面影响，而且会对其他国家产生外溢效应，威胁地区甚至世界的和平与发展。

非洲冲突和安全态势牵动着国际形势全局。自冷战结束以来，非洲大陆的国家间冲突数量明显下降，国内冲突成为非洲大陆与地区和平的主要威胁。在这一背景下，和平的缔造不再以国家间和平协议的签订为前提，而是建立在解决国家内部矛盾的基础之上。因此，以消除冲突根源为核心的建设和平在冲突管理中的作用愈发重要。非洲大陆尤其是法语非洲国家的冲突管理通常是国际社会关注的重点议题。建设和平作为冲突管理的重要环节值得学界深入研究，以期为非洲国家走出冲突泥沼提供有益思路。认识和分析非洲国家冲突的根源是建设和平的前提。由于冲突根源是错综复杂的，建设和平的任务和目标也是多层面的，包括提升国家治理能力，恢复社会凝聚力，建立和修复族群间关系，改善公共服务体系，促进经济多元化发展，等等。

国际及地区组织、相关国家、非政府组织等不同性质行为体积极参与非洲建设和平进程，致力于维护非洲和平与稳定。作为非洲重要的国际合作伙伴，中国积极参与非洲和平安全事务，通过提供物资援助、加强经济合作等方式来帮助非洲国家实现冲突后重建，破解非洲和平与安全困境。与此同时，中国通过政治军事合作加强非洲国家执政能力和安全机制建设，以达到预防冲突和建设和平的目标。近年来，随着中国国际地位的提升以及在非投资规模的不断扩大，国际社会和非洲国家对中非合作的期待不断提高。中国积极参与非洲冲突管理与建设和平不仅是进一步深化中非合作的必然要求，也成为树立中国负责任大国形象、创新国际安全公共产品供应的有效方式。[1] 2022年4月21日，中国国家主席习近平在博鳌亚洲论坛年会开幕式上发表主旨演讲，首次提出全球安全倡议。[2] 全球安全倡议为弥补和平赤字、破解全球安全困境指明了方法路径。作为当今武装冲突较为集中的大陆，非洲是中国落实全球安全倡议的重点区域。习近平主席于2022年7月25日向第二届中非和平安全论坛致贺信，指出中国愿同非洲朋友一道，坚持共同、综合、合作、可持续的安全观，维护以联合国为核心的国际体系，维护国际公平正义，推动落实全球安全倡议，构建新时代中非命运共同体。[3] 可见，破解非洲和平与安全困局是构建新时代中非命运共同体的重要前提和应有之义。

法语国家及地区国际组织（Organisation internationale de la Francophonie，以下简称法语国家组织）自1997年越南峰会起由地缘文化组织转型为集地缘文化与政治外交于一身的综合性国际组织。该组织于2000年出台的《巴马科宣言》（Déclaration de Bamako）[4] 和于2006年出台的《圣卜尼法斯宣言》（Déclaration de Saint-Boniface）[5] 为其在政治外交领域发挥作用制定了基本准则与行动纲领。民主建设、深化良政、加强法治是法语国家组织在建设和平进程中的行动重点。法语国家组织借助其丰富的专家资源，通过在法语国家与地区范围内传播和分享冲突管理方面的经验来实现建设和平的目标。近年来，随着法语非洲地区安全局势的持续动荡，法语国家组织在冲突管理中的作用日渐凸显。法语国家组织结

---

[1] 张春：《新时期中非和平安全合作：创新国际安全公共产品供应》，《当代世界》2018年第10期。

[2] 《习近平在博鳌亚洲论坛2022年年会开幕式上发表主旨演讲》，《人民日报》2022年4月22日第1版。

[3] 《习近平向第二届中非和平安全论坛致贺信》，《人民日报》2022年7月26日第1版。

[4] Ministres et Chefs de délégation des Etats et gouvernements des pays ayant le français en partage, *Déclaration de Bamako*, 2000, Orgnisation internationale de la Francophonie.

[5] Ministres et Chefs de délégation des Etats et gouvernments des pays ayant le français en partage, *Déclaration de Saint-Boniface*, 2006, Organisation internationale de la Francohponie.

合自身优势和特点，不断完善和平与安全机制，在法语非洲地区建设和平中发挥着不可忽视的作用。

中国与法语国家组织在建设和平领域的政策理念及行动方式上存在差异，但这并不妨碍二者在发挥各自比较优势的基础上共同探索非洲冲突的解决之道。本书将在探究非洲冲突根源、阐释建设和平内涵和外延的基础上，致力于分析中国、法语国家组织在建设和平领域的政策与举措，明晰其行动理念和机制，进而探究不同性质行为体在建设和平领域建立合作的可能路径。

二 案例的选择和时间的界定

本书选择马里、科特迪瓦和塞内加尔为研究对象。这三个国家既有共性又有特性。三国不仅皆为法语国家组织的创始成员国，而且都是西非国家经济共同体（Communauté économique des Etats de l'Afrique de l'Ouest）和非洲联盟（Union africaine）的成员国。同时，三个国家处于冲突后建设和平的不同阶段且在不同时期与中国建立了外交关系。在时间节点上，本书以 2000 年为起点。一方面是由于中非合作论坛在这一年创建。自 2000 年起，中非合作论坛成为中非关系重要的对话平台和合作机制。另一方面是由于法语国家组织在该年颁布了《巴马科宣言》，自此法语国家组织具备了开展政治行动的政策参考。与此同时，为了使案例更具针对性和代表性，马里冲突的分析限定在 2012 年军事政变后，科特迪瓦冲突以 2010 年总统选举引起的军事武装冲突为主线，而塞内加尔则由于卡萨芒斯地区冲突一直维持在低烈度水平，用于与另外两个案例对比。[①] 值得注意的是，案例的选择和时间节点的界定不限制本书追溯历史，也不妨碍在必要时将研究视线投向其他地区。

三 研究方法

本书属于政治学国际关系学科范畴，因此国际关系理论是本书论证分析的主要理论支撑。但由于和平与冲突这一议题的复杂性和跨学科性，

---

① 活跃于卡萨芒斯地区的分离主义运动对卡萨芒斯地区的稳定造成一定负面影响，但未对塞内加尔中央政权构成实质性威胁。

本书还将运用社会学、人类学、哲学等学科理论,从不同学科角度对建设和平理论和实践进行分析和论述。与此同时,本书将西方国际关系理论与中国传统思想相结合,以探究中国传统思想的辩证思维与西方国际关系理论的二元性特征之间的异同和互补性。

国际关系理论中的三大主要流派现实主义、自由主义、建构主义是本书倚重的主要理论来源。研究通过现实主义理论解析中国参与非洲建设和平事务的利益构成并解读中国作为全球性大国参与冲突管理的动机与方式。自由主义和跨国主义(transnationalism)理论有助于分析法语国家组织作为国际组织的特殊性。建构主义理论则解释了国家形象与身份定位在中国制定和调整对外政策中的重要性。

此外,本书还借助中国传统思想来诠释冲突、和平等核心概念,并且通过中国传统思想来解读中国外交的延续性与创新性。中国学者基于中国传统思想对西方国际关系理论进行的创新为本书提供了重要的理论分析工具。例如,国际关系理论创新型学者代表、清华大学国际关系学院院长阎学通教授在西方国际关系理论现实主义流派的基础上结合中国古代先秦思想提出道义现实主义,对"霸道"和"王道"及其之间的关系进行了理论上的挖掘。该理论强调道义在权力世界中的意义和作用,认为道义同权力和利益同样重要,一国要想成为国际体系领导者,仅凭物质性权力("霸道")不够,需要道义的支撑("王道")。[1] 道义现实主义有助于认识中国不是也不会成为霸权主义强国的原因,进而分析中国参与非洲建设和平行动的正义性基础。原外交学院院长秦亚青教授则通过创新和发展建构主义理论来分析行为体之间的互动关系,开创了国际政治的"关系"理论。"关系"理论以鲜明的辩证主义为特征,认为世界的本体是"关系","关系"构成了社会研究的基本单位,所有"关系"都是互为生命、相辅相成的。在秦亚青看来,国际社会处于不断变化的过程中,行为体在互动过程中形成自身的特点,并不断寻找和定义自己的位置。[2] 这一理论创新有助于认识中国视角下矛盾的相对性以及中国对非

---

[1] Xuetong Yan, *Ancient Chinese thought, modern Chinese power*, trans. by Dun-he Lei, Princeton: Princeton University Press, 2011.

[2] Yaqing Qin, "A relation theory of world politics", *International Studies Review*, 2016, pp. 1 – 15.

政策在和平安全领域的不断调整和革新。

在借助理论工具的同时，基于田野调查的一手资料为本书提供了重要分析素材。在田野调查中，笔者在巴黎、北京、科特迪瓦首都阿比让、马里首都巴马科和塞内加尔首都达喀尔与50余名受访者进行了半结构式访谈，并与来中国参加研讨会的非洲地方政府官员进行了问卷调查。田野调查一方面补充了间接渠道不能获取的资料讯息，另一方面，实地观察和采访是验证理论和评估政策有效性和适用性的重要途径，有助于更加全面、客观地呈现和分析中国和法语国家组织在建设和平领域的作用及贡献。

第一章

冲突的概念与非洲冲突的根源①

阐明冲突的定义、特征及根源是认识建设和平这一概念的前提条件。本章将阐述冲突的定义及特征，并结合研究对象国的特点来分析冲突根源所在。

第一节 冲突的定义、特征及分类

从多学科角度阐明和认识"冲突"这一概念是分析冲突根源的基本前提。西方理论和中国传统文化对冲突的理解存在一定差异，分析这一差异性有助于全面深入地认识冲突的概念。

一 冲突的定义

关于冲突，现有理论和研究对其有多种定义。根据冲突涉及的领域、冲突的烈度、冲突的产生机制等不同视角，学者对冲突的定义也有所不同。同时，中西方理论对冲突的理解和认识也存在差异。

冲突是国际政治范畴的核心概念之一，政治冲突是每个国家不得不面对的政治课题。通常来讲，政治冲突与公共权力相关，突出政治主体的参与。哈里·埃克斯坦（Harry H. Eckstein）认为"政治冲突是与公共权威相关的社会冲突"。②《政治学辞典》将政治冲突定义为"政治领域内不同的政治行为主体，如国家、个人或其他政治组织因为利益、观念、

---

① 本书得到中国社会科学院西亚非洲研究所"西亚非洲国家政治发展研究"创新项目的支持。
② 王浦劬：《西方当代政治冲突理论述评》，《学术界》1991年第6期。

政策或纲领由分歧而导致的相互对抗行为。"① 本研究涉及的冲突多为与公共权力相关的政治冲突。

现代意义上的政治冲突理论是在现代资本主义民主国家的基础上形成的。罗伯特·达尔（Robert A. Dahl）是比较有代表性的政治冲突理论学者之一。他将政治冲突定义为"涉及国家政府的冲突"，并从冲突的烈度、水平或严重性的角度将冲突分为"两极冲突（加强性的两极、横截的两极冲突）与多极冲突（分裂的冲突、横截的冲突）"。② 达尔认为"政治制度本身部分地由一个国家的分裂和冲突形成"，③ 并指出政治冲突可以是温和的、非暴力的，不一定导致两极分化，也不一定不可调和，西方民主国家的政治冲突一般来讲是趋向温和的。达尔根据冲突的烈度对冲突进行分类，为细化冲突研究作出必要的理论准备。但是，达尔将冲突的烈度与政治制度的性质进行对应，并认为特定的政治制度能使冲突更趋向温和的观点忽视了政治制度的多样性以及冲突的复杂性。

不同的政治理论对冲突产生的原因解读不同。从现实主义角度来看，不同的行为体之间为争夺稀有的权力、地位或资源而压制、伤害或消灭对方是冲突产生的主要原因。④ 从建构主义角度，彼此认同的群体和一个或其他几个自我认同的群体之间追求的目标相互抵触或者看上去相互抵触容易引发冲突。这些群体既包括部落群体、种族群体、宗教群体、社会经济群体和政治群体，也包括具有相同语言和文化的群体。⑤ 此外，"相对剥夺论"是解释政治冲突产生的又一视角。约翰尼·戴维斯（Johnny Davis）认为"相对剥夺感"指"在一个特定的社会中，对人民思想的一切主要影响将在前一时期（上升时期）产生一种持续满足需求的期望；在后一个时期（下降时期），当明示的现象与所预期的现实相分

---

① 胡锐军：《政治冲突引论》，中国社会科学出版社2013年版，第9页。
② [美] 罗伯特·A. 达尔：《多元主义民主的困境》，尤正明译，求实出版社1989年版，第58—61页。
③ [美] 罗伯特·A. 达尔：《多元主义民主的困境》，尤正明译，求实出版社1989年版，第41页。
④ 蒲宁、陈晓东：《国际冲突研究》，时事出版社2007年版，第9页。
⑤ [美] 詹姆斯·多尔蒂、小罗伯特·普法尔茨格拉夫：《争论中的国际关系理论》，阎学通、陈寒溪等译，世界知识出版社2003年版，第200页。

离时，就会产生一种焦虑和受挫的心态"。① 当社会大部分成员都有"相对剥夺感"时，政治冲突就会发生。现实主义、建构主义以及相对剥夺论阐释了冲突产生的不同机制，为寻求非洲冲突的根源提供了思路和理论支撑。

事实上，学界对政治冲突内涵的深入分析和研究并不多，政治冲突本质上是社会关系和社会互动的形式之一。政治冲突实质上是社会冲突的一种类型，对政治冲突的研究也是以社会冲突为基础的，因此从社会学角度认识冲突尤为重要。法国社会学家朱利安·弗罗因德（Julien Freund）在《冲突社会学》一书中对冲突这一概念予以精确的定义。他认为："冲突是在两个相同性质的物种或物种群体之间有意地对抗或者冲撞，其中一方为了维护或重建某一权利而引起另一方的抵抗，并对后者表现出敌意。在一些情况下，暴力是冲突方借助的手段，有时冲突甚至造成某一方实质性的毁灭。"② 这一定义概括出了冲突的六个特征：行为体的主观意愿、行为体的同质性、至少存在于一方的仇恨情绪、以维护权利或正义为对象、以一方对另一方的控制为目标以及存在暴力程度升级的可能。弗罗因德通过社会学理论对冲突的要素和产生机制进行了阐释，为从社会学角度认识政治冲突奠定了基础。

马克思是分析社会冲突的奠基式人物。他运用历史唯物主义的基本原理，从社会经济关系角度分析社会冲突的根源、表现形式以及实质。他认为，社会冲突的实质是利益冲突，是围绕利益展开的一种对抗性互动。在他看来，"一切历史冲突都根源于生产力和交往形式之间的矛盾"。③ 马克思指出，历史上的运动、斗争、革命都是围绕利益展开的，而思想只是现实生活的一种观念上的反映，不能脱离某种利益而独立存在，它代表某个阶级、阶层、群体利益。利益冲突的表现形式有：剥削阶级和被剥削阶级之间的斗争，剥削阶级之间的斗争，不同阶层、不同党派之间的斗争，等等。与此同时，马克思的冲突理论聚焦阶级冲突。

---

① [美] J. 戴维斯：《革命理论研究》，《美国社会学评论》1962年2月，第8页。转引自王浦劬《西方当代政治冲突理论述评》，《学术界》1991年第6期。
② Julien Freund, *Sociologie du conflit*, Paris: Presses Universitaires de France, 1983, pp. 63 – 68.
③ 《马克思恩格斯文集》第1卷，人民出版社2009年版，第567—568页。

他认为，阶级和阶级冲突是社会发展的动力。马克思、恩格斯在《共产党宣言》中指出："到目前为止的一切社会的历史都是阶级斗争的历史。自由民和奴隶、贵族和平民、领主和农奴、行会师傅和帮工，一句话，压迫者和被压迫者，始终处于相互对立的地位，进行不断的、有时隐蔽有时公开的斗争，而每一次斗争的结局都是整个社会受到革命改造或者斗争的各阶级同归于尽。"① 马克思从社会经济关系的角度揭露了冲突的本质，并指出阶级斗争的必然性和不可调和性。韦伯在继承马克思思想理论的基础上从政治社会学中统治的角度进一步发展了冲突理论。韦伯认为社会冲突的根源有三个：财富、声望和地位的高度相关性；报酬的分配；低水平的社会流动性。当权力和财富以及地位高度相关，报酬分配为少数人垄断，且社会流动性较低时，人们比较倾向于通过冲突来争取权力、地位和财富。②

社会学家齐美尔（George Simmel）则从广义层面定义冲突，将冲突看作是一种典型的社会互动和交往形式，认为冲突是普遍存在的、不可避免的正常现象，一定程度的冲突是群体形成和群体生活持续的基本要素。在齐美尔看来，社会组织不一定是完全和谐的，社会组织可以形成对立关系，也可以形成合作关系。即便是对立冲突关系，也可以对社会的整合发挥积极作用。冲突并不一定引起社会系统的崩溃，也可能起到促进社会有机统一，保持社会系统整体完整的作用。社会冲突的积极功能主要体现在：缓解社会矛盾、有助于群体边界线的建立和维护、维持社会整体与提高社会整合度。③

刘易斯·科塞（Lewis Coser）发展和继承了齐美尔的冲突理论。他同样认为冲突并不只有消极作用，冲突在维持社会内部稳定方面发挥着积极作用。他明确指出："人们所关心的是社会冲突的功能而不是它的反功能……社会冲突不仅仅是起分裂作用的消极因素。"④ 科塞认为冲突"具

---

① 《共产党宣言》，人民出版社1958年版，第27页。
② 侯钧生主编：《西方社会学理论教程》，南开大学出版社2001年版，第165—168页。
③ 苑国华：《简论齐美尔的社会冲突思想及其现实意义》，《陕西理工大学学报》（社会科学版）2011年第1期。
④ [美] L. 科塞：《社会冲突的功能》，孙立平等译，华夏出版社1989年版，第45—46页。

有稳定和整合的功能……这样的社会系统能够通过消除不满的原因重新调整他们的社会结构……为自己找到一个重要的稳定机制"。① 他指出，冲突可以发挥安全阀的作用，"安全阀制度可以用来维护社会结构和个人的安全系统"。这种"安全阀"制度分两种类型，一是在不破坏群体关系的前提下，允许以社会所认可的手段或在社会所允许的限度内发泄。二是设置一些替代对象，使敌意行为通过替代对象发泄出去。科塞认为，冲突可以缓解社会危机，社会冲突越频繁，烈度越低，越有助于社会稳定，增强社会的适应性，进而促进社会的变革。他同时强调，冲突只有在韧性较高的社会中才能发挥积极作用。因为，在这样的社会中可以建立新的集团和阶层来消除冲突，进而促进社会的变迁。但是，当缓解社会不满的渠道越少，转移不满的内部组织较少时，冲突表现得更为激烈。由于冲突在一定程度上不可避免，建设和平的目标便是激发冲突的积极功能。

中国传统文化通常将社会冲突看作从轻微到剧烈不同程度的社会秩序的非和谐状态。② 先秦诸子百家从不同角度对导致社会矛盾和冲突的因素进行了分析。孔子认为"好勇疾贫，乱也；人而不仁，疾之已甚，乱也"。③ 孔子强调了人的品性对于社会安定的影响，以及均衡的财富分配和社会公平对于避免社会动乱的重要性。因此，在化解社会矛盾时，孔子重视道德修养在构建和谐社会中的重要作用，主张通过道德教化，并辅以政令刑罚，来实现以礼治国。"道之以政，齐之以刑，民免而无耻；道之以德，齐之以礼，有耻且格。"④ 他认为仅靠政令和刑罚不能避免犯罪，需要通过道德确立荣辱观，使百姓恪守正道，民心归附。

老子则从辩证视角看待冲突，认为冲突的产生和转化处于永恒循环之中。行为体之间的竞争和对抗会形成动态的制衡关系，在这种制衡关系中造成冲突的因素则可能转化为实现和平的因素。正如老子所言："万

---

① [美] L. 科塞:《社会冲突的功能》，孙立平等译，华夏出版社1989年版，第137页。

② 陈晓云:《中国社会矛盾学说与西方社会冲突理论比较》，《中国地质大学学报》（社会科学版）2003年第6期。

③ 《论语·泰伯第八》。

④ 《论语·为政第二》。

物并作，吾以观复。夫物芸芸，各复归其根。归根曰静，静曰复命。"①在他看来，万事万物的发展变化都有其自身的规律，从生长到死亡、再生长到再死亡，生生不息，循环往复以至于无穷，都遵循着这一运动规律。老子认识到事物发展的循环往复，指出事物的纷乱是遵循着自身发展规律的，冲突与和平作为矛盾双方同样是对立统一的，并且在一定条件下有相互转化的趋势。荀子强调"欲多而物寡，寡则必争"②，认为物质匮乏是社会动荡的根源，当物质分配不能满足人的欲望时，社会矛盾将会加剧。在荀子看来，欲望和满足欲望的物质条件之间不相配是导致冲突的原因。因此，使欲望得到节制，最大限度地满足人们的正当欲望，通过礼义更合理地分配自然界提供的资源、更好地满足欲望是化解矛盾、实现社会安定的主要路径。韩非子言："人民众而货财寡，事力劳而供养薄，故民争。"韩非子强调了物质财富分配在社会稳定中的作用，认为权力和财富分配不平等将导致冲突。③墨子则认为人自私的本质是产生矛盾的根源。"凡天下祸寡怨恨，其所以起者，以不相爱生也。"针对由"不相爱"引起的矛盾，墨子主张"兼相爱"，在"交相利"的基础上实现"无差等的爱"。尽管社会冲突循环往复不可避免，但是对冲突的预防是十分有必要的。正如孙子所说："明君贤将，所以动而胜人，成功出于众者，先知也。"④孙子认为在冲突酝酿、发生和发展的过程中，捕捉可能引起冲突的迹象，发觉和预判事物发展的倾向性对于引导冲突的发展趋向十分必要。

无产阶级革命家毛泽东同志对导致冲突的社会矛盾进行了鞭辟入里的阐释。他强调社会矛盾的客观性和普遍性，认为人类历史上的任何社会形态都是充满矛盾的，任何事物都是在不断解决矛盾的过程中向前发展的。他指出："矛盾着的对立面又统一，又斗争，由此推动事物的运动和变化。"⑤毛泽东同志将社会矛盾分为敌我矛盾和人民内部矛盾，两种性质的矛盾中都有对抗性和非对抗性两种表现形式。他指出社会主义社

---

① 《老子》，饶尚宽译，中华书局2006年版，第40页。
② 《荀子·富国》。
③ 《韩非子·五蠹》。
④ （春秋）孙武：《孙子兵法》，郭化若译，上海古籍出版社2006年版，第9页。
⑤ 毛泽东：《毛泽东文集》第7卷，人民出版社1999年版，第213页。

会的矛盾主要表现为人民内部矛盾,而后者是社会主义社会基本矛盾的具体体现。毛泽东同志认为,承认矛盾客观普遍存在是正确认识和解决矛盾的基本前提。毛泽东同志从辩证法角度指出,矛盾是不会消失的并处于不断变化的过程中,在旧矛盾得到解决的同时,新矛盾又会继续显现。社会和政治领域尤其如此,国际国内的政治斗争在一定范围内将长期存在,在某种条件下可能被激化,这也解释了社会主义建设事业的艰巨性和复杂性。[①] 毛泽东同志在《矛盾论》中强调抓主要矛盾的重要性,他指出:"在复杂的事物的发展过程中,有许多的矛盾存在,其中必有一种是主要的矛盾,由于它的存在和发展,规定或影响着其他矛盾的存在和发展。……研究任何过程,如果是存在着两个以上矛盾的复杂过程的话,就要用全力找出它的主要矛盾。"[②] 毛泽东同志根据矛盾普遍性原理,分析社会主义社会矛盾,指出社会主义社会基本矛盾具有普遍性。社会基本矛盾是贯穿人类社会始终、对人类社会发展起根本支配作用的矛盾,不会因社会形态的改变而改变。[③]

综上所述,西方理论学家注重对冲突构成要素的解析,对于冲突的认知分析性较强,而中国传统思想对于冲突的理解更加辩证,注重冲突与和平之间的转换关系,强调冲突中酝酿着和平,和平中隐藏着冲突。在和平时期应保持警觉的态度和预防意识,而在冲突发生时则应保持克制并运用智慧抓住时机创造向和平转化的条件。同时,西方理论学家对西方民主国家有明显的倾向性,认为西方民主国家的政治冲突通常是温和的,中国学者没有明确指出某个政治制度更有利于冲突的缓解,而是强调矛盾的普遍存在性并分析化解矛盾的路径。

关于"第三方"的概念,尽管冲突是发生在冲突相关方之间的分歧与对抗,但冲突"第三方"的概念不可忽视。在冲突管理范畴内,第三方是一个中立的术语和行为,指冲突方以外的行为体为了预防冲突、防

---

① 王晓荣、李斌:《毛泽东对社会主义国家政治安全规律的探索——基于〈关于正确处理人民内部矛盾的问题〉的分析》,《理论学刊》2021 年 1 月,第 78—85 页。
② 毛泽东:《矛盾论》,人民出版社 1975 年版,第 30—33 页。
③ 桑业明、王怡玮:《论毛泽东社会矛盾理论和新时代中国社会主义建设》,《牡丹江师范学院学报》(社会科学版)2019 年第 5 期。

止冲突升级和解决冲突，通过政治、经济或军事手段来介入冲突的行为。① "第三方"的介入有助于冲突管理，建立约束性机制，帮助具有不相容目标的冲突相关方找到某种解决冲突的办法，或者在一时难以找到满意的解决办法的情况下，限制相关方的冲突行为，使现存冲突造成的影响最小化。②

国际关系行为体作为第三方介入冲突管理需要具备以下条件：第一，在冲突双方看来，第三方具有一定权威性。第二，第三方的利益可能会在冲突中被威胁或损害。第三，第三方具有对冲突双方构成影响的能力。第四，在冲突双方看来，第三方具有一定的中立性和可接受性。③朱利安·弗罗因德将"第三方"分为以下三类情况：第一类，有震慑能力的第三方，当冲突恶化时会采取介入措施，以威慑冲突相关方。第二类，通过发挥调节作用使冲突相关方恢复理智。由国际组织或者国家担任中间人的角色，派遣冲突相关方都认可的有威望和能力的特使进行斡旋通常属于这一类。第三类，不直接介入冲突而保持中立，但常常在中立态度的掩盖下谋求自身利益的第三方。

在冲突管理中，第三方可在冲突方没有意愿或能力进行对话时斡旋于冲突方之间，打破僵局，提供交流渠道，向利益攸关者提出建设性建议，为开展对话创造条件，协助各方达成协议。但是，第三方很难在冲突的两极中完全保持中立的位置，第三方或多或少地成为冲突的参与者。④当国际组织、国家或者非政府组织组成的联盟作为第三方参与冲突管理时，尽管它们有着共同的利益和目标，即实现和平，但由于对自己在联盟内部或者在冲突管理中所担任的角色缺乏认同，警惕其他势力在介入冲突的过程中得以壮大，进而可能成为冲突恶化的附加因素。⑤中国和法语国家组织便是以"第三方"的身份参与到非洲国家冲突管理中的。

---

① 何曜：《作为冲突解决的国际干预》，《世界经济研究》2002年第6期。
② 胡平：《国际冲突分析与危机管理研究》，军事谊文出版社1992年版，第101页。
③ 刘俊波：《冲突管理理论初探》，《国际论坛》2007年第1期。
④ David P. Barash & Charles. Webel, *Peace and Conflict Studies*, California: Sage Publications, 2002, pp. 280 – 281.
⑤ Julien Freund, *Sociologie du conflit*, Paris: Presses Universitaires de France, 1983, pp. 291 – 301.

中国和法语国家组织如何在非洲冲突管理中担任第三方的角色？中国如何发挥调解者的作用？法语国家组织是否以真正中立的态度介入冲突？本书将解读作为第三方的中国和法语国家组织在非洲冲突中发挥的作用。

二　冲突的特征

（一）冲突具有普遍性

冲突通常与对抗、暴力、战争相关，是不满、反抗情绪的爆发。冲突破坏社会内聚力，阻碍社会正常运转。作为一种不均衡状态，冲突是人类社会固有的特征。社会团体、社区、政党等社会系统内不同部分是相互关联的，它们之间存在不同程度的对抗。由于每个部门对社会的适应程度不同，会导致社会运行出现利益冲突的现象，因此冲突是社会运行的正常现象，是普遍存在的。任何社会内部都由于不可调和的思想意识差异和物质利益矛盾而存在不同程度的分歧。这些矛盾和分歧是永久存在的，正是竞争和对抗才产生社会内部的多重关系。

（二）冲突具有积极面，发挥着改善和整合社会关系的作用

认识冲突的积极面有利于全面挖掘冲突内涵，进而为探索冲突解决路径奠定基础。冲突并不是社会运转的非正常状态，而是"人类社会与之俱来、不可或缺的状态"。[1] 冲突是调节社会平衡、实现社会演化的一种方式。"正因为冲突的存在，社会才能保持活力。"[2]因此，冲突的存在不一定导致社会的倒退或者毁灭。相反，冲突可以成为社会不同群体之间保持团结关系的因素。冲突是社会的常态，不可能被彻底根除。群体内部成员可以通过调整或建立新的社会秩序来实现社会的动态平衡与和谐。冲突的功效在于对抗结束后通过创建冲突相关方共同认可的准则达到新的有序状态。尽管这些准则可能由于社会关系的不平衡而被再次推翻，但是这种螺旋式的发展轨迹正是人类社会演化的历史过程。

马克思也强调了冲突的积极作用。他认为社会的发展和冲突表现为阶级斗争，"阶级的斗争和它们的利益冲突是现代历史的动力"。[3] 阶级斗

---

[1] George Simmel, *Le conflit*, Saulxures, Circé, 1992, p. 8.
[2] George Simmel, *Le conflit*, Saulxures, Circé, 1992, p. 11.
[3] 《马克思恩格斯选集》第4卷，人民出版社2012年版，第256页。

争对社会发展具有促进作用,具体体现在,阶级斗争一方面能够推动社会由一种形态向另一种形态转化,另一方面,在同一社会形态内部发展变化中推动社会生产力的发展和社会的进步。[①] 可见,冲突并不意味着社会关系的中断或者倒退。相反,冲突通过激发群体在制度、司法等方面的想象力和创造力可以起到催生社会活力的作用。[②] 在争取实现共同目标和需求的过程中,通过排斥持不同立场的其他群体从而实现更紧密的团结,便是早期国家的形成过程。正如美国社会学家、政治学家查尔斯·蒂利(Charles Tilly)所言:"国家制造战争,战争创造了国家。"[③]

冲突在一定程度上通过发挥创造和整合作用激发了社会的活力,是社会变革的动力。然而,自民族独立以来,冲突成为非洲国家实现和平与发展的主要障碍。叛乱、政变等暴力夺取政权的行为打破了非洲政治生态的良性发展,不但可持续的社会新秩序没有建立起来,国家由于潜在或者公开冲突反而变得更加脆弱。冲突没能在非洲大陆发挥整合性作用的原因值得进一步思考和分析。

(三)冲突通常具有暴力性

冲突通常与暴力相伴,冲突的积极面并不能掩盖其暴力性。随着冲突的发展,对抗不断升级并变得难以控制。这种情况下,付诸暴力则成为战胜对方的一种方式。即便冲突最终得以解决,暴力也将转为潜在的威胁,随时可能再次被激发出来。武装冲突的特点之一是"武装力量的参与以及相关方付出的巨大代价"。组织和训练武装力量不仅需要普通民众付出家庭、事业甚至生命,而且需要动员巨大的物质和财政资源。因此,在武装冲突中,冲突方会不惜一切达到目的。

鉴于战争所造成的严重后果,中国古代思想家孙子重点强调了慎战思想。"兵者,国之大事,死生之地,存亡之道,不可不察矣。皆因不尽

[①] 张传开、冯万勇:《探索、建构、确立和深化——马克思社会冲突理论的历史发展》,《安徽师范大学学报》(人文社会科学版)2017年第4期。

[②] Julien Freund, *Sociologie du conflit*, Paris: Presses Universitaires de France, 1983, p. 118.

[③] Charles Tilly, "Reflections on the history of European state making", in Charles Tilly, *The Formation of national states in Western Europe*, Princeton, Princeton University Press, 1975, p. 42; Charles Tilly, "La guerre et la construction de l'État en tant que crime organisé", *Politix*, 2000, Vol. 13, No. 49, pp. 97–117.

知用兵之害者，不知用兵之利也；不知其害，纵有天时地利人和，不得全胜；道天地将法，亦分不了忧愁。"① 孙子认为对战争的危害有充分认识并且对战争抱有谨慎的态度才是取得胜利的前提。

三 冲突的分类

奥斯陆和平研究中心将第二次世界大战后时期的冲突分为四类：国家与其领土范围外非国家性质群体之间的"系统外冲突"，如殖民统治者与反殖民主义者之间的斗争；两个或多个国家之间的"国家间冲突"；发生在国家政权与其内部反抗者之间的并且没有其他国家介入的"内部冲突"；发生在国家政权与其内部反抗者之间并且有其他国家介入的"国际化的内部冲突"。②

第二次世界大战结束，尤其是冷战结束以来，国内暴力冲突取代国家间战争，成为人类有组织武装冲突的主要形式。③ 根据乌普萨拉冲突数据项目（Uppsala Conflict Data Program）的统计，在1946—2017年间，国家间冲突的总数为127次，而国内冲突的数量达到了1774次。国家间冲突的数量明显低于国内冲突数量。自冷战结束以来，非洲大陆的国家间冲突数量也明显下降，国内冲突成为非洲大陆与地区和平的主要威胁。20世纪90年代以来，国家间冲突主要包括1996年和1998—2003年的两次刚果（金）战争，1999—2000年埃塞俄比亚和厄立特里亚之间发生的边界冲突，2008年吉布提与厄立特里亚之间发生的边界冲突，2012年苏丹与南苏丹之间的冲突，2016年埃塞俄比亚和厄立特里亚之间发生的边界冲突等。与此同时，国家内部冲突的数量明显增多，本书中提到的马里和科特迪瓦的冲突皆属于国家内部冲突。尽管学界试图对冲突进行分类，但是由于全球化程度的不断加深以及跨国活动愈加紧密，内部与外部、局部与整体的界限越来越模糊。因此，马里和科特迪瓦的内部冲突，

---

① （春秋）孙武：《孙子兵法》，郭化若译，上海古籍出版社2006年版，第1页。

② Håvard Strand, Lars Wilhelmsen et Nils Petter Gleditsch, *Armed conflict dataset codebook*, Oslo: Peace Research Institute Oslo, 2003.

③ 国家间冲突和内部冲突之间的区分过于简单化。一些国家间冲突涉及不同利益交织的灰色地带，并且当作战双方都是非国家行为体的军事集团时，两种类型冲突的界限更加模糊。另外，国家内部冲突有时扩大为地区冲突，邻国的参与使战争性质的界定更加复杂。

由于地区和国际组织以及外部国家行为体的介入，皆属于"国际化的内部冲突"这一类型。

冷战结束后，战争在目标、方式、资金来源等方面较之前的战争呈现出诸多新特点。玛丽·卡尔多（Mary Kaldor）用"新战争"一词来概括这种变化。[①] 她认为身份认同政治取代了地缘政治资源争夺成为战争的新动因。以往的战争通常是以政治理想为基础的，是面向未来的，因此具有整合性和包容性，如民族解放斗争和现代化革命。新战争则以族群、部族、宗教或语言为基础，它们通常是面向过去的，具有分裂性和排外性。另外，"新战争"与"旧战争"的区别还体现在民众的参与方式上。"旧战争"是为了实现共同的目标，维护共同的利益，能动员广大的民众力量参与到战争中去。而"新战争"，暴力是通过个体或小部分群体实施的，民众成为暴力的牺牲品。再者，"新战争"的资金来源不同于"旧战争"。"旧战争"通常由国家或中央政府出资，而"新战争"的资金来源则多数依靠非法交易、抢掠或者外部支援。

让-皮埃尔·德里耶尼克（Jean-Pierre Derriennic）根据导致冲突因素所占的比重将内部冲突划分为宗派冲突、身份认同冲突以及社会经济冲突三种类型。[②] 宗派冲突通常指民众为了实现意识形态的目标参与到集体行动中。此类冲突与玛丽·卡尔多所指的"旧战争"有相似之处，即为了政治理想而斗争。但是，由于民众革命意识日益淡薄和理性观念的增强，这类冲突有逐渐淡出人类历史进程的趋势。身份认同冲突也是玛丽·卡尔多所指的"新战争"的重要特征。身份认同这一概念界限模糊，外延范围广。近年来，身份认同常常成为解释冷战后冲突的主要因素。然而，身份认同不能作为解释冲突发生的唯一因素，它常常与切实的利益相连，如不同社会群体之间的相处模式、生存环境的客观差异等。社会经济冲突通常与意识形态或者身份认同相关联。同样，身份认同冲突可能因为社会经济的不平等或者矛盾而加重。因此，宗派冲突、身份认同冲突和社会经济冲突是相互牵连、相互交织的关系，共同作用于矛盾

---

① Mary Kaldor, *New & old wars: Organized violence in a global era*, Cambridge: Polity Press, 2012.

② Jean-Pierre Derriennic, *Les guerres civiles*, Paris, Presses de Sciences Po, 2001.

的社会关系。即便冲突由意识形态差异引起，社会经济因素同样作为冲突的动机存在。

因此，根据引发冲突的因素进行分类不能充分地解读冲突。冲突的不同分类仅体现出冲突的表面特征，而不能反映冲突的根本性质。因此，本书将不局限于冲突的分类，而更加关注冲突根源之间的相互作用和影响，进而探索解决冲突或者改变冲突发展轨迹的方式和路径。

第二节 非洲冲突的根源

非洲是全球治理中不稳定因素相对集中、暴力冲突频发的重点地区。根据乌普萨拉冲突数据项目显示，1989—2019年全球共发生131起有政府参与的武装冲突，其中41起在非洲大陆。[1] 冷战结束后，国内冲突一直困扰着非洲大陆的稳定和发展，成为非洲占主导的冲突形式。1997—2012年，非洲发生了约65000起冲突事件，其中，40%为本国政府与反对力量之间的斗争。[2] 近年来，恐怖主义、跨国有组织犯罪等非传统安全问题构成了威胁非洲大陆和平安全的主要因素。非盟和平与安全理事会2020年发布的非洲和平与安全形势报告指出，恐怖主义已成为非洲的首要威胁。[3]

非洲大陆幅员辽阔，历史、地理、政治、文化、民族多样性突出，引发非洲国家冲突的因素交错复杂。政治研究学者对冲突的原因提出了"机会、贪婪和怨恨"的分析框架。"机会"是挑战者的理性计算，即最大化地实现包括个人安全在内的物质收益；"贪婪"指对物质资源掠夺的动机；"怨恨"则代表强烈的相对被剥夺感。[4] "怨恨"视角将国内冲突

---

[1] 李因才：《联合国对撒哈拉以南非洲国家的安全部门援助》，《中国非洲学刊》2021年第3期。

[2] Department of Defense, South Africa, "South African Defence Review 2015", http://www.dod.mil.za/documents/defencereview/Defence%20Review%202015.pdf, December 20th, 2020.

[3] Assembly of the Union, Thirty-Third Ordinary Session, "Report on the Peace and Security Council on Its Activities and the State of Peace and Security in Africa, for the Period from February 2019 to February 2020", https://au.int/sites/default/files/documents/38309-doc-8_report_on_psc_on_its_activities_and_the_state_of_peace_security_in_africa_.pdf., August 13th, 2021.

[4] 卢凌宇、古宝密：《怨恨、机会，还是战略互动？——国内冲突起因研究述评》，《国际观察》2019年第2期。

视为对政治社会经济不公的回应，基于"贪婪"的解释偏向个人收益最大化的欲望，而对"机会"的解释则强调那些有利于行为体进行暴力动员的机会。① 社会学家齐美尔认为，冲突的根源包含欲望、贫困、仇恨和贪欲，这些因素常常造成社会的分裂。②

具体就非洲大陆而言，非洲国家的性质与运转方式的形成是一个内部与外部相互作用的过程，这个过程通常是无序的。西式民主制度与非洲本土社会环境的不兼容构成了非洲国家构建面临的主要挑战。非洲作为政治暴力的多发地也激发了国际机构对非洲冲突根源的探究。联合国秘书长1998年提交的一份报告将非洲国家独立以来的冲突的根源归纳为殖民列强瓜分非洲的历史遗留问题、控制国家政权的内部因素、超级大国和邻国的外部因素、与军火、自然资源相关的经济动机以及生存资源匮乏等特殊因素。③

本节将以马里、科特迪瓦、塞内加尔为例，通过分析国家和社会的特点来探究非洲冲突的根源。之所以选择马里、科特迪瓦、塞内加尔作为研究对象国，是因为：一方面，三国同处于西非地区，便于理解和分析地区因素的影响并归纳出冲突根源的共同点；另一方面，三国冲突的根源和影响程度有所不同，有助于以此为缩影持续跟踪和观察冲突后建设和平进程中的成效与困境。

一 历史因素：殖民统治造成边界的可渗透性

殖民主义者入侵非洲大陆后对非洲任意瓜分，人为划定的非洲国家边界破坏了原有的传统社会、经济、文化结构，构成了引发冲突的主要历史原因。

19世纪下半叶，欧洲列强加强对非洲的殖民瓜分，通过1884—1885年举行的"柏林会议"在地图上划分了势力范围。尽管非洲人民进行了奋力抵抗，但列强最终于20世纪初将非洲瓜分完毕。非洲国家和地区的

---

① 陈冲：《机会、贪婪、怨恨与国内冲突的再思考——基于时空模型对非洲政治暴力的分析》，《世界经济与政治》2018年第8期。
② Georg Simmel, *Le conflit*, Saulxures, Circé, 1992, p. 19.
③ 袁武：《非洲国家冲突后重建研究——刚果民主共和国案例研究及比较分析》，经济管理出版社2018年版，第18—19页。

边界中44%是按经线或纬线划分，30%用直线或曲线的几何方法划定。非洲大陆的边界线没有充分尊重当地社会现实和民族部落分布，而是由列强的力量对比和利益交换决定，仅考虑到殖民国家的经济利益和对殖民地的管理之便。① 这种人为划分方法，破坏了非洲本土各民族的聚居区，加重了社会离心力，使国家建构统一身份认同的过程困难重重。

1964年，经各成员国研究同意，非洲统一组织（Organisation de l'Unité Africaine, OUA）在第一届首脑会议上通过了《关于非洲国家之间边界争端的决议》，该决议承认和尊重各国独立时期的领土和边界。决议实质上将1884年柏林会议上划定的边界合法化。非洲国家在80多年前划定的边界的基础上建设和巩固新独立的国家政权。② 该决议以及非洲统一组织宪章第三条第三款"尊重各国的主权和领土完整"原则成为处理非洲国家间关系和边界问题的标准，旨在降低非洲爆发边界冲突的可能。③

尽管非洲统一组织对维持非洲边界现状的原则普遍予以认可，但是人为划界把同一民族或同一部落分隔于不同的国家，造成诸多跨界民族，给非洲国家独立后塑造统一的民族国家身份认同带来后患。殖民国家人为划分非洲现代国家疆界的做法打破了殖民地原有的国家形成过程，用政治边界切割了许多族体疆界，形成大量的跨界族群，使当代非洲国家构建陷入困境。④ 独立后，后殖民国家政权难以维护领土的完整、建立统一的民族身份认同，加之跨国的人口流动也常常使边界概念有名无实。⑤ 马里和科特迪瓦两国的实例便说明了在殖民统治历史影响下的人为边界给国家构建带来的挑战以及民众内化民族国家边界概念时面临的困难。

马里国土面积124万平方公里，人口约2150万。首都巴马科所在的

---

① 陆庭恩、彭坤元：《非洲通史：现代卷》，华东师范大学出版社1995年版，第581—582页。

② 路征远：《非洲统一组织与非洲国家边界问题》，《安徽农业大学学报》（社会科学版）2008年第5期；Christian Bouquet, "L'artificialité des frontières en Afrique subsaharienne: Turbulences et fermentation sur les marges", Les Cahiers d'Outre-Mer, Vol. 56, No. 222, 2003, pp. 181–198。

③ 关培凤：《20世纪后半叶国外非洲边界和领土争端问题研究述评》，《世界历史》2017年第4期。

④ 葛公尚、于红主编：《世界民族·第六卷·非洲》，中国社会科学出版社2013年版，第36页。

⑤ 顾章义：《非洲国家边界问题初探》，《西亚非洲》1984年第3期。

南方处于萨赫勒地区，多为冲积平原或山丘，经济结构以农业为主，人口较为集中。马里北方通布图、加奥、吉达尔三个大区占全国面积的三分之二，但人口仅占十分之一，以图阿雷格人为主。[1] 图阿雷格人以放牧为生，逐水草而居，历史上曾一度控制撒哈拉沙漠南北的奢侈品和奴隶贸易，形成了商牧结合的生活模式。他们以血缘为纽带，以伊斯兰文化为支柱，分为多个小部落群。[2] 19 世纪末，图阿雷格人曾以武力抵抗法国的殖民侵略。在法国瓦解整个图阿雷格族群之前，原本存在一个许多图阿雷格部族组合成的松散联邦国家。在 20 世纪 60 年代的民族独立浪潮中，殖民地纷纷脱离宗主国独立。但新成立的民族国家没有考虑民族分界线，图阿雷格人被迫分散在马里、阿尔及利亚、利比亚和布基纳法索数个国家境内，沦为一支分布在西非多国的跨界族群。

由于石油和天然气的发现，该地区在 20 世纪 60 年代成为政治经济重地。1969—1974 年的旱灾使图阿雷格人的处境极为艰难，艰难的生存条件催生出分离主义运动。图阿雷格人以"一个国家、一个目标、一个民族"为口号，要求通过建立独立国家来实现图阿雷格民族的统一和解放。与此同时，图阿雷格人要求对该地区获得更多的自主管理权，还要求中央政府以更透明的方式对财富资源进行分配。[3] 2011 年 10 月，阿扎瓦德民族解放运动（Mouvement national de Libération d'Azawad，MNLA）在融合阿扎瓦德民族运动（Mouvement national d'Azawad，MNA）和马里北方图阿雷格改变联盟（Alliance touarègue du Nord-Mali pour le changement，AT-NMC）的基础上成立，要求实现对马里北方领土的统治权。该运动对国家领土完整和政权稳定构成威胁，造成了社会动乱。2012 年 1 月，阿扎瓦德民族解放运动在北部发动攻势，夺取了北方一些市镇。大批 2011 年参加利比亚内战、效力卡扎菲政权的图阿雷格雇佣兵回国后难以实现社会再融入，成为图阿雷格武装中的主力。他们作战经验丰富，携带大量

---

[1] Hawa Coulibaly et Stéphanie Lima, "Crise de l'État et territoires de la crise au Mali", *EchoGéo*, 2013, http://echogeo.revues.org/13374. < Hal - 01020719 >.

[2] 王涛、汪二款：《图阿雷格人问题的缘起与发展》，《亚非纵横》2014 年第 5 期。

[3] Hélène Claudot-Hawad, "La 'question touarègue': quels enjeux?", dans Michel Galy, *La guerre au Mali. Comprendre la crise au Sahel et au Sahara: Enjeux et zones d'ombre*, Paris, La Découverte, 2013, pp. 125 - 147.

利比亚流失的武器，战斗力远强于政府军。2012年3月，由于政府没有在对抗北方图阿雷格武装的战斗中及时给予军队有力支援，军队无法击退反图阿雷格武装。陆军上尉阿马杜·萨诺戈（Amadou Haya Sanogo）遂组织了军事政变，推翻了阿马杜·图马尼·杜尔（Amadou Toumani Touré）政权，宣布中止宪法、解散马里国家机构。在伊斯兰马格里布基地组织（Al-Qaïda au Maghreb Islamique, AQMI）、西非统一与"圣战"运动（Mouvement pour l'Unification et le Jihad en Afrique de l'Ouest, MUJAO）等宗教极端势力的支持和帮助下，图阿雷格分离主义者趁机控制了马里北部地区。

事实上，马里政府从独立初期就受到边界问题的困扰，中央政权的合法性一直以来受到地方民众的质疑。北方地区从地理方位上离首都甚远，中央政府无法对其实行有效管辖。另外，由于前宗主国对该地区资源的开发和掠夺使当地居民和商品不能自由流动，北方地区对独立自主的诉求使其与中央政府的关系日趋紧张。与此同时，气候变化和自然灾害对本已十分脆弱的平衡造成冲击。例如，1973—1974年的大干旱无疑加剧了地区矛盾。近年来，基地组织在马格里布地区活动日益频繁在一定程度上也是受自然灾害的影响。

在科特迪瓦冲突中，尽管边界问题对冲突的产生没有直接影响，却是引起冲突的主要因素之一。科特迪瓦是西非地区人口流动最为频繁的国家之一。自然条件的差异和变化、殖民统治政治经济干预带来的劳动力流转构成了科特迪瓦人口流动的主要因素。[①] 殖民时期，法国殖民政府开发了大面积的可可和咖啡种植区并强迫科特迪瓦人种植可可、咖啡经济作物。[②] 种植业经济对土地开发和对劳动力的需求造成人口的流动。20世纪40年代，科特迪瓦的西部森林地带成为经济中心，吸引了大批沃尔特人（主要是莫西族人，现属布基纳法索）移居在此。[③] 1960年科特迪

[①] 刘伟才：《"跨界民族—国际移民综合症"与非洲国家冲突——以科特迪瓦为中心》，《世界民族》2012年第6期。

[②] Patrick Braibant, l'administration coloniale et le profit commercial en Côte d'Ivoire pendant la crise de 1930, Revue française d'histoire d'outre-mer, 1976, No. 232 – 233, pp. 557 – 574.

[③] Jean-Pierre Chauveau, Question foncière et construction nationale en Côte d'Ivoire, les enjeux silencieux d'un coup d'Etat, Politique Africaine, 2000, No. 78, pp. 94 – 125.

瓦独立后，博瓦尼政府实行边界开放政策，将北部地区以及西非地区其他族群（如布基纳法索、马里、几内亚等国）吸纳到科特迪瓦的经济发展建设中，使其融入政治社会生活中。① 该举措活跃了次区域的经济贸易活动，给科特迪瓦带来更多的经济发展机遇，将科特迪瓦打造成西非地区的经济支点。

然而，20世纪80年代起，受结构调整计划影响，大宗商品价格走低，可可、咖啡贸易遭遇了严重影响。20世纪90年代初，科特迪瓦经济发展出现下滑，政治、社会局势也随之开始紧张。严峻的经济环境加剧了外来移民和当地人之间的矛盾，反对外来移民运动不断高涨，造成了不良的社会和政治影响。在西部以及西南部地区，不同族群之间、在科特迪瓦人与外籍人之间围绕土地问题出现了多次社会冲突。科特迪瓦在经济和地缘政治上的吸引力骤减，外来民族的身份认同问题成为政治社会领域争论的主题。② 在这一背景下，"科特迪瓦性"（ivoirité）这一概念于1996年出现在政治舞台，被定义为判定某个个体是否为科特迪瓦公民的社会、历史、地理及语言特性。③ 该术语的发明含有浓重的政治色彩，给出生在布基纳法索的阿拉萨·瓦塔拉（Alassane Ouattara）参加总统选举制造了障碍，进而引发了长期的经济军事危机。

塞内加尔境内的卡萨芒斯地区冲突也与殖民统治时期划定的疆界不无关系。自15世纪中期以来，葡萄牙人、荷兰人、法国人、英国人都在卡萨芒斯地区建立据点，进行奴隶贸易。17世纪，法国人和英国人分别在塞内加尔河、冈比亚河建立自己的势力范围并展开多次对抗。卡萨芒斯地区被葡萄牙人占领。在1884年召开的柏林会议中，葡萄牙把卡萨芒斯地区割让给了法国，但英国拒绝用冈比亚交换加蓬和科特迪瓦。卡萨芒斯地区便成为在冈比亚和几内亚比绍之间的一块"飞地"，冈比亚成为塞内加尔北方和卡萨芒斯地区的屏障。可以说，殖民时期的人为领土划

---

① Laurent Bossard, "Peuplement et migration en Afrique de l'Ouest: une crise régionale en Côte d'Ivoire", *Afrique contemporaine*, 2003, Vol. 206, No. 2, pp. 151–165.

② Bruno Losch, "Libéralisation économique et crise politique en Côte d'Ivoire", *Critique internationale*, 2003, Vol. 19, No. 2, pp. 48–60.

③ Laurent Bossard, "Peuplement et migration en Afrique de l'Ouest: une crise régionale en Côte d'Ivoire", *Afrique contemporaine*, 2003, Vol. 206, No. 2, pp. 151–165.

分构成了卡萨芒斯地区分离主义运动的历史渊源。

可见，在西非地区，受殖民统治历史的影响，现有边界难以界定民族身份或管控商品和人口流通，政府边界管理能力的缺失加剧了边界的可渗透性，使这一地区成为非法贸易和暴力冲突较为集中的地带，进一步加剧了地区的不稳定性。此外，人为边界造成社会文化的割裂无法消弭地区的离心力，在民族国家建构过程中促使分离主义运动的形成。

二 政治因素：统治阶层对统治权力的争夺和垄断

一般而言，国家或是获取政治权力自主性的结果，或是对某一地区暴力垄断合法化的结果。国家的形成大多源于战争，并且建立在不断丰富的经济资源基础之上。若缺少一定的制度化，政治权力难以树立。同时，不均衡的治理方式也将使统治权无法获得足够的合法性。撒哈拉以南非洲国家大多以和平方式获得独立，没有经过战争的独立难以彻底。学界常用"未完成性"来形容非洲国家的独立进程、非殖民化进程以及国家制度建设进程。①

对于非洲国家，"国家的形成通常与殖民或者非殖民化过程相关"，②国家的概念通常由外部引入或是嫁接的结果。20世纪60年代非洲国家独立后，面临着两大难题：寻找拉动经济发展的引擎和建立政权的合法性。③非洲国家独立后得到联合国和其他国际组织的承认，司法意义上的主权建立起来，但是司法意义上主权的建立并不能给予政权在人民眼中的实质合法性，④而后者则来源于政府真正的执政能力，也就是为社会提

---

① 但是，值得注意的是，非洲国家尽管呈现出一定的脆弱性，但国家作为主权行使单位在非洲得到了普遍认可。非洲国家的牢固程度比通常想象得高。虽然国家仍然面临许多挑战和威胁（如政变等），但现有领土边界被保存下来。比如马里叛军最终目标是夺取统治权，也就是说获得支配政治战略资源的能力，而并非对国家统治权本身的质疑或颠覆。

② Jean-François Médard, "Étatisation et désétatisation en Afrique noire", dans Jean-François Médard, *États d'Afrique noire: Formation, mécanismes et crise*, Paris, Karthala, 1991, p. 358.

③ Alice N. Sindzingre, "Le néo-patrimonialisme et ses réinterprétations par l'économie du développement", dans Daniel C. Bach et Mamoudou Gazibo, *L'État néopatrimonial: Genèse et trajectoires contemporaines*, Ottawa, Les Presses de l'Université d'Ottawa, 2011, p. 121.

④ Barry Buzan et Ole Waever, *Regions and powers: The structure of international security*, Cambridge: Cambridge University Press, 2003, No. 91, p. 219.

供公共产品的能力。① 在被殖民之前，非洲大陆上存在多种传统社会治理的方式，比如，村民举行集会进行集体商议，通过氏族首领或者智者委员会实现调解，等等。② 但是，在殖民时期，这种建立在等级制度和传统信仰之上的合法性遭到了破坏。

独立后，法治理性型国家尚未完全建立。人民表达意愿和政治参与渠道的缺失使暴力手段成为人民表达愤怒与不满的方式和在位者实行镇压的工具。同时，国家经济命脉仍受前宗主国控制。刚刚成立的非洲国家的执政者，由于害怕自己的合法性受到威胁，失去并不稳固的政权，不得不屈服于前宗主国的控制。为了巩固其统治地位，自然资源便成了国家收入的主要来源。因此"外倾性"成为非洲国家的显著特点。也就是说，国家的运转主要依靠出口自然资源换来的利润，而普通百姓大多仅仅依靠非正规经济（即地下经济）来维系生活。统治者仅在容易掌控的地区建立最基本的安全环境，而忽视加强对偏远边境的管控，这使边境成为非法交易猖獗的地区。政治领导人难以"把积累财富的欲望与再分配的必要性"结合在一起，从而成为引发冲突的隐患。③

维护和争夺政治统治权通常被认为是非洲冲突的重要诱因，主要基于两个方面原因：一方面，在位领导人设法通过不正当手段维护统治权力。另一方面，觊觎或反对统治权力的军队、政治领袖或民众通过政变等违反宪法的方式争夺统治权力。

2012 年马里政变的直接原因与时任总统阿马杜·图马尼·杜尔试图谋求连任不无关系。为了维护北方地区安全、遏制恐怖组织侵袭，政府派军队镇压北方图阿雷格武装。然而，由于没有得到政府的足够重视和有力支援，军队在镇压北方图阿雷格武装时困难重重。北方图阿雷格武装的武器和装备比国家正规军更加精良，其战斗经验也更加丰富。军队

---

① Barry Buzan et Ole Waever, *Regions and powers*：*The structure of international security*, Cambridge：Cambridge University Press, 2003, No. 91, p. 219.

② Pathé Diagne, "De la démocratie traditionnelle：Problème de définition", *Présence Africaine*, 1976, Vol. 97, No. 1, pp. 18 – 42；J. Lombard, "Pensée politique et démocratie dans l'Afrique noire traditionnelle", *Présence Africaine*, 1967, Vol. 63, No. 3, pp. 10 – 31；Martin Guy, "L'État africain dans une perspective historique：Origine, nature et évolution", dans Michel Galy et Elena Sannella, *Les défis de l'État en Afrique. Actes du colloque de Milan*, Paris, L'Harmattan, 2007, p. 32.

③ Jean-François Bayart, *L'État en Afrique：la politique du ventre*, Paris, Fayard, 2006, p. 338.

在对抗中遭遇惨败，大量人员不幸伤亡，士兵因此对政府积怨深重，最终导致政变于2012年3月22日爆发。

尽管国际观察者认识到马里民主制度已呈现出的诸多弱点，其军队遭受重挫也在预料之中，但是这场发生在总统选举前几个月的政变仍然令人意外，极大地破坏了马里的"民主国家"形象。据知情人士称，这场政变在某种程度上是时任总统试图延长任期的直接后果。根据马里宪法，在国家面临安全威胁或者社会暴动的情况下可以推迟选举。当时，利比亚战争在马里北方造成了安全威胁，时任总统阿马杜·图马尼·杜尔把其看作延长任期的机会，没有积极采取应对措施。然而，安全形势急剧恶化，超出了他本人的控制，最终没能避免一场军事政变的发生。

2012年军事政变后，极端组织乘机夺取了马里大片领土。尽管国际反恐行动和安全援助计划已进行了十年，但极端组织仍控制着马里中部的部分地区，并进一步向南扩展到邻国布基纳法索和尼日尔。由于马里政府上层的腐败和不作为，导致反恐一线作战部队面临装备和物资匮乏、薪水拖欠等问题，反恐行动长期处于被动不力局面，对政府的不满情绪持续升温。在安全危机凸显的背景下，马里于2020年3—4月举行议会选举，马里宪法法院宣布31名议员当选无效，执政党马里联盟党（Rassemblement pour le Mali）所占席位因此由43个升至51个。执政党试图垄断国家政治经济资源，民众不得不通过体制外手段打破现有的政治制度，重启政治发展进程。为了抗议选举结果，马里反对党、宗教组织、公民社会组织等社会力量联合成立"6月5日运动—爱国力量联盟"（Mouvenment du 5 juin-Rassemblement des Forces Patriotiques），在首都巴马科等地组织数轮大规模民众示威游行，要求时任总统凯塔下台。为平息抗议，凯塔于7月宣布解散宪法法院，但事态并未得到控制。马里军方再次于2020年8月18日发动军事政变，解散了当局政府。可见，在军事政变发生前，凯塔总统试图垄断政治权力的行为已引起了民众和反对党联盟的强烈不满，为军事政变的成功提供了社会土壤。大规模的民众抗议示威活动给军人集团发动军事政变释放了积极信号。

2010年爆发的科特迪瓦危机也是因争夺政治权力而爆发的军事武装冲突。经历了"辉煌的二十年"（1960—1980年）之后，科特迪瓦全面陷入了经济发展困局，政治局势也随之紧张。1993年博瓦尼总统去世后，对其政治遗产的争夺迅速转变为身份认同冲突。围绕总统权力继承问题，科特迪瓦在全国范围出现政治危机。时任国民议会议长贝迪埃利用"科特迪瓦性"一词强调科特迪瓦本土民族尤其是阿肯族在国家建设中的中心地位并将其演化为政治工具，取消了共和人士联盟（Rassemblement des Républicains, RDR）代表瓦塔拉的总统选举资格。

1999年9月，随着2000年总统大选的临近，瓦塔拉的国籍问题再次被质疑，引发了共和人士联盟的游行示威，其主要领导成员被捕。1999年12月23日，科特迪瓦参加联合国中非维和行动的士兵因政府拖欠军饷组织政变，贝迪埃政权被推翻，罗伯特·盖伊（Robert Guéï）将军成立军人过渡政权。尽管盖伊政权承诺铲除基于"科特迪瓦性"的排外思想，但是2000年总统大选时，宪法法院再次取消了瓦塔拉的候选人资格，科特迪瓦人民阵线（Front Populaire Ivoirien, FPI）领导人洛朗·巴博（Laurent Gbagbo）当选总统。为了释放对于政府歧视北方人政策的不满情绪，2002年9月19日，科特迪瓦爱国运动（Mouvement patriotique de la Côte-d'Ivoire）又一次发动政变。尽管政变未遂，但是北方被叛军控制，造成南北分治的局面。2002年10月，在敌对双方所控区域范围之间划出"信任区域"，以防冲突进一步恶化。2004年4月，联合国派出维和特派团——联合国科特迪瓦行动（联科行动）介入。尽管2003年签署的《马库西斯合约》（Accords de Marcoussis）及2002年和2004年签署的《阿克拉合约》（Accords d'Accra）试图重建社会秩序和政治制度，但是社会裂痕没能完全弥合。①

2007年，在布基纳法索总统布莱兹·孔帕奥埃（Blaise Compaoré）的调解下，巴博政府与北方叛军达成和平协议，实现南北领土统一。但脆弱的和平局面没能持久。2010年4月，科特迪瓦再次组织总统大选，选举委员会宣布瓦塔拉获胜，而宪法委员会宣布巴博获胜，双方支持者之间相持不下，瓦塔拉与巴博领导的两大政治军事阵营发生对抗并造成大量人员伤亡。胶着的安全态势使联合国、西非国家经济共同体以及法国纷纷派出部队介入。2011年4月，支持瓦塔拉的军队"新力量"（nou-

---

① Marc Le Pape, "Les politiques d'affrontement en Côte d'Ivoire 1999 – 2003", *Afrique contemporaine*, 2003, Vol. 206, No. 2, p. 29.

velles forces）占领首都阿比让，巴博被移交至国际刑事法庭，瓦塔拉就任总统，科特迪瓦内战至此得以平息。

从马里和科特迪瓦冲突可以看出，维护或争夺政治权力是非洲国家冲突爆发的主要因素之一。权力是一切政治、军事和社会力量角力的中心。象征权力的国家实质上被对权力本身的争夺所绑架或弱化。夺取和维护政权是非洲社会长期潜伏的主要矛盾，并在一定条件下转化成暴力对抗。权力的吸引力使政治活动家采取各种方式实现自己的目的，最终造成统治集团与民众或者社会民众之间肢体上或者精神上的暴力冲突。

三 身份认同因素：不断塑造和重组的身份认同

身份认同的形成是一个交往、互动甚至对抗的过程，其形成过程不是线性的，可能经历弯路（如极端化）或者回流（如族群的自我封闭）。族群、社群、宗教、文化等构成了身份认同的不同要素。[1] 在矛盾激化时期，以文化、宗教、民族或者社群为基础的身份认同成为冲突方介入冲突的重要参考。政权试图利用身份认同来巩固统治权力，而集体对话机制的缺失强化了身份认同在冲突中的作用。与此同时，媒体通常在解读冲突中着重强调身份认同的作用，造成身份认同危机的进一步激化。非洲是民族多样、文化多元的大陆，许多冲突是在不同身份的群体之间发生的。例如，在卢旺达图西族和胡图族之间进行的大屠杀，中非共和国穆斯林和天主教徒之间的矛盾，等等。

殖民时期，为了更好地管理当地居民，外来统治者利用身份认同问题将其"分而治之"。后殖民时期，身份认同在多党代议制度下常被权力觊觎者利用，以实现政治动员。民众也通过各种身份元素寻找归属感和集体认同感。当某一社群受到或者认为其利益受到权力的损害和践踏时，便会借助某些共同点（即某些身份认同的构成要素）以自我封闭的形式来寻找和构建共同的价值取向，形成狭隘的本位主义、地方主义思想。

---

[1] François Thual, *Les conflits identitaires*, Paris, Ellipses, 1995; Frances Stewart, *Horizontal inequalities and conflict: Understanding group violence in multiethnic societies*, Basingstoke: Palgrave Macmillan, 2008; Gilles Dorronsoro et Olivier Grojean, *Identités et politique: de la différenciation culturelle au conflit*, Paris, Presses de la Fondation Nationale des Sciences Politiques, 2014.

当其利益不能被国家代表或被边缘化时,这些身份认同成为表达政治意愿的方式、争取生存权利的途径,不可避免地成为激发冲突的因素。随着冷战的结束,曾被美苏争霸所遮掩的族群、宗教等身份认同矛盾暴露出来。

以族群这一身份认同要素为例,殖民国家人为划分现代国家疆界的做法打破了原有的国家形成过程,用政治边界切割了许多族体疆界,形成大量的跨界族群。因此,非洲族群结构复杂多样。葛公尚等人根据民族结构的复杂程度、是否存在"核心族体",将非洲现代民族国家分为族体结构相当简单的国家、一个核心的国家、多核心的国家以及无核心的国家四类。[①] 其中,多核心国家是非洲国家主要的民族结构。复杂的民族结构通常不利于统一身份认同和民族国家的构建,成为一国政治社会不稳定的重要因素。[②] 族群问题与宗教极端主义、政权争夺、自然条件变化、分离主义运动等多重不稳定因素共同威胁着该地区的安全稳定,成为经济社会等深层矛盾爆发的突破口和导火索。[③]

然而,值得注意的是,身份认同单一因素造成的冲突几乎不存在,冲突的原因通常与国家的经济条件以及政府再分配社会资源的能力有关。那些表面看似是身份认同属性的因素离不开财富分配和权力争夺等经济政治问题。[④] 因此,经济、社会、政治层面矛盾的不可调和通常是导致冲突发生更为根本的原因。当然,尽管身份认同因素在冲突中不起决定性作用,但是身份认同因素通常起到了催化剂的作用,因为"身份认同可

[①] 葛公尚、于红主编:《世界民族·第六卷·非洲》,中国社会科学出版社2013年版,第36—40页。

[②] Demt Yalcin Mousseau, "Democratizing with Ethnic Divisions: A Source of Conflict?", *Journal of Peace Research*, Vol. 28, No. 5, 2001.

[③] 关于族群因素在冲突中作用的著作主要有:Donald L. Horowitz, *Ethnic Groups in Conflict*, California: University of Colifornia Press, 1985; Stefan Wolff, *Ethnic Conflict, a Global Perspective*, New York: Oxford University Press, 2006; Karl Cordell and Stefan Wolff, *The Routledge Handbook of Ethnic Conflict*, London: Routledge, 2016; S. N. Sangmpam, *Ethnicities and Tribes in Sub-Saharan Africa*, London: Palgrave Macmillan, 2017; Tsaga Etefa, *The Origins of Ethnic Conflict in Africa*, Cham: Palgrave Macmillan, 2019。

[④] Joseph Maïla, "Le recours à la violence: Processus d'affrontement et de rivalité", dans Jean-Pierre Vettovaglia, *Médiation et facilitation dans l'espace francophone: Théorie et pratique*, Bruxelles, Bruylant, 2010, p. 47.

以促使集体行动的形成"。① 它的作用既可以激化矛盾也可以促进和平的实现。

马里图阿雷格人的极端化表明了族群、宗教等认同因素对冲突的影响。图阿雷格人是居住在今利比亚地区的柏柏尔人的后裔。在柏柏尔语中图阿雷格是山谷之凹的意思。② 7世纪以后，由于阿拉伯人攻占北非，部分柏柏尔人被迫移居撒哈拉沙漠的费赞地区（Fezzan），逐渐发展为图阿雷格人。现今的图阿雷格人主要指散布在撒哈拉沙漠南缘萨赫勒地带的游牧民族。在法国瓦解整个图阿雷格国家之前，原本存在一个许多图阿雷格部族组合成的松散联邦国家。19世纪，图阿雷格人对法国殖民者进行强烈反抗。图阿雷格人的反抗使殖民者实行种族主义的管理模式，将"纯种"的图阿雷格人和"柏柏尔族黑人"区分开来。由于图阿雷格人的游牧生活方式不利于殖民者对该地区的开发和管理，殖民者强制其改为定居的生活方式，并强行占用图阿雷格人土地。

1960年民族独立浪潮中，殖民地纷纷脱离宗主国独立。但新成立的民族国家没有考虑民族分界线，图阿雷格人被迫分散在马里、阿尔及利亚、利比亚和布基纳法索等国家境内，沦为一支分布在西非多国的跨界族群。图阿雷格人与所在国家主体民族融合度较低，常遭到后者的忽视和排挤。由于图阿雷格人游牧的生活方式以及历史上的蓄奴传统，图阿雷格人与马里北部的主体民族桑海人和颇尔人之间交往较少且关系紧张。③ 从民族构成来看，马里的主体民族为曼德人和班巴拉人。马里国族认同的构建也以注重农耕文明的马里王国和曼德文明为基础，而强调部落主义和政治忠诚的图阿雷格民族文化没有得到充分尊重。马里政府采取遏制部落首领的政策并且在政治、经济上忽视图阿雷格人的历史传统和发展需求，更加引起图阿雷格人的强烈不满。

---

① Alice N. Sindzingre, "Le néo-patrimonialisme et ses réinterprétations par l'économie du développement", dans Daniel C. Bach et Mamoudou Gazibo, *L'État néopatrimonial: Genèse et trajectoires contemporaines*, Ottawa, Les Presses de l'Université d'Ottawa, 2012, p. 113.

② Hélène Claudot-Hawad, "La 'question touarègue': quels enjeux?", *Editions La Découverte*, Paris, 2013, pp. 125–147.

③ 韩志斌、高文洋:《图阿雷格人和马里政府冲突型民族政治关系探究》,《陕西师范大学学报》（哲学社会科学版）2018年第6期。

由于国家治理不力以及长期存在的文化差异，图阿雷格人与马里政府之间发生了四次叛乱。1969—1974年的旱灾使图阿雷格人的处境极为艰难，催生出分离主义运动。图阿雷格人以"一个国家、一个目标、一个民族"为口号，要求通过建立独立国家来实现图阿雷格民族的统一和解放。1976年，图阿雷格民族主义者成立阿扎瓦德民族解放运动。21世纪以来，随着"圣战"主义者从北非扩散到萨赫勒地区。"伊斯兰马格里布基地组织"等极端组织与当地图阿雷格部落结盟，将图阿雷格人卷入贩卖毒品和武器的犯罪活动的同时，向其灌输极端主义思想。不少图阿雷格人被吸纳为"基地"组织成员。2006年12月，伊斯兰马格里布基地组织，正式与"基地"组织结盟，进一步扩大其在西非的影响力。2012年1月17日，阿扎瓦德民族解放运动的武装人员联合由更为极端的图阿雷格人成立的伊斯兰捍卫者组织在基达尔地区袭击政府军，要求阿扎瓦德地区独立。马里政府军作战失利。2012年3月，不满政府的军人在首都巴马科发动哗变，总统阿马杜·图马尼·杜尔同意辞职。在极端势力的支持和帮助下，图阿雷格分离主义者趁机控制了马里北部地区。图阿雷格人与激进组织"伊斯兰捍卫者组织"最终因政治分歧而破裂，原因是前者希望建立单一图阿雷格人国家即阿扎瓦德国，后者则希望在整个马里实施严格的伊斯兰教法。2013年1月，法国的出兵干预使图阿雷格人问题与恐怖主义剥离开来。"阿扎瓦德民族解放运动"和"伊斯兰捍卫者组织"中的温和派表示愿与法军一起"根除恐怖主义组织"。[①] 尽管图阿雷格人问题在外部干预和斡旋下得以解决，但图阿雷格人的族群诉求与恐怖主义的结合，一方面，使图阿雷格人增加了与马里政府谈判的筹码，进一步伸张了其政治诉求与经济主张，另一方面，使恐怖主义势力进一步扎根于西非地区并扩大了在该地区的影响。

可见，在马里冲突中，图阿雷格人的族群和宗教属性成为其争取独立的武器，也使其成为马里主体民族排斥的对象，客观上为社会矛盾的激化埋下隐患，导致社会关系的进一步撕裂，最终引发暴力冲突。在国家管控和治理能力有限的情况下，族群问题通常与宗教问题相互纠缠，宗教极端势力利用紧张脆弱的族群关系扩展其影响范围，而没有被有效

---

① 王涛、汪二款：《图阿雷格人问题的缘起与发展》，《亚非纵横》2014年第5期。

整合的族群关系则借助宗教极端主义思想进一步聚合或释放族群矛盾和诉求。

　　身份认同也是科特迪瓦冲突产生和发展的重要因素。作为多核心民族国家的代表，科特迪瓦民族构成复杂、人口流动频繁。实行民主化以来，族群矛盾与政党竞争相互交错，破坏了科特迪瓦政治局势的稳定性。1993年科特迪瓦国父博瓦尼去世后，对其政治遗产的争夺迅速转变为身份认同冲突。围绕总统权力继承问题，科特迪瓦在全国范围出现政治危机。国民议会议长贝迪埃利用"科特迪瓦性"一词强调科特迪瓦本土民族尤其是阿肯族在国家建设中的中心地位并将其演化为政治工具取消共和党人联盟代表瓦塔拉的总统选举资格。这一举措使那些可能变为外籍人的科特迪瓦人产生了蒙受不公、被羞辱的心理，社会关系进一步走向分裂。瓦塔拉成为北方、信仰伊斯兰教的古尔族与和曼德族的代言人。与此同时，外籍人员特别是布基纳法索人成为权力争夺的牺牲品，由此产生了社群自闭趋势，通过《北方宪章》号召各阶层的北方人联合起来为建立团结、强大的"大北方"而努力，族群—地区矛盾进一步激化。

　　"科特迪瓦性"这一概念可以追溯到1974年，是本地精英对科特迪瓦人身份认同的探索，指生活在科特迪瓦的所有居民所共有的文化认同属性。虽然这一概念最初仅是文化概念，没有任何排他倾向，但是这一概念很快成为利益争夺的政治工具，使潜在的冲突公开化。"科特迪瓦性"一词在紧张社会氛围中再次出现，使原有的土地问题、族群问题政治化。为了构建国民特性而创造出"科特迪瓦性"这一概念加重了身份认同引发的矛盾。"科特迪瓦性"为修改选举法准备了条件。1994年12月13日出台法案规定："总统候选人须出生在科特迪瓦，父亲和母亲都出生在科特迪瓦，从来没有放弃过科特迪瓦国籍，在选举前5年连续在科特迪瓦居住。"按照修改后的选举法，总统候选人瓦塔拉由于其父为布基纳法索人而不能参加总统选举，贝迪埃最终以绝对多数顺利当选。这一法案的出台使与瓦塔拉有相同身份符号的社会群体产生了蒙受不公、被羞辱的心理，使社会关系进一步走向分裂。

　　为了解决地权问题引发的社会矛盾，贝迪埃政府起草了《农村地权法》98—750号法案，并于1998年12月23日经国民议会一致通过。该法案中借助"科特迪瓦性"，将土地所有权与科特迪瓦人身份相关联。法案规定非科特迪瓦国籍的土地使用者不再是土地所有者，而仅是农业劳动力或者佃农。法案不但没能缓和原有的紧张关系，反而使冲突由族群间冲突转化为科特迪瓦人与外籍人员之间的矛盾。证明拥有科特迪瓦人身份成为享有土地权的前提，如何定义"科特迪瓦人"成了中心问题。

外籍人员特别是布基纳法索人成为权力争夺的牺牲品，由此产生了社群自闭趋势。20世纪90年代出现的《北方宪章》，反映了其被迫害、被排挤的受害者心理。2002年，《北方宪章》被再次修订，号召各阶层的北方人联合起来为建立团结、强大的"大北方"而努力。《北方宪章》成为与"科特迪瓦性"对应的另一族群—地区概念。瓦塔拉，因其北方人以及穆斯林身份而被剥夺政治权利，成为受害者的代表。

科特迪瓦民族特性的构建是人为的，并非建立在历史和社会文化基础之上。科特迪瓦民族认同的构建过程不但没有增强社会的包容性，反而造成了不同社群之间的相互歧视，进而成为冲突的根源。根据"科特迪瓦性"概念，北方居民在财富分配和社会阶层晋升方面被边缘化。[①] 不同出身的科特迪瓦人之间出现了社会分隔，甚至造成社群封闭。权力的争夺表面上是政治力量之间的争夺，实质上激化了社会的敌对情绪。"科特迪瓦性"这一仅强调科特迪瓦居民共同文化特性的中性概念被政治活动家打造成为赢得选举清除障碍的工具。

以身份认同为工具争夺政治权力已成为一些非洲国家党派竞争的常用手段之一。政治力量通过操纵身份认同来建立和巩固民意基础，而原有的社会群体之间的紧张关系为身份认同的工具化提供了社会土壤。通过强调身份属性来争取政治支持者或者排除异己无疑再次激化了原有的社会矛盾，导致社群自闭，从而使社会进一步走向割裂。然而，值得注意的是，仅仅通过地域、宗教等身份认同角度认识科特迪瓦内战是不全面的。[②] 北方居民和南方居民由于境内人口流动通常杂居在一起，在南方也有众多的穆斯林生活这一事实说明将科特迪瓦冲突简单理解为北方穆

---

① 一些研究通过对科特迪瓦主要城市的采访调研印证了科特迪瓦社会对北方穆斯林群体的歧视。如 François Roubaud, "La crise vue d'en bas à Abidjan: Ethnicité, gouvernance et démocratie", *Afrique contemporaine*, 2003, Vol. 206, No. 2, pp. 57–86。

② Thomas J. Bassett, "'Nord musulman et Sud chrétien': les moules médiatiques de la crise ivoirienne", *Afrique contemporaine*, 2003, Vol. 206, No. 2, pp. 13–27.

斯林和南方基督教徒之间的冲突是不合理的。

四 经济因素：脆弱的经济造成贫穷和苦难

安全与经济发展息息相关。经济发展的落后使民众生存条件变得脆弱，造成社会关系的紧张，进而为冲突的爆发提供了条件和土壤。据统计，世界上最贫穷国家中73%曾经历战争的洗礼。[1] 同样，冲突造成的社会动荡直接阻碍经济的发展和政权可信度的塑造。

经济因素主要从两个方面在冲突的产生和演进中发挥作用：一个是从权力掌控者、精英阶层等体制受益者的角度。在新世袭主义制度之下，权力不仅仅是政治概念，还象征着经济财富，追求权力相当于追求财富，追求财富意味着追求权力，政治资源与经济资源进行直接的转换。[2] 非洲国家的经济大多建立在开发自然资源的基础之上。由于自然资源的出口价格随着世界经济形势浮动很大。受国际市场初级产品价格波动和全球经济不稳定性的影响，非洲国家的经济难以走上快速发展的道路。并且，自然资源通常是不可再生资源，随着资源的减少，统治集团中的每个既得利益者分得的利益份额也会减少，一些人甚至不能再从中获利，这样便可能激发不满情绪，引起冲突。虽然体制可以做出有限的调整以建立起新的平衡关系，但是这种平衡关系也只能是短暂的、脆弱的。因此，以这种方式获得的经济资源具有不确定性，对政权的掌控和占有也是不稳固的。

经济因素在冲突中的另外一个影响渠道是被体制忽视、被边缘化的群体。普通民众由于生活拮据而难以生存，国家机制难以有效保证社会的安全，这便为军政府或者极端主义者获取民众支持提供了条件。2020年以来，在新冠疫情全球范围持续蔓延的背景下，非洲国家政府普遍采取紧缩的财政政策，民众基本生活需求难以得到保障。腐败现象侵蚀了大量国有资源，造成应对疫情和安全问题的预算不足。按照世界银行标

---

[1] Paul Collier, *The bottom billion：Why the poorest countries are failing and what can be done about it*, Oxford：Oxford University Press, 2008.

[2] Jean-François Médard, *États d'Afrique noire：Formation, mécanismes et crise*, Paris, Karthala, 1991, p. 342.

准，马里现有40%以上人口仍处于极度贫困。民众认为凯塔政府未能有效扭转下滑的经济形势，失望情绪加重。在民怨四起的情况下，军人集团决定用暴力手段夺取政权。

此外，由于经济结构过于单一，毒品交易、诈骗、抢掠、绑架等非法贸易成为武装组织获取经济来源的主要渠道，为其暴力行为提供资金支持。① 以卡萨芒斯分离主义运动为例，毒品、木材等稀有资源的走私、贩卖为"卡萨芒斯民主力量运动"提供了资金来源。跨国非法贸易分子与当地武装冲突人员相勾连，共同威胁塞内加尔安全。贩卖毒品是跨国犯罪集团从事的主要非法活动。西非地区是将毒品由美洲运往欧洲的重要中转地。近年来，塞内加尔政府在马里—塞内加尔边境破获多起贩毒案件。沿海贩毒路线也日益活跃。2022年10月，塞内加尔海关在途经边境城市基地拉的一辆卡车中查获300公斤可卡因，价值3000多万欧元。这辆卡车从马里首都巴马科出发，发往塞内加尔首都达喀尔港口。2023年1月，塞内加尔海军在距达喀尔335公里海域查获800公斤可卡因。据联合国毒品和犯罪问题办公室统计，西非地区贩毒总量在不断增长。2019—2022年，塞内加尔查获近4.7吨可卡因。随着西非地区国家经济的发展，塞内加尔、加纳等国的中产阶级不断涌现，成为贩毒商兜售毒品的目标群体。2022年，毒品在西非地区的本土消费占比由2008年的5%—8%上涨到10%—17%。2022年，塞内加尔大约近24000名吸毒者，这一数据将在两年后增长为50000。② 除可卡因之外，来自亚洲的曲马多等镇静剂药物也成为在西非地区出现的新毒品类型。除贩毒之外，木材走私是危害塞内加尔社会经济秩序的又一非法经济活动。在塞内加尔南部的卡萨芒斯地区，红玫瑰木被"卡萨芒斯民主力量运动"成员非法砍伐并走私至冈比亚。木材走私不仅每年造成塞内加尔300亿西非法郎的经济损失，而且成为"卡萨芒斯分离主义运动"的重要经济来源。

---

① Jonathan Goodhand, "From wars to complex political emergencies: Understanding conflict and peace-building in the new world disorder", *Third World Quarterly*, 1999, Vol. 20, No. 1, pp. 13 – 26.

② "Trafic de drogue en Afrique de l'Ouest: état des lieux", https://www.rfi.fr/fr/afrique/20220122-trafic-de-drogue-en-afrique-de-l-ouest-%C3%A9tat-des-lieux, Janurary, 22nd, 2022.

五　外部因素：外部势力的介入和干预

如果说内因是冲突爆发的主要及根本原因，那么外因的作用也是不可忽视的，外部力量的介入使情况变得更为复杂。

一国自然资源的拥有量与冲突爆发的可能性通常成正比。[1] 自然资源是一国经济发展的有利条件和其参与全球化的优势。然而，资源禀赋优势突出的非洲却是全球化中最薄弱的一环，丰富的自然资源难以给非洲国家维护国家利益增添更多的筹码或带来更多的发展机遇，却构成其政治不稳定的重要因素，有学者将这一现象称为"资源的诅咒"。[2] 自殖民统治以来，西方国家对自然资源的觊觎和非洲国家内部掌权者对经济利益的追求高度契合，为资源的掠夺和不平等交易提供机会。开采国家资源所带来的个人财富的增长对执政者制定长远发展规划造成干扰。马里和科特迪瓦都是自然禀赋突出的国家。马里北部由于其丰富的油气资源，成为域外大国觊觎的对象，在国内、地区及国际发展和竞争中占有重要的战略地位。科特迪瓦的可可和咖啡开发的利润分配问题也是引发冲突的主要原因。另外，其钻石资源为反叛分子和军队提供了财政来源。[3] 法国等外部势力为维护自身利益介入马里和科特迪瓦的冲突。

2020年以来西非国家军事政变的回潮是域外大国长期干预非洲国家内部事务的结果。2020—2022年，非洲地区军事政变高达7次（年均2.3次），军事政变回潮趋势突出。这7次军事政变中有5次发生在西非国家。通常，军事政变的发生会受到外部因素的影响，域外大国的长期军事干预对西非国家的军事政变回潮起到了推波助澜的作用。域外大国长期干预西非国家的安全事务，导致相关国家自主安全能力偏弱。随着2020年以来美国和法国的军事支持下降，西非国家无力独自应对安全威

---

[1] Paul Collier et Anke Hoeffler, "On economic causes of civil war", *Oxford Economic Papers*, 1998, Vol. 50, No. 4, pp. 563–573.

[2] Gilles Carbonnier, "La malédiction des ressources naturelles et ses antidotes", *Revue internationale et stratégique*, 2013, No. 91, pp. 38–48.

[3] Philippe Hugon, "La Côte d'Ivoire: Plusieurs lectures pour une crise annoncée", *Afrique contemporaine*, 2003, Vol. 206, No. 2, pp. 105–127.

胁,影响了军事政变的机会结构和军官政变动机。非洲国家独立后,欧洲殖民宗主国和美国通过组建防务联盟或签订军事协议的方式在非洲驻军、建立军事基地、提供军事装备和培训。1960年前后,法国同布基纳法索、科特迪瓦、尼日尔等原法属西非国家签订防务协议,为前殖民地提供军事庇护并控制其军事力量。法国对西非地区安全事务的长期介入,大大削弱了西非国家的自主安全能力。近年来,西方国家因其自身内部问题丛生,纷纷调整对非战略,减少萨赫勒地区的直接安全投入。2020年起,美国削减了在萨赫勒和索马里的军事存在。2021年6月,法国宣布将于2022年第一季度逐步结束在萨赫勒地区的"新月形沙丘"军事行动。由于西非地区国家在安全问题上长期高度依赖外部援助,西方国家在该地区战略投入的下降造成了"安全真空",对马里、布基纳法索等地区国家的政治稳定和安全形势造成严重冲击,刺激了西非国家的政变机会结构和军官政变动机的生成。

此外,西方大国对西非国家军事人员开展培训,为政变军官提供了重要的能力支持。西方国家长期以军事援助之名向西非国家提供军事培训,但其真实目的并非提高西非国家防务能力,而是为了培养亲西方势力,渗透西方意识形态和政治观念,并在必要时干预西非国家内政,维护西方国家利益。在法非军事援助框架下,一些西非国家高级军官有机会赴法国本土进行学习和培训,此轮西非政变潮中,几内亚、布基纳法索的政变领导人马马迪·敦布亚(Mamady Doumbouya)、桑道戈·达米巴(Sandaogo Damiba)拥有法国大学硕士学位。此外,此轮政变的主要领导人均曾参加过美国政府组织的培训,马里的阿西米·戈伊塔(Assimi Goïta)多次参加美国特种作战部队培训项目,敦布亚曾在2019年参加了美国在布基纳法索组织的突击队演习,达米巴也曾参加过至少六次美国组织的培训。受西方大国培训的军官频繁发动政变证明,相关培训并没有达到西方国家宣称的"促进西非国家军队专业化"的目的,反而为参加培训的军官组织政变提供了必要的技术准备和人脉网络。

综上所述,殖民统治造成的边界可渗透性使其难以抵御外部侵扰或者营造内部的凝聚力。不惜一切代价夺取或维护权力的行为威胁着国家的安全稳定。被权力觊觎者利用的族群、宗教等身份认同问题给民族特性的构建制造障碍,这构成了非洲国家冲突频发的主要原因。

与此同时，建立在权力私有化基础上的新世袭主义制度以及少数人对社会财富的占有使社会不堪重负，并使本可用于经济发展的自然资源日益枯竭。新世袭主义体系中的财富积累对经济发展的贡献十分有限。贫穷和欠发达动摇了新世袭主义制度的基础，可供再分配的社会财富在逐步缩减。经济的欠发达迫使掌权者通过暴力手段来维护现有的财富分配体系，使被统治者不得不借助暴力来获取生存权利。在这种情况下，身份认同成为民众可以依靠的最后出路和唯一支柱，最终引发冲突。

第二章

建设和平理论及其在非洲的实践

和平是政治学和国际关系领域的核心议题,也是西方和中国学者永恒的研究课题。认识和平的定义和实现路径对于开展建设和平的研究十分必要。建设和平是一个相对全面和宽泛的概念,产生于20世纪70年代,多个国家及地区组织分别从学理和实践出发对建设和平进行了定义。建设和平包含多个维度,在本书的研究对象国中有不同体现和侧重。

第一节 建设和平的起源、定义及不同维度

建设和平的概念早在16世纪就开始使用,但直到20世纪六七十年代才成为独立的研究对象。[①] 在阐释建设和平这一具体概念之前有必要明晰"和平"这一抽象而模糊的概念,以便更好地在研究中加以应用。

一 和平的内涵和外延

(一)和平:西方学者和中国学者永恒的研究课题

和平,即没有战争的状态。与更具戏剧性的战争、冲突不同,和平不容易被察觉,人们通常在失去它时才能察觉出它的存在。"和平像是真

---

① Vincent Chetail, *Lexique de la consolidation de la paix*, Bruxelles, Bruylant, 2009, p. 29.

空一样难以定义。我们既不能将它拿起也不能把它放下。"① 习近平主席同样强调"和平是人民的永恒期望。和平犹如空气和阳光,受益而不觉,失之则难存"。② 因此,人们通常用否定的方式定义和平,即和平是国家、民族之间不发生战争的状态。正如法国社会思想家雷蒙·阿隆(Raymond Aron)所言:"和平就是一种敌对政治单元之间暴力持续的中断。"③

和平通常被认为是健康社会的正常状态,而战争则意味着混乱和病态。但是,和平不是战争的对立面。在一定条件下,和平与战争可以实现相互转化。"每一场战争都源于此前孕育它的和平。"④ 社会秩序在经历了一段时间的混乱之后会重新建立起来。和平与战争,作为社会生活的两个方面,构成了社会的基本状态。承认冲突是社会结构的组成部分(如第一章第一节所述)有助于从理论和实践角度认识和平及其存在条件。从这一角度来看,战争只能被转化,而不能被消灭。建立在战争缺失基础上的和平是不可能的。和平是一个运动的状态,是在复杂的环境和条件中不断寻找矛盾行为体之间短暂平衡的过程。而战争则是能够达成新平衡的方式。因此,和平与战争相互孕育和转化,却不能被消除。战争与和平之间的互动转化使我们在解读实际情况时采取相对主义的态度:表面的和平或者仓促达成的和平只是一时掩饰了矛盾,压制了社会诉求,并不利于建立持久和平。

中国自古孕育着深厚的"和"文化。中华民族的"和"文化蕴含着天人合一的宇宙观、协和万邦的国际观、和而不同的社会观、人心和善的道德观。⑤ 汉字"和",左边偏旁"禾"为麦苗之意,而右边为"口",则阐释了人与自然之间的关系。因此"和"不仅指人与人、国与国的和睦关系,还指人与自然之间的共生关系。汉字"和"的解构从本源上解释了"和平"与"和谐"共同的内涵基础。"和"意为和睦,有和衷共

---

① Anton Kielce, *Le Sens du Tao*, Paris, le Mail, 1985, p. 107.
② 习近平:《共同创造亚洲和世界的美好未来——在博鳌亚洲论坛 2013 年年会上的主旨演讲》,《人民日报》2013 年 4 月 8 日第 3 版。
③ Davidp. Barash, *Introduction to Peace Studies*, Belmont: Wad-sworth, 1991, p. 7.
④ Gaston Bouthoul, *La paix*, Paris, Presses Universitaires de France, 1974, p. 74.
⑤ 国务院新闻办公室,《中国军队参加联合国维和行动 30 年白皮书》,http://www.gov.cn/zhengce/2020-09/18/content_5544398.htm,2020 年 9 月。

济之意;"谐"者,相和也,有协调、顺和、无抵触、无冲突之意。"和谐"一词最早是指中国社会的基本单位——家庭的和谐。《诗经》便弘扬家庭的和谐关系。"妻子好合,如鼓瑟琴。兄弟既翕,和乐且湛。"每个家庭的和谐关系是稳定有序的社会关系的基础。

中国在诸子百家时期便形成较为系统的和平文化。蔡德贵认为儒家和平论主要体现在修齐论、和谐论、中庸论、仁爱论、大同论等一系列理论中,强调和平中伦理秩序、道德教化的重要性。[1] 根据儒家思想,和谐关系不仅仅建立在法律的基础之上,还源于对"礼"的尊重,并由践行"礼"的行为体之间的互补性决定的。《论语》中便谈到了"和谐"与"礼"之间的关系。"礼之用,和为贵。先王之道,斯为美,小大由之。有所不行,知和而和,不以礼节之,亦不可行也。"[2] 由此可见,"和谐"与"礼"之间在秩序形成和维护的过程中存在密不可分的关系,并且在这种关系中,"和谐"要优先于"礼"。"和"还强调在以德为先的前提下通过相互理解形成一种和谐关系。"远人不服,则修文德以来之"[3],突出了德的作用,以德服人才能避免争执、冲突、对抗。只有提倡道德优先,坚持王道、反对霸道,才能转化各种因素实现和谐。

与此同时,"和谐"并不意味着同质性或者静止状态。同质性不能保证和谐,反而会成为冲突的诱因。孔子认为"君子和而不同,小人同而不和"。[4] 孟子在这一问题上与孔子持有同样的立场,在《滕文公上》言道:"夫物之不齐,物之情也。或相倍蓰,或相什百,或相千万。子比而同之,是乱天下也。"[5] 这句话强调了"和"与"同"之间的区别。相同不是和谐的前提条件,因为和谐建立在多样性基础之上。这种多样性不仅源于每个事物的本性,而且是其运动、发展、转化、演变的前提。

道家则从宇宙观、本体论的角度来阐释"和"的内涵。《道德经》中"道法自然"和"无为"思想,反对过度干预自然社会秩序。《易经》则

---

[1] 蔡德贵:《中国和平文化》,《学术月刊》2003年第2期。
[2] Confucius, "De l'étude", *Les Entretiens, de Confucius*, traduit par Charles Leblanc et Rémi Mathieu, *Philosophes confucianistes*, Paris, Gallimard, 2009, pp. 37–38.
[3] 《论语·季氏》。
[4] 《论语·子路》。
[5] 《孟子·滕文公上》。

将和平看作是天与地相互影响的和谐关系，以及在该环境下一切生物繁荣生长的状态。和平是有利的时间和空间的汇合，冲突则相反，是相反方向的分离运动。行为体在时间与空间构成的环境中实现互动。① 和平和冲突之间的区别不在于善与恶之间的区别，而是取决于二者之间的联系和行为体所处的环境。因此，与其试图改变行为体的态度和行为，不如通过分析和孕育其转化条件来改变环境。

老子指出了事物的相对性以及事物之间的相互转化是永恒的运动。"有无之相生也，难易之相成也，长短之相形也，高下之相盈也，音声之相和也，先后之相随，恒也。"② 老子认为相互对立的事物和元素之间具有互补性，不同事物和元素之间的相互转化使其关系的对立性相对化，进而构成了事物发展变化的动力。因此，在现代社会中，不同国家、不同民族应尊重彼此文化、信仰和制度，相互了解，互学互鉴，实现共同发展。

战争与和平的相互关系可以通过道家阴和阳之间的关系来理解。"一阴，一阳，则为道。"道，尽管蕴藏着阴与阳两个方面，却不是其总和，而是"两者之间实现转化的调节器"。③ 中国传统思想通常不是把注意力放在战争与和平本身，而是关注两者之间转化和循环往复的关系。这便是矛盾行为体之间建立"和"（和谐关系）的来源。和平与战争之间存在互补的关系，二者同时存在却不可相互抵消。"和"，并不意味着和平至上，而是人的内心、人与社会、人与世界之间的平衡。阴与阳的二元性存在于一种交互关系中，在这种交互关系中二者相互让步。它们之间的不同并不会对其建立和维持协作关系产生不良影响。由此看来，和平的构建不仅局限于消除敌对者，而且要求创造有利于由战争状态向和平状态转化的条件，换言之，寻找建设和平的道路就是创造建立新的平衡的条件。

非洲的历史和传统文化中也蕴含着对"和平"的向往。非洲和平文化的一个突出特点是主张从根源上预防和解决冲突。13 世纪早期，由曼

---

① Marcel Granet, *La pensée chinoise*, Paris, Albin Michel, 1999, p. 79.
② 《道德经》。
③ Marcel Granet, *La pensée chinoise*, Paris, Albin Michel, 1999, p. 269.

丁哥帝国（位于上尼日尔河地区，现几内亚和马里）统治者提出的《曼得宪章》传递着对话、宽容和相互理解等和平的价值观。《曼得宪章》包括7章，涵盖在多样化背景下推动社会和平、人的不可侵犯性、教育、领土完整、粮食安全、废除掠夺奴隶以及言论和贸易自由等方面。《曼得宪章》被视为世界上最古老的宪法，其精神通过祖祖辈辈口口相传保留下来。① 20世纪60年代初，刚刚获得民族独立的非洲国家领导人开始探索和平问题，将泛非主义运动推向高潮。泛非主义运动的领导人之一恩克鲁玛（Kwame Nkrumah）认为，非洲本土文化、生活方式、价值观念被长期的殖民统治抹杀，结束在非洲的殖民统治是实现全世界真正和平的前提。②

（二）实现和平的路径与方法

和平研究的目的是认知和理解和平在何种情况下会转为战争，在何种条件下能够再次实现和平以及如何维持和平的状态。和平研究领域存在两种研究路径和方法：认知性方法与准则性方法。③ 前者通过阐释冲突的原因和影响来构建理论及解释性假设，后者则倾向于构建不同的模式来构想通向和平之路。

康德（Emmanuel Kant）的"永久和平"之说是从理想主义视角来创建保障和平永续的模型，属于准则性方法。对于康德来说，"和平状态必须是被建立起来的"。④ "和平需要制度建设的支撑……如果一个强大且有远见的民族想建成努力实现永恒和平的共和国，那么联邦性质的联盟便有了一个中心。"⑤ 在《永久和平论———一部哲学的规划》这一经典政治哲学文本中，康德阐述了实现永久和平需要满足的条件。首先，康德认为永久和平的第一个条件是每个国家的公民体制都应该是共和制。⑥ 康德

---

① 周玉渊：《非洲集体安全机制的进展与挑战——从非洲和平安全框架到"2020年消弭枪声计划"》，《云大地区研究》2020年第1期。

② 达乌德：《非洲大陆对和平安全的认知与和平安全治理机制建设》，《国际社会科学杂志》（中文版）2019年第2期。

③ Gaston Bouthoul, *La paix*, Paris, Presses Universitaires de France, p. 34.

④ 康德：《历史理性批判文集》，何兆武译，商务印书馆2005年版，第108页。

⑤ Emmanuel Kant, *Vers la paix perpétuelle. Essai philosophique*, Paris, Presses Universitaires de France, 1974, pp. 47–48.

⑥ 康德：《历史理性批判文集》，何兆武译，商务印书馆2005年版，第109页。

强调共和制不仅是人的理性得以自由运用最充分的体制,而且是唯一能最终导向永久和平的体制。康德假设,在共和制下每个公民运用理性参与立法,而每个人在理性的指引下不会选择带来艰难困苦和经济重担的战争。其次,国际权利应以自由国家结成的联盟制为基础。永恒联盟是全球性共和国的雏形。每个具有成熟理性的判断能力的自由国家为了实现符合人民权利的自由加入该联盟,这便是实现永恒和平的道路。"各个民族作为国家为了自身安全缘故,要求别的民族和自己一道进入一种类似公民体制的体制,在其中可以确保每一个民族自己的利益。"① 这条道路的实现条件是每个国家的内部制度应该是共和国性质的,也就是说,"拥有一个以公民自由为主导,依赖于唯一、共同的法律体系的宪法,并且在这个共同的参照系中每个人都是平等的"。② 最后,康德强调世界公民权利将以普遍的友好为条件。世界公民权利是每个居住在地球上的生命都具有的一项基本权利。普遍的友好则是指"一个陌生者并不会由于自己来到另一片土地上而受到敌视的权利"。③ 因此,每个有理性的公民能够不被当作工具被驱逐、屠杀而永久和平地生活。④

此外,康德重视公平和法律的作用,认为它们可以保证统一于联邦的公民之间的自主性。同时,这一理论是以"社会中的人类行为是理性且可预测的"为前提的,具有先验之理性的特点。康德对永久和平的论断在一定程度上被历史验证,但同时也被不断挑战。康德将永久和平作为历史的终点只能是一个不断接近的理想目标,不可能实现。尽管第二次世界大战结束后,西方共和制国家之间没有发生战争,联合国的建立体现出民族国家之间对和平的追求,但是所谓"民主"国家多次在伊拉克、利比亚、叙利亚等地区发动局部战争,颠覆了康德对理性的乐观假设。

中国近代思想家也曾对永恒和平进行了深入探讨。康有为是对人类

---

① 康德:《历史理性批判文集》,何兆武译,商务印书馆2005年版,第114页。
② Emmanuel Kant, *Vers la paix perpétuelle. Essai philosophique*, Paris, Presses Universitaires de France, 1974, p. 91.
③ 康德:《历史理性批判文集》,何兆武译,商务印书馆2005年版,第119页。
④ 曹峰:《康德永久和平思想及其当代意义》,《太原学院学报》(社会科学版)2021年第1期。

社会命运进行探索的杰出知识分子之一，他畅想了和平社会的可能性。他的思想既汲取了西方思想的灵感又打上了中国传统思想的烙印。在《大同书》中，他重新阐释了孔子的"三世"理论，即文化与教育处于黑暗的"乱世"、文化与教育不断进步的"升平世"（也称为"小繁荣时代"）以及实现文化教育繁荣发展的、远近相亲、大小相融的"太平世"。

康有为对"大同之世"的理论建构以儒家思想为主体，同时吸收了西方文化的精华部分。《大同书》将"仁"的思想诠释为一种普遍性价值，将先秦儒家道德的"仁学"思想与西方物质和社会科学文明高度融合。康有为认为建设大同社会的基础为：取消边界、国家以及社会阶层，实现文化与民族融合、废除不平等和私有财产等。从政治形式上来讲，大同社会倡导建立一个世界范围的具有约束权力的议事机构，其中有各个地区的代表。同时，康有为受到基督教所倡导的上帝面前"人人平等"观念的影响，并认为人权是上天赋予的。康有为融合了中西方文化，对古代"大同"思想进行了继承和发展，实现了对古今中外思想的整合和升华。在他构想的大同世界中，人类社会实现了各个种族的同化，不同民族、种族之间都生活在统一的国度里，接受统一政府的管辖，人人享有平等的权利。尽管康有为的大同思想建立在对社会现实高度关注的基础上，但是这种乌托邦式的探索充满空想主义色彩。

（三）和平的类型

认识和平的类型是探索和平实现路径的必要步骤。本书将结合三个研究对象国，借助日内瓦大学政治学教授皮埃尔·艾伦（Pierre Allan）对和平的分类来认识和平的类型。为了使战争与和平的分类更加细致丰富，皮埃尔·艾伦建立了包含十个不同阶段的体系，体系的纵轴与横轴分别代表目的（幸福的实现）与伦理（遵守秩序的程度），并根据目的和伦理层面的互动程度将战争与和平分为十个阶段，分别为：人类灭绝、屠杀、战争、非战争、正义战争、稳定和平、正义和平、积极和平、普世小康和极乐世界。

这一标尺从一个极端，即人类灭绝，延展到另一个极端，即极乐世界。全人类的灭绝被看作是极端的恶，核武器可以制造这种可能，但是核武器使全人类灭绝的绝对有效性是值得怀疑的。另一个极端则如天堂一般，它囊括所有生物的幸福，这远远超越了康德的永恒和平。这种极恶与极乐几乎不可能出现或存在。[①] 本书主要借助该分类来关注两个极端状态之间的不同阶段，用以理解不同程度的和平和战争之间的差别与联系。

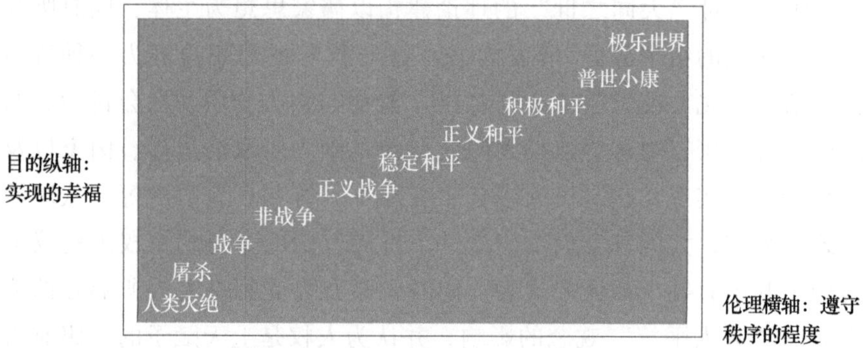

```
目的纵轴：              极乐世界
实现的幸福             普世小康
                     积极和平
                    正义和平
                   稳定和平
                  正义战争
                 非战争
                战争
               屠杀
              人类灭绝                  伦理横轴：遵守
                                        秩序的程度
```

图 2-1　和平与战争的十个不同阶段

资料来源：Pierre Allan, "Measuring International ethic: A moral scale of war, peace, justice, and global care", Pierre Allan and Alexis Keller (ed.), *What is a just peace?* Oxford, Oxford University Press, 2006, pp. 90-129.

屠杀是一个民族为了灭绝另一个民族或者一部分民族而有意实行的集体计划和行为。尽管屠杀是毁灭人类社会的一部分群体，但它的性质要比一般的战争更加恶劣。因为，屠杀瞄准一个被限定的社会群体，而战争则是一个孤立的事件。因此，从伦理角度看，战争列于屠杀之后。

战争的缺失可以看作和平的存在。但是，战争可能隐藏在和平的外表下。因为和平可以通过霸权统治、强国之间相互制衡和威慑实现。而正义战争则比非战争更进一步，因为正义战争不仅动机具有公正合理性，而且遵守"发动战争法"（jus ad bellum）并在战争过程中遵守法律的所有规则（jus in bello）。但是，战争的缺失带来的和平通常导致不公平

[①] Pierre Allan, "Measuring International Ethic: A moral Scale of War, Peace, Justice, and Global Care", in Pierre Allan et Alexis Keller, *What is a just peace?* Oxford: Oxford University Press, 2006, pp. 90-129.

战争。

稳定和平这一阶段是和平的开始。稳定和平指战争的可能性很小并且民众没有发动和参与战争的意愿的状态，也就是说，从认知层面讲，战争不会发生，因为民众有一定安全感。但是，稳定和平的存在也可能是因为不公平制度的压迫和镇压。因此，正义性构成了稳定和平与正义和平的区别。

正义和平是结束战争后应实现的目标。在正义和平的状态中，所有相关方的利益和基本身份认同应被重视。积极和平则是从社会视角对冲突进行分析。它的实现需要以废除压迫、结构性暴力以及社会不公平的消失为条件，以实现公平的再分配为基础。而最接近于极乐世界的是普世小康，它充分凸显人类的美丽、怜悯、互助和慈爱的特征。

值得注意的是，图表形式呈现的是理想化和简易化的类型，战争与和平的十个不同阶段是一个连续的过程，不同阶段之间的界限并不鲜明，不能机械地、割裂地进行分析。本书将通过三个研究对象国的情形来认识和平和战争的不同程度。

马里于2012年经历军事政变后试图重建和平。尽管和平协议的签署标志着马里战争的结束，"薮猫行动"也完成了其军事任务，但是马里没有摆脱危机，战争依然存在于武装组织成员的意识中，民众仍可能被动员参与战争。马里北部安全局势持续动荡，分离主义和恐怖主义依旧对马里中央政权构成威胁，马里在经济、民族、教派等方面的矛盾不断加深，马里民众由于国家不稳定而感到危机重重。尽管暴力没有在全国范围构成威胁，但是北方地区经济和社会矛盾仍然突出，依旧存在爆发战争的可能。2019年3月，位于马里中部的莫普提大区发生激烈的族群冲突事件，上百名颇尔族人遭到疑似多贡族武装分子的袭击而身亡。在反恐战争久拖不决的背景下，族群关系日益恶化，发展成马里的重大安全隐患。[1] 2020年8月，由于反对派不满于总统凯塔领导的马里联盟党在议会选举中成为议会第一大党，马里再次发生军事政变，凯塔被扣留后宣布辞职并解散政府和国民议会，军方领导人宣布成立权力过渡机构，称

---

[1] 孙红：《马里族群冲突折射萨赫勒地区安全危机的复杂性》，《世界知识》2019年第10期。

将在合理期限内举行新一轮选举，马里再次陷入严重的政治社会危机。①因此，马里尚未达到稳定和平的水平，仍处在战争与非战争状态之间。

科特迪瓦在2010年冲突结束后，政府制定了以重振经济为目标的"2020国家振兴规划"，民族和解工作在冲突后也迅速展开。然而，由于地权和身份认同问题没有得到彻底解决，和平基础依旧十分脆弱。民族和解进程引发一系列的社会和政治问题，社会的失落感依旧可能通过暴力形式表达出来，进而影响民主进程。总统瓦塔拉于2015年顺利连任后再次参加2020年总统选举以谋求第三任期的做法遭到反对派和部分民众的强烈抗议。瓦塔拉获选的结果公布之后，科特迪瓦中部及中东部地区不同社群间、民众与警察之间爆发暴力冲突，造成人员伤亡。尽管在国际社会的压力下，反对派代表、民主党主席、前总统贝迪埃与瓦塔拉决定就解决因总统选举引发的危机举行对话，承诺将以和平为目标建立对话并为实现国家稳定共同努力，但科特迪瓦政局走向仍然面临更多的不确定性，实现政治稳定和社会融合依然任重道远。因此，科特迪瓦由于面临的各种不确定性也尚未达到稳定和平的水平，而是处于非战争状态。

塞内加尔卡萨芒斯地区在20世纪80年代出现公开暴力冲突，但是这一冲突没有在全国范围造成影响。自独立以来，塞内加尔政府主动启动政党制度改革，从一党制逐渐过渡到多党制，确保了国家政权的平稳更迭。建国后，塞内加尔确立了强有力的权力中心并在政治发展中不断巩固。相对稳定的政治秩序使塞内加尔被视作非洲国家民主化的"成功典范"②"准民主国家"的代表。③多党民主、政权交替、宪法效力、舆论自由等基本实现，被纳入国家运行规范中。民族和文化多样性被尊重和重视，促进了地区间的平衡。战争不被认为是解决社会矛盾的方法，民众的日常安全也得到保障。因此，塞内加尔处于稳定和平阶段。

---

① 贺鉴、王筱寒：《马里军人哗变，政治社会危机更深》，《世界知识》2020年第18期。

② Christian Coulon and Donal Cruise O'Brien, "Senegal", in John Dunn and Richard Rathbone eds., *Contemporary West African States*, Cambridge: Cambridge University Press, 1989, pp. 145 – 164.

③ See Leonardo A. Villalón, "Democratizing a (Quasi) Democracy: The Senegalese Elections of 1993", *African Affairs*, Vol. 93, No. 371, 1994, pp. 163 – 193; Richard Vengroff and Lucy Creevey, "Senegal: The Evolution of a Quasi Democracy", in John F. Clark and David E. Gardinier eds., *Political Reform in Francophone Africa*, Boulder: Routledge, 1997, pp. 204 – 222.

然而，由于民主制度仍局限于表面形式，并且存在民主倒退的风险。随着2024年总统大选的临近，塞内加尔国内政治力量对比发生变化，执政联盟和反对党联盟的实力差距逐渐缩小，威胁塞内加尔政治稳定的因素增多。受新冠疫情、俄乌冲突的影响，塞内加尔经济发展的外部环境出现恶化，经济发展速度放缓，社会矛盾日益凸显。同时，萨赫勒地区恐怖主义扩散势头迅猛，对塞内加尔边境地区安全构成威胁。萨勒总统领导下的塞内加尔政府执政空间有所压缩，其执政能力面临多重考验。塞内加尔政府能否通过实质性改革继续赢得民众信任是塞内加尔保持其政治稳定性的关键。此外，随着萨赫勒地区宗教极端主义的不断渗透，能否维持当前较为良性的政教关系、避免宗教问题政治化是塞内加尔民主巩固所面临的又一挑战。

尽管"卡萨芒斯民主力量运动"成员与塞内加尔政府之间发生多次冲突，但始终维持在较低烈度水平。虽然卡萨芒斯分离主义者曾与塞内加尔政府多次达成暂时停火，但卡萨芒斯分离主义运动尚未获得彻底解决。双方就卡萨芒斯地区是否有"独立的权利"问题仍存在根本性分歧。[①] 自2012年上台以来，萨勒总统致力于推进与"卡萨芒斯民主力量运动"和谈，将实现卡萨芒斯地区的最终和平视为工作重点。2021年1月，塞内加尔军方对靠近几内亚比绍边境的"卡萨芒斯民主力量运动"驻地发起军事行动，打击其成员参与的贩卖木材、大麻活动。塞内加尔政府对"卡萨芒斯民主力量运动"发起的军事行动大大削弱了反政府武装力量，但是被驱散的武装团伙并没有消失，仍有在新据点重新集结的可能。尽管军方通过清剿行动基本夺回了被占领的领土，但"卡萨芒斯民主力量运动"的内部分裂问题加大了政治和谈的难度。因此，塞内加尔尚处于稳定和平阶段，而未达到消除结构性暴力的积极和平阶段。

表面认同、深度认同、和解及秩序被看作是衡量和平类型的标准。表面认同意味着每一方都对其他方作为具有历史、文化、语言等特性的个体表示认同。表面认同不以深度认知为前提，对对方的身份价值及其根基并不了解。深度认同则不仅要求对对方的基本特点有一定认知，而

---

① 王涛、王璐：《卡萨芒斯分离主义运动的发展、影响及启示》，《世界民族》2017年第2期。

且理解并接受对方的不同点及其特殊的历史经历。在深度认同层面,每一方应意识到其他方保持本性的需要,并且双方的身份特征在随着历史形势的改变而不断地被构建(或被重建)。因此,深度认同不仅涉及对方而且涉及本我,尝试定义自身身份是理解他者的前提。和解,即让步与妥协。实现让步和妥协的前提是共同作出牺牲,并谋求共同的利益。现今,对领土或主权进行妥协的情况已十分罕见或基本不可能,但对象征性立场和物质利益的妥协仍是达成基本共识所必需的前提条件。秩序,从广泛意义上来讲,包括原则、准则和行为规范。与严格和抽象的现代国际法不同,秩序以灵活性和活跃性为特点。它是为了实现正义和平而由行为体间的互动和相互启发产生的。

表 2-1　　　　　　　　　衡量和平类型的标准

	表面认同	深度认同	和解	秩序
屠杀	否	否	否	否
战争	部分	否	否	部分
非战争	是	否	否	部分
正义战争	是	否	否	是
稳定和平	是	部分	部分	是
正义和平	是	是	是	是
积极和平	是	是	是	很多
普世小康	是	是	很多	很多

资料来源:Pierre Allan,"Measuring International ethic:A moral scale of war, peace, justice, and global care", Pierre Allan and Alexis Keller (ed.), *What is a just peace*? Oxford, Oxford University Press, 2006.

从表 2-1 可见,从正义和平开始,四个标尺都全部满足。在稳定和平阶段,秩序已经建立并对他者建立了表面认同,但没有实现深度认同或实现完全和解。而非战争,亦可被看作消极和平状态,不仅深度认同和妥协缺失,而且秩序受到潜在矛盾和压力的威胁。对于战争状态,表面认同十分脆弱，秩序也容易被破坏。

由此可见，马里、科特迪瓦和塞内加尔都尚未实现正义和平。马里和科特迪瓦仍处于非战状态。在马里和科特迪瓦两国，以深度认同为目标的族群间和解尚未完成。即使已经签订和约或者组织选举，但冲突相关方没有达成真正的妥协。对于塞内加尔，虽然深度认同没有完全实现，但是由于民众间不同文化和族群间融合程度较深且政府推行交融政策，深度认同基本成为现实，社会和解为社会秩序的建立创造了条件。尽管经济社会的不平衡依然对现有秩序构成威胁，但是可以说塞内加尔享有稳定和平。

二 建设和平的学术定义

建设和平的概念是由"和平学之父"、挪威社会学家约翰·加尔通（Johan Galtung）于20世纪70年代提出的。加尔通将维持和平、促成和平和建设和平视为通向和平的三条路径。他认为建设和平指的是通过关注引发冲突的根源和提高当地管理及解决冲突的能力来建立持久和平。[①]在加尔通看来，建设和平旨在于消除冲突深层根源的基础上寻求积极和平，进而实现可持续和平的目的。他同时指出，解决暴力冲突的根源是创造持久和平的条件，而消除战争的根源需要建立在制度结构基础上的和平机制。

加尔通以研究暴力为切入点对消极和平与积极和平予以定义。加尔通的和平论指出，和平的首要任务是减少和避免暴力。根据加尔通设想的方案，冲突由三种因素组成：矛盾、态度和行为，这三种因素构成了一个三角体系。[②] 这个三角体系中的每一端都可能引发暴力，这种暴力可以是直接的、结构性的或者文化性的。直接暴力是来自单独的个人或集体的伤害行为，包括语言暴力和身体暴力。结构性暴力是由贫富悬殊或权力被剥夺而引起的，以经济上剥削和政治上压迫为主要形式，是存在

[①] Johan Galtung, "Three Approaches to Peace: Peacekeeping, Peacemaking and Peacebuilding," in Johan Galtung, ed., *Peace, War and Defense-Essays in peace research*, Vol. 2, 1976, Copenhagen: Christian Ejlers, pp. 282–304.

[②] Johan Galtung, *Peace by Peaceful Means*, *Peace and conflict, development and civilization*, Oslo, Sage, 1996, pp. 71–73.

于社会结构内部的制度化暴力,如政治性暴力、经济性暴力、剥削性暴力等。而文化暴力指宗教、法律、意识形态、语言艺术等层面使直接暴力和结构性暴力合法化,进而激化行为者实施暴力行为。[1]

直接暴力的消失不代表结构性或者文化暴力的不存在,消除文化暴力和结构性暴力才能实现真正的和平。"将贫困、压迫、征服依旧存在的状态认作和平状态是对和平这一概念的曲解。"在阐释三种类型暴力的基础上,加尔通提出了消极和平与积极和平的概念。消极和平是指直接暴力的缺失,它"忽视了产生这些暴力的动力和源泉,也忽视了非和平状态的存在"[2]。消极和平仅限于通过谈判、调解等手段使直接暴力消失,是以治疗性为主、因外部干预而取得的一种和平,只能是一种暂时的、短期的和平,一种不稳定的平衡,不足以建设可持续的和平。[3] 积极和平则是更高水平的和平状态,意味着结构性暴力和文化暴力的缺失,指"通过预防性措施建设一个统合社会,促进人与人之间互利合作、和睦相处及社会和谐",强调通过包容性发展、社会公平、实现民众福祉来消除结构性暴力和文化暴力。[4] 因此,积极和平是以预防性措施为主的自我实现的健康和平,旨在实现比较稳定的平衡。[5]

对于加尔通来说,消除暴力、实现和平,不仅需要消除传统暴力(即国家间的大规模暴力)[6] 或直接暴力,而且要消除贫穷、压迫和征服等结构性暴力。由此看来,实现和平不仅要控制或者减少暴力的滥用,而且要实现纵向意义的发展,即"建立在广泛收益、去中心化和共同决

---

[1] [挪] 约翰·加尔通:《和平论》,陈祖洲等译,南京出版社2005年版,第45—46页。

[2] [日] 原野昭吉:《全球政治学——全球化进程中的变动、冲突、治理与和平》,刘小琳、张胜军译,新华出版社2000年版,第256页。

[3] Johan Galtung, "La contribution spécifique des recherches sur la paix à l'étude des causes de la violence: typologies", dans Jean-Marie Domenach et Henri Laborit et al., *La violence et ses causes*, Paris, Unesco, 1980, pp. 85–114.

[4] Johan Galtung, "Twenty-Five Years of Peace Research: Ten Challenges and Some Responses", *Journal of Peace Research*, 1985, Vol. 22, No. 2, p. 141.

[5] 叶晓红:《消极和平与积极和平:加尔通的和平思想评析》,《社会主义研究》2014年第5期。

[6] Johan Galtung, "La contribution spécifique des recherches sur la paix à l'étude des causes de la violence: typologies", dans Jean-Marie Domenach et Henri Laborit et al., *La violence et ses causes*, Paris, Unesso, 1980, pp. 85–114.

策基础上的发展"。①

这样来说，不论是消极或者积极和平，发展问题与和平紧密相连。实现积极和平的前提并非冲突的根除，而是直接、结构性或者文化暴力的减少。这需要采取多项措施推进和平进程，动员非暴力而具有创造性的资源发挥调节作用，以实现制度、文化、结构等多方位的、全面的和平，使直接暴力、结构性暴力、文化暴力等所有暴力形式消失。消除直接暴力是维和行动的任务，而解决结构性暴力则是建设和平的目标。② 前者旨在分离对抗者，努力减少对立方之间的接触和交往，使双方之间保持一定距离。从这一角度看，它是分解性的、非整合性的，因此是消极的。后者的任务是努力增加对立方之间的互动和交往，通过合作和集合所有相关方的力量进而创造更加公正的社会关系，是结合性的、创造性的，因此是积极的。

因此，加尔通认为积极意义上的建设和平在于通过作用于冲突的根源来实现可持续和平，因而更加重视外部非干预性的经济社会援助，注重通过社会经济的重建和发展来推动社会的和平变化。③ 加尔通同时强调，和平是一个不间断的发展过程，在这个过程中，消极和平与积极和平相互作用、相互转化，无限循环往复。实现更加注重未来、持久、全面的积极和平需要一个漫长的过程。

加尔通的和平思想确立了和平学的分析基础和理论范式，推动了和平研究的发展，但是加尔通和平理论将"消除剥削、平等、公正、行动自由"等理念囊括于"积极和平"这一概念中，无限扩大了和平内涵，使加尔通和平思想具有较浓的理想主义色彩。④

许多研究者发展并丰富了建设和平这一概念。其中，约翰·保罗·莱德拉赫（John Paul Lederach）把建设和平看作一个社会关系演变的进

---

① Johan Galtung, "Violence, Peace and Peace Research", *Journal of Peace Research*, 1969, Vol. 6, No. 3, pp. 167–191.

② Johan Galtung, "Twenty-Five Years of Peace Research: Ten Challenges and Some Responses", *Journal of Peace Research*, 1985, Vol. 22, No. 2, pp. 141–158.

③ Johan Galtung, "Three Approaches to Peace: Peacekeeping, Peacemaking, and Peacebuilding", in Johan Galtung, ed., *Peace, War and Defense-Essays in Peace Research*, Copenhagen: Christian Ejlers, 1975, Vol. 2, pp. 282–304.

④ 王梦：《试析加尔通和平思想的价值与局限》，《学术交流》2015年第11期。

程，并着重关注建设和平不同构成因素之间的相互依赖关系和相互作用。[1] 他认为冲突后建设和平不限于冲突结束后的重建，建设和平是一个综合性概念，建设和平的过程较战后重建更为复杂，需要物质支撑以及人员和制度的协调，是由多个相互联系的功能、角色和行动共同参与的过程。这一过程包括正式和平协议签订之前和之后的广泛行动，分为不同步骤和不同阶段并处于动态的可持续的变化之中，旨在共同促进社会关系由激烈的冲突关系向持久和平的社会关系转变。

可见，建设和平不限于战争的消除，而被描述为复杂的转化过程。和平既是构建社会理性的过程，也是不同行为体介入的目标。为了实现这一目标，不同机构和国家设想多种战略，以实现自身效力和收益的最大化。因此，建设和平的失败或者成功在一定程度上取决于国家或者国际介入者的纪律性与意愿。

三　国际机构对建设和平的定义

建设和平不仅是学术研究的对象，而且补充和扩大了国际和地区组织的行动内容。国际和地区组织通过明晰建设和平的概念来引导和组织冲突后行动。[2] 由于本书所涉及的三个研究对象国同属于联合国、非洲联盟以及西非国家经济共同体，本节着重分析上述三个国际和地区组织对建设和平的定义及相关政策框架。

（一）联合国关于建设和平的政策框架与机制建设

联合国是最大的致力于维护世界和平与安全的国际组织。"建设和平"理论提出后，在冷战期间没有得到充分重视，有学者分析认为"建设和平"理论与冷战时期的时代背景不符是其不被重视的根本原因。具体体现为，一方面，美苏两个超级大国之间的博弈是引发冲突的最大变量，因此国内重建被搁置。另一方面，冷战时期新兴独立国家捍卫"主权"意识强烈，"建设和平"行动多由于涉及一国内部事务而难

---

[1] John Paul Lederach, *Building peace: Sustainable reconciliation in divided societies*, Washington, DC: United States Institute of Peace Press, 1997, pp. 70 – 71.

[2] 有关国际组织对建设和平的定义，参见 Michael Barnett et al., "Peacebuilding: What is in a Name?", *Global Governance*, 2007, Vol. 13, No. 1, pp. 35 – 58。

以开展。① 直到1992年，时任联合国秘书长布特罗斯·布特罗斯—加利（Boutros Boutros-Ghali）向安全理事会提交了报告《和平纲领》，首次在联合国的官方文件中提出"建设和平"这一概念。此后，建设和平成为国际和平与安全领域的重要词汇。《和平纲领》在阐述预防外交、促成和平、维护和平三个维护国际和平与安全行动概念的同时，提出建设和平的概念。

预防外交指当有冲突爆发的迹象时，联合国应采取措施防止冲突的升级和蔓延。促成和平是指当冲突已经爆发时，联合国采取措施，通过对话解决争端。维持和平是指联合国采取和平行动监督停火协议的履行，维持和平局面。建设和平是指为了防止敌对状态再次出现、巩固和平而采取措施与行动消除冲突的根源，建立持久和平。这是冲突爆发后建立和平与维持和平行动的后续手段。②

冲突管理是一个线性过程，建设和平致力于"防止暴力行动在国家和民众之间再次发生"。《和平纲领》指出，建设和平涉及安全和军事、经济社会发展、政治和外交、正义与和解等领域事务，其具体任务如下："解除相关冲突方的武装、重建社会秩序、收回并在必要时销毁武器、帮助难民返乡、为安全人员提供咨询服务和培训、监督选举、支持保护人权行动、改革和巩固政府机构、推进正式或非正式的政治参与进程。"③可见，建设和平"并不仅仅是消除冲突方使用暴力的即刻意愿"，而且"努力完成冲突解决的目标"，通过构建一系列的制度基础来"促使冲突方及其选民的态度和相互关系的改变"。④ 建设和平包括操作性行动（包括解除武装、复员与返乡，难民回归与安置，人道主义援助，选举援助等）和结构性行动（包括安全部门改革、鼓励政治参与、重建公共行政和法治体系、推动制宪等）。

建设和平通常与预防性外交、预防性发展、冲突预防和冲突后重建

---

① 袁武：《联合国建设和平理论的发展及其在非洲的实践》，《国际关系学院学报》2012年第6期。

② *Agenda pour la paix*, A/47/277 – S/24111, 17 juin 1992, p. 6.

③ *Agenda pour la paix*, A/47/277 – S/24111, 17 juin 1992, p. 18.

④ ［美］保罗·戴尔、丹尼尔·德鲁克曼：《和平行动的评价》，聂军译，知识产权出版社2013年版，第76页。

等领域相互重合、相互交叉。建设和平是在预防性外交（在暴力发生前解决冲突）、重建和平和维持和平（结束冲突并且在和平建立后维持和平）之后的第三个阶段的任务。因此，建设和平是建立在维持和平的基础之上，推动建立持久和平。而维持和平仅立足于保障暂时和平。从这个角度看，维持和平是实现消极和平，而建设和平是为了实现积极和平。① 然而，在和平实践中，维持和平与建设和平的界限难以分明。维和行动中建设和平任务比重不断增大，使维持和平的范畴变得过于宽泛，维和行动任务失去重点，超出维和人员的能力。

建设和平与预防性外交的目标相近。《和平纲领》强调了两者的相关性：在为和平做出努力的进程中，建设和平的概念作为建设新的社会环境，被认为与预防性外交紧密相关，后者旨在避免和平条件的破裂。当一场冲突爆发后，便开始重建和平和维持和平的努力，两者互为补充、紧密相连。一旦达到重建和平和维持和平的目标，相关方开始针对冲突的经济、社会、文化以及人文根源来共同为实现可持续和平创造条件。预防性外交和建设和平的区别在于，预防性外交旨在避免冲突的发生，而建设和平是为了避免其重现。尽管本书试图对冲突管理的阶段进行辨明和区分，但是可以看出预防性冲突和建设和平之间界限依旧存在一定模糊性。

20世纪90年代中期之前，索马里强制和平行动的失败以及卢旺达大屠杀中的缺位使联合国维和行动遭到国际社会的批评，联合国开始反思其冲突管理的路径，将工作中心逐渐转到冲突预防和建设和平领域。② 1995年联合国秘书处推出《和平纲领补编》，再次强调了建设和平的合理

---

① 值得注意的是，如坦尼亚·帕芬赫尔兹（Thania Paffenholz）所说，布特罗斯·布特罗斯—加利与加尔通对建设和平的认知有所不同。加尔通在阐述积极和平这一概念的基础上认为建设和平是通过建立公正、合理、平等的体制和制度来铲除结构性暴力的根源，进而实现持久和平。而加利所指的建设和平则较为狭窄，将建设和平视为按照民主标准进行国家重建，是自由主义规范视阈下的建设和平。Thania Paffenholz, "Civil Society beyond Liberal Peace and Its Critique", in Susanna Campbell, et al. , eds. , *A liberal Peace? The problems and Practices of Peacebuilding*, London and New York: Zed Books, 2011, p. 139.

② 袁武:《联合国建设和平理论的发展及其在非洲的实践》,《国际关系学院学报》2012年第6期。

性和国家制度建设的必要性，并突出"行动的整体性"。①《和平纲领补编》指出，建设和平应适用于两种情形。第一种情形，为了根除冲突的根源，协商出一整套长远的政治、经济和社会方法与措施，并通过多层面的维和行动来监督其实施。第二种情形，在没有派出维和行动的情况下，预防冲突的发生并避免其造成的后果。可见，建设和平不仅仅限于冲突后时期，而是通过"建立行动架构使和平制度化的过程"。② 为了实现这一目标，需要采取"去军事化、轻武器规范化、制度重建、警察和司法制度改革、监督尊重人权、改革选举制度、保障经济和社会发展"等措施。③ 因此，尽管联合国建设和平行动一般是在冲突各方签署和平协议之后开展，但是建设和平行动通常与维持和平行动互为补充，甚至两者的行动范畴有时会有所重叠。

2000年，时任联合国秘书长安南授权建立联合国和平行动问题特别小组，对以往的建设和平行动进行经验总结，并为未来的维和行动走向提出建议。10月，该小组完成了《联合国和平行动问题特别小组报告》，又称《卜拉希米报告》（Rapport Brahimi）。该报告提出了"和平行动"的概念，指出联合国和平行动包含冲突预防、促成和平、维持和平与建设和平四大要素，以及维和行动与特别政治特派团等形式。④ 该报告将建设和平定义为："在远离冲突的方面进行活动，重新建立和平的基础以及提供工具，让人们在那些基础上建设起一个不局限于无战争的环境。"⑤ 这一具有里程碑意义的报告指出了建设和平的重要性，认为"未来的复杂行动成功的关键条件是政治支持、迅速部署态势有力的部队以及健全的建设和平战略"。⑥ 该报告明确了"维和"和"建设和平"的关系，指出"建设和平是冲突后采取的行动，目的是重建巩固和平的基础，并在

---

① Supplément à l'Agenda pour la paix, A/50/60 – S/1995/1, 25 janvier 1995, p. 12.
② Supplément à l'Agenda pour la paix, A/50/60 – S/1995/1, 25 janvier 1995, p. 12.
③ Supplément à l'Agenda pour la paix, A/50/60 – S/1995/1, 25 janvier 1995, p. 12.
④ Rapport du Groupe d'étude sur les opérations de la paix d'Organisation des Nations Unies, Assemblée générale (Rapport Brahimi), A/55/305 – S/2000/809, le 21 août 2000.
⑤ 何银：《规范竞争与互补——以建设和平为例》，博士学位论文，外交学院，2014年，第46页。
⑥ Rapport du Groupe d'étude sur les opérations de la paix d'Organisation des Nations Unies, Assemblée générale (Rapport Brahimi), A/55/305 – S/2000/809, le 21 août 2000.

此基础上实现比消除战争更进一步的目标"。这一报告的突出贡献还体现在指出了政治行动和经济行动作为针对冲突根源方法的重要性，其措施包括让前战斗人员重返社会、加强法治建设（例如通过当地警察的训练和改组以及司法和刑法改革）、改善人权现状、提供促进民主发展的技术援助（包括选举援助和支持自有媒体）、与当地政治派别接触、推动和解、惩治腐败、防止传染病等。联合国接受了报告的分析提议，此后逐步加大了维和特派团在建设和平领域的任务授权。

2005 年，联合国召开世界首脑峰会。峰会上通过了有关各国政府对其人民负有首要保护责任的决议，正式承认了平民保护的重要性。此后的综合性维和行动都将平民保护作为特派团的一项重要任务。此外，峰会将"和平与安全""发展"以及"人权"联系起来，认为三者是相互关联、相互加强的关系，是联合国系统的支柱。至此，联合国正式把发展纳入安全治理的范围。①

2007 年 5 月，联合国秘书长政策委员会对建设和平行动的定义再次进行了明确，指出建设和平包含一系列措施，旨在通过加强冲突管理的能力并为实现持久和平和可持续发展奠定基础，以减少陷入或再次陷入冲突的风险。建设和平的各种策略必须协调一致，并以国家归属感为基础，根据相关国家的具体需要而专门制定。所开展的活动应在考虑轻重缓急、按序而行的同时限定活动数量，避免过于宽泛。2008 年 1 月出台的《联合国维持和平行动：原则和指导方针》对建设和平进行了详细的定义并强调了提高国家能力的核心作用，认为建设和平旨在通过用全面手段解决暴力冲突的深层次结构性原因来实现积极持久的和平。2015 年联合国发布的《联合国和平行动问题小组报告》将建设和平定义为"在远离冲突的方面进行行动，重新建立和平的基础并在此基础上提供条件创造不只是无战争的环境"。② 2016 年 4 月，联大和安全理事会分别通过可持续和平协议，要求联合国系统内外的相关政治、安全、发展行为体

---

① 张逸潇：《从管理冲突到管理和平——联合国维和行动与冲突后国家的安全治理》，《国际安全研究》2015 年第 1 期。

② 联合国：《联合国和平行动问题小组的报告》，2021 年 3 月 11 日，http / / www. un. org / zh / documents / view_doc. asp? symbol = A/55 /305。

等利益攸关方在战略和具体操作上密切合作，并指出实现可持续和平需要采取多种方法。政治上，开展包容性对话和调解，推动民族和平与团结，防止冲突和解决冲突根源问题；经济上，推动可持续的经济增长，增加投资，促进就业，消除贫困；法律上，加强国际和国家两级的法治建设，推动司法救助和过渡期司法；社会上，建立可问责机构，促进性别平等，推动尊重和保护人权的基本自由等。协议再次强调，实现可持续和平需要多样的路径。在整个可持续和平过程中，需要主要利益攸关方开展战略协调，形成伙伴关系，积极筹集资金。①

随着建设和平重要性的提升，建设和平任务由联合国和非联合国行为体共同承担，包括建设和平委员会、建设和平基金、建设和平支助办公室、国际金融机构、非政府组织等。2005年12月，第60届联合国大会及联合国安全理事会分别通过决议，决定设立建设和平委员会。有关决议同时授权设立建设和平基金和建设和平支助办公室。以上三个机构共同构成了联合国框架下的建设和平架构。

2006年，建设和平委员会成立，其身份定位是："一个联合国政府间咨询机构，旨在支持冲突后国家的和平进程。"建设和平委员会可在以下三个方面发挥作用：第一，调动所有相关的行为体，协力筹集资源，就冲突后建设和平及复原工作提供咨询意见和提出综合战略；第二，集中关注冲突后复原所必需的重建和体制建设工作，支持制定综合战略，为可持续发展奠定基础；第三，提供建议和信息，改善联合国内外相关行为体之间的协调，订立最佳做法，协助确保为早期复原活动筹措可预测的资金，使国际社会长期关注冲突后复原问题。②

建设和平委员会由组织委员会和若干针对具体国家的委员会组成。组织委员会是建设和平委员会的常设机构，共有31个席位。主要包括通过选举产生的来自安全理事会和经社理事会的各7个成员国，向联合国缴纳会费和向其他项目提供资助最多的5个成员国以及由各地区组选举产生的7个成员国。由于成员代表性较强，因此建设和平委员会的建议

---

① 张贵洪：《多边主义、国际组织与可持续的和平发展》，《人民论坛》2020年第32期。

② United Nations, "Mandate", Peacebuilding, 2019, https://www.un.org/peacebuilding/commission/mandate.

会得到重视，联合国和非联合国相关机构通常会根据委员会的建议和意见采取行动。但是建设和平仍面临活动无序、效率低下的问题。联合国试图通过设立联合国国家工作队等机构促进部门协调、推进一体化，但由于开发计划署、难民署等建设和平相关机构不愿出让其工作独立性，使一体化进展困难重重。大力加强建设和平委员会的投入和建设，将其培养成真正的建设和平领航员和协调员面临更大的现实挑战。

2006年10月，建设和平基金启动。建设和平基金向面临冲突风险或受到冲突影响的国家提供和平建设资金，并对于可能短期再次发生冲突的地区优先提供资金支持，帮助冲突后国家实现重建和可持续和平。这些资金可以用于开展政治对话、推进经济重建、向相关人员提供培训等。建设和平资金的设立是为了在没有其他供资机制的情况下解决冲突国家建设和平的资金来源问题。基金的日常管理由联合国开发计划署负责。

联合国确定了使用建设和平基金的四种优先情形：应对和平进程迫在眉睫的威胁；建立或加强和平解决冲突的国家能力；刺激经济振兴以巩固和平基石；建立必要的行政服务。近年来，随着建设和平的重要性日益凸显，建设和平基金的收入稳步提升。自启动以来，建设和平基金获得了来自60多个联合国会员国和实体共计13.3亿多美元的捐款，撒哈拉以南非洲国家为援助的主要对象。32个撒哈拉以南非洲国家的599个项目获得资金支持，承诺金额达到10.38亿美元，占基金承诺总额的78%。[①]

建设和平支助办公室的主要任务有协助和支持建设和平委员会、向其提供战略咨询和政策指导、提高其战略政策的协调性、管理建设和平基金以及辅助秘书长协调联合国各机构开展建设和平工作，等等。支助办公室还负责各项审议工作，其工作内容还包括调动和促进联合国机构与外部致力于建设和平的行为方建立伙伴关系，加强国际合作，研究制定建设和平战略和做法。支助办公室由建设和平委员会支助科、政策规划科和筹资科组成，由助理秘书长领导和负责。

---

① 李因才：《联合国对撒哈拉以南非洲国家的安全部门援助》，《中国非洲学刊》2021年第3期。

（二）非洲联盟关于建设和平的政策框架与机制建设

非盟于 2002 年成立后，将非洲大陆的和平与安全问题视为重点。《非洲联盟宪章》明确将"推进非洲大陆的和平、安全和稳定"作为非洲联盟的主要目标之一。

非洲联盟在建设和平领域倾向于使用"冲突后重建与发展"这一概念。2002 年，非盟出台《非洲冲突后重建政策框架》，首次针对冲突后重建进行政策指导。该政策框架将冲突后重建理解为一整套使争端不再升级、建设持久和平的机制。可见，"冲突后重建与发展"概念是从非洲视角对可持续和平与可持续发展而来的定义。尽管和平行动通常是相互关联和融合的，并且可能需要同时实施，但是此类行动仍被划分为紧急阶段（短期）、过渡阶段（中期）以及发展阶段（长期）三个阶段进行。其行动范围包括五个领域：安全，政治治理和过渡，经济重建与发展，人权、司法与和解，协调、管理和资源动员。该政策框架重点阐述了经济发展与政治稳定之间、外部行为体与内部行为体之间在冲突后重建进程中的作用。

2006 年，非盟出台《冲突后重建与发展政策框架》，将"冲突后重建与发展"定义如下：一整套满足冲突发生国家以及受冲突影响民众的需求，预防矛盾纠纷恶化、防止暴力回归、解决冲突根源、建设可持续和平的措施。该定义对每个阶段的目标进行了明晰并强调经济社会发展作为长期目标的重要性。在这些目标中，人的安全和对其基本需求的满足被放在了突出位置。[1] 该框架提出了非盟成员国参与和干预冲突后重建的五个原则：保证非盟在非洲冲突后重建行动中的领导；加强冲突后国家的国家自主权和地方自主权；加强消除冲突根源过程中的包容性；实现工作更好地协调以保障资源的有效利用，加强冲突后重建和发展的连续性；巩固可持续的和平。在这五个原则的基础上，实现安全，政治治理和过渡，人权、司法与和解，人道主义援助，女性及性别发展六个战略目标。该框架强调了非盟对非洲国家发展的领导权和自主权，重申非洲和冲突国人民应充分参与到和平进程当中。

---

[1] Afrian Union, *Report on the Elaboration of a Framework Document on Post Conflict Reconstruction and Development*, 2006, EX. CL/274 (IX), p. 5.

此外，非盟特别强调人的安全的重要性。人的安全的内涵超越了应对限于对国家主权及机构的传统威胁，而转为对个人与社会福祉的追求。由于人的安全追求的是一种多边的、多向度的安全建设途径，因此，安全问题延伸至人的安全使区域安全合作重点关注对冲突的多层次预防以及战后建设和平等方面。2015年3月，非洲国家通过了非盟《2063年议程》，提出建设"没有冲突的非洲"的目标。在《2063年议程》第一个十年行动框架的第四大愿景"稳定与和平的非洲"中，非洲国家承诺将各国冲突水平降到2013年的一半，在2020年让非洲各国消弭枪声，并在2020年实施《非洲共同防御和安全政策》，该框架为非洲和平与安全提供了一整套系统的政策参考。

在机制建设方面，非盟在2002年通过的《关于建立非洲联盟和平与安全理事会的议定书》中指出，将冲突预防、早期预警和预防性外交、和平支持行动和干预、和平建设与冲突后重建、人道主义和灾难管理等纳入和平与安全议程，并为此建立了由和平与安全理事会、大陆早期预警系统、贤人委员会（Panel of the Wise）、非洲常备军与非洲和平基金组成的非洲和平与安全架构（African Peace and Security Architecture, APSA），以加强管理冲突的能力。这是第一个涵盖整个大陆范围的区域集体安全机制。

2004年5月，非盟和平与安全理事会正式成立，该理事会成为专门处理冲突、解决争端的机构。其主要职能是维护非洲的和平与安全，预防地区冲突；必要时可对成员国展开军事干预与维和行动；进行人道主义援助，等等。[①] 该理事会的职能覆盖从早期预警到建设和平的冲突管理全过程。作为冲突预防、管理和解决机制的中心机构，非盟和平与安全理事会的职能还包括建设和平和冲突后重建。执行和平创建、和平建设及和平支持任务构成和平与安全理事会的主要权力。大陆早期预警系统由非盟委员会和平与安全部下属的冲突预防与早期预警处管理，在多个国家设有冲突早期预警和反应小组，主要负责定期及时收集、处理和发布关于地区冲突安全的信息和数据。贤人委员会由五位来自非洲大陆五

---

① African Union, Peace & Security Council, "The Peace and Security Council of the African Union (AUPSC)", November 23rd, 2015, https：//www.peaceau.org/en/page/42 – psc.

个地区的享有威望的人士组成，主要职责是协助和平安全理事会主席预防冲突并向其提供咨询，在其邀请下进行斡旋和调解。非洲常备军根据和平安全理事会决议执行和平行动或军事干预，其使命主要有：观察和监督；发生严重情形或应成员国要求，对成员国进行军事干预，包括解除武装在内的建设和平，等等。非洲常备军在和平安全理事会的授权下才能执行任务，得到授权后，行动将由非盟委任的主席特别代表全权负责。非洲和平基金是向非盟和平安全行动提供财政支持的机构，其资金来源主要由非盟定期拨款、非盟成员国自愿捐款、非洲合作伙伴的各项捐款和筹款等构成。

（三）西非国家经济共同体关于建设和平的政策框架与机制建设

西非国家经济共同体积极参与马里、科特迪瓦等国冲突斡旋和和平重建。西非国家经济共同体在1975年成立时，其主要目标是推动西非区域经济合作和一体化进程。但是由于地区冲突频发、局势动荡，阻碍了地区经济合作发展。在该背景下，和平安全问题成为西非国家经济共同体关注的重点议题。1978年第一次首脑会议和1981年第四次首脑会议上，西共体成员国通过了《互不侵犯条约》及其附件《防务互助协定书》，超越了互不侵犯原则，形成了以互助防御为基础的集体安全理念，标志着其任务从经济一体化向安全防务合作领域拓展。

20世纪90年代，随着冷战的结束，美苏两极格局的瓦解，暂时被冷战抑制的内部矛盾凸显出来，西非地区成为冲突高发的地区之一。为了谋求更加全面高效的冲突管理机制，西非国家经济共同体将其协议框架向纵深推进。为更有效地解决地区争端与冲突，西共体于1990年5月决定建立常设调解委员会。1999年，西共体发布《关于冲突预防、管理、解决和维护和平与安全机制的议定书》（Protocole relatif au Mécanisme de prévention, de gestion, de règlement de conflits, de maintien de paix et de la sécurité）。在该议定书中，建设和平包含的范围更加宽泛，涉及冲突管理整个过程。议定书将冲突管理分为三个阶段：预防阶段、冲突进展阶段和冲突结束阶段。协议的第九章界定了建设和平的概念。建设和平的目标和行动被归纳为：建立和巩固民主和选举机构；在冲突国家减少社会经济条件恶化的可能性；冲突结束后致力于政治、社会和经济重建；解除武装、复员和重返社会并对脆弱群体予以帮助等。① 《议定书》强调不同时期之间的关联性和可渗透性，弱化了建设和平作为特有概念的特殊性。另外，《议定书》强调了准备、组织和监督选举工作的作用。

该《议定书》在明确国家主权和领土完整的基础上，重申建立集体安全机制的重要性，赋予了干预成员国内部冲突的合法性，为快速应对危机提供了法律支撑。《议定书》规定，西共体在冲突管理中的目标是：促进人的解放；建立经济、社会发展与安全之间的联系；推进民主化进程；维护人权。同时，《议定书》强调，加强成员国之间在预防外交、早期预警、应对跨境犯罪、维护和平以及自然资源管理等方面的合作。对于持续的国家内部冲突，《议定书》规定，以下情形可以展开军事干预行动：第一，面临导致人道主义灾难的威胁；第二，地区和平与安全受到严重威胁；第三，推翻或试图推翻民选政府。西共体成为第一个为以维护和平与安全为目的采取干预行动进行立法的区域组织。

在机制上，西非国家经济共同体设立了调解与安全理事会，《议定书》第二章第十条对西共体维护和平安全的决策机构调解与安全理事会（Mediation and Security Council）的职能进行了规定，并授权其进行干涉行动。《议定书》规定，调解与安全理事会具有"决定和执行在冲突预防、管理、解决，维和与安全方面的所有政策"并"对所有的干涉行动进行授权，特别在政治和军事任务的部署上享有决定权"。② 该理事会由九位成员国代表组成，其中七位由国家元首与政府首脑会议选出，其余两位由前后两届轮值主席国担任。

调解与安全理事会的支持机构有：防御和安全委员会（Commission de défense et de sécurité）、贤人理事会（Conseil des Sages）和西共体停火监督团（Groupe de contrôle du cessez-le-feu de la CEDEAO，ECOMOG）。防御和安全委员会负责维和行动的技术和后勤工作，协助调解与安全理事会明确维和部队的任务和职权范围。贤人理事会的功能与非盟贤人委员

---

① Secrétariat Exécutif de la CEDEAO, *Protocole relatif au mécanisme de prévention, de gestion, de règlement des conflits, de maintien de la paix et de la sécurité*, décembre1999, Chapitre IX.

② Secrétariat Exécutif de la CEDEAO, *Protocole relatif au mécanisme de prévention, de gestion, de règlement des conflits, de maintien de la paix et de la sécurité*, décembre1999, Chapitre X.

会类似，发挥非洲传统社会冲突解决机制的调解和仲裁作用。西共体停火监督团（西非维和部队）在冲突环境中肩负着禁运、预防性部署、建设和平、裁减军备、武装解除、遣散武装人员以及打击欺诈和有组织犯罪的治安性行动。部队指挥官由调解与安全理事会在西共体委员会主席的提名下任命。西共体委员会主席负责组织调解与安全委员会、贤人理事会、防御和安全委员会的会议，同时也可以直接介入调停冲突，发挥促进冲突谈判的作用。

关于三个国际和地区组织在建设和平领域的重点及设置的相关机构，请参见表2-2。

表2-2 联合国、非洲联盟和西非国家经济共同体对建设和平的定义及相关机构

国际/地区组织	联合国	非洲联盟	西非国家经济共同体
"建设和平"定义	为了防止敌对状态再次出现、巩固和平而采取的消除冲突的措施与行动	一整套满足冲突发生国家以及受冲突影响民众的需求，预防矛盾纠纷恶化、防止暴力回归、解决冲突根源、建设可持续和平的措施	冲突前，设置和巩固民主和选举机构；冲突中，减少社会经济条件恶化的可能性；冲突后，政治、社会和经济重建
相关机构	建设和平委员会、建设和平基金、建设和平支助办公室	和平与安全理事会、大陆早期预警系统、贤人委员会、非洲常备军、非洲和平基金	调解与安全理事会、防御和安全委员会、贤人理事会、西共体停火监督团
建设和平在和平进程中的位置	促进和平和维护和平的补充、预防冲突的近义词	冲突参与方表现出通过政治协商解决冲突的意愿是建设和平开端的标志	贯穿于整个和平进程

资料来源：笔者自制。

四 建设和平的多维性

建设和平概念具有一定的模糊性。在一定程度上，这种模糊性为协调集体行动提供了空间，有利于集体行动的实现。不同行为体在建设和平实践中基于自身优势、为维护自身利益而采取不同的建设和平方式。建设和平所囊括的范围和灵活性有利于不同行为体之间达成妥协。建设和平包含哪些维度？哪些行动属于建设和平的范畴？相关国际组织将哪些行动视为重点？对这些问题的探索将为研究中国和法语国家组织的建设和平政策提供参考。

建设和平是一个复杂而多变的过程，通常包括三个维度：安全维度、政治维度和经济社会维度。[①]

（一）安全维度

避免冲突的再次发生是建设和平的首要任务之一，因此，保障安全是实现"消极和平"的重点。安全层面包含多方面行动：推进安全部门改革；解除武装、复员与重返社会；通过军事和（或）民事手段维护公共秩序；排雷、销毁武器；对地雷受害者提供援助；加强对轻小型武器的控制；保障军队和警察部门的透明性和责任心；帮助难民返乡和再次融入社会；等等。

安全部门改革是安全维度的重点。安全部门通常指一国的军队、警察、司法以及政府相关部门。军警宪特、执法队伍、边防管理部门、移民局、海关等部门是安全部门中基本安全机构。"安全部门改革"有时还可以表述为安全部门治理、安全部门转型、安全部门发展或安全与司法改革。[②] 前联合国秘书长潘基文认为"安全部门改革是维持和平、建设和平与发展的核心元素……大多数安全理事会通过的有关冲突后局势的决

[①] Vincent Chetail, *Lexique de la consolidation de la paix*, Bruxelles, Bruylant, 2009, pp. 38 - 40; Hilde Johnson, "Les cadres stratégiques pour la consolidation de la paix", *Afrique Contemporaine*, 2004, Vol. 209, No. 1, pp. 7 - 21.

[②] 袁武：《非洲国家冲突后重建研究——刚果民主共和国案例研究及比较分析》，经济管理出版社2018年版，第63—64页。

议中都包含解决安全部门改革问题的请求"。① 对原有武装力量进行整顿改革,组建新的安全力量是保障冲突后社会治安的必要条件。

解除武装、复员和重返社会是安置武装人员的机制之一,是"一个长期的社会政治经济过程,社会和政治上的重新融入是武装人员和家属被当地政府和社会所接受,经济上的重返则是通过就业使其获得经济上的独立"。② 解除冲突当事方的武装是稳定局势的重要步骤。在营地集结武装人员,收缴武器,降低其重新发动武装冲突的能力,营造稳定的社会发展环境,可以产生明显的稳定局势的效果。在冲突结束后,武装人员一部分会被编入重新调整和组建的国家军队和警察部门,另一部分会复员、重返社会。建设和平的任务之一是协助当地部门对复员军人和收缴的武器进行登记、安置武装人员,为其提供安全、食品等基本保障,并组织相关的就业培训,为其重新融入社会创造条件。重返社会是一个具有长期性的工作,也是一个长期的社会政治经济过程。

在实践中,联合国和平行动设有警务司,为东道国的警察部门提供人力和技术援助,例如,对东道国的警察部队进行培训,内容涉及人权、性别、民主、武力使用规则、刑事调查、公共秩序维护、巡逻程序、道路交通管制、司法和边境事务等。联合国也对东道国国防与情报部门提供援助,主要通过促进政策对话、协助国防部起草改革方案、提供培训模块或实际培训等方式。③ 但是安全部门改革存在诸多挑战,主要体现在缺少充足的人力和财力资源、问责和监察机制不完善、当事国安全机构缺乏独立性等。

(二) 政治维度

保障安全是为了实现"消极和平",而实现"积极和平"必须用政治措施来辅助安全措施的实行。这不仅涉及政治机构而且需要通过司法机构和社会组织发挥作用。建设和平的政治维度主要包括以下三个方面。

---

① 潘基文:《安全部门改革是维持和平、建设和平与发展的核心元素》,联合国,2014 年 4 月 21 日,https://news.un.org/zh/story/2014/04/213592,2019 年 2 月 12 日。

② 彭大森:《建设和平:联合国解除武装、复员和重返社会工作浅析》,《经济视角》2011 年第 4 期。

③ 李因才:《联合国对撒哈拉以南非洲国家的安全部门援助》,《中国非洲学刊》2021 年第 3 期。

第一，辅助政治和行政机构的运行。在建设和平进程中，中央和地方行政部门发挥着不可替代的作用。然而，经过冲突洗礼的政治机构呈现一定脆弱性，难以恢复正常运行状态，需要财政上和技术上予以支持来提高运行能力，这是实现建设和平的前提。

第二，恢复政治秩序，重建合法性。修复司法系统、重建法制是保障人身和财产安全、尽快恢复经济和社会建设的前提。冲突使政权的性质和合法性受到质疑。通过组织有序透明的选举来恢复宪法秩序被看作是保障政府有效运行、确立政权合法性的重要途径。从这一角度看，建设和平与国家建设（或重建），即重塑国家安全力量、政治机构和经济部署密切相关。①

第三，促进不同群体之间的和解。冲突不可避免地对社会机理造成破坏性影响。在后冲突时期，重新建立不同民族、宗教、社群之间的联系十分重要。正视历史，还原真相，促进社会团体之间的团结和深度融合是实现可持续和平的必要条件。而重建对话和重新树立司法权威构成了社会和政治融合的基础。因此，这一过程涉及司法部门（如国际刑事法庭）和半司法部门（如民族和解委员会）的参与和介入。与此同时，社会各阶层各领域群体和社会组织的参与也必不可少，否则和平将是脆弱的或者未完成的。

（三）经济社会维度

社会财富的匮乏和资源分配的不平均是冲突的根源之一。2000年10月通过的《中非合作论坛北京宣言》指出："经济和社会因素是导致非洲政治不稳，社会紧张和冲突不断的根源。"因此，建设和平中重振经济十分必要，发展经济、改善民生、促进社会进步是铲除冲突根源的重要途径。重建和修复冲突中遭到破坏的基础设施、重启资源的生产和分配不仅有助于恢复经济活动，而且对恢复民众的日常生活至关重要。拉动经济发展、实施刺激投资的结构性改革等措施是重振经济的有效方式。与此同时，医院、学校、交通等公共服务亟须恢复，以及时满足民众的需求。此外，建设和平行动还需要为妇女、儿童、难民和流离失所者等脆

---

① Eva Bertram, "Reinventing government", *Journal of Conflict Resolution*, 1995, Vol. 39, No. 3, pp. 387 - 418.

弱群体提供保障，关注并保护羁押的犯人、嫌疑人的基本权利，在社区开展人权教育和宣传活动，等等。

安全、政治、经济社会三个维度几乎覆盖了国际和地区组织的所有行动领域，各个组织根据其能力和优势设立具有不同侧重的目标。为了更加清晰地认识联合国、非洲联盟和西非国家经济共同体政策的不同侧重点，本书以各国际/地区组织有关建设和平行动的重要参考性文件，即联合国1992年出台的《和平纲领》，2006年非洲联盟出台的《冲突后重建与发展政策框架》以及1999年西非国家经济共同体的《关于冲突预防、管理、解决和维护和平与安全机制协定书》为参考，创建了表2-3。

表2-3　联合国、非洲联盟与西共体设定的建设和平优先事项

	联合国	非洲联盟	西非国家经济共同体
安全层面			
排雷	▲	—	—
秩序维护	—	▲	▲
解除武装、复员和重返社会	▲	▲	▲
安全部门改革	—	▲	—
预防冲突	▲	▲	▲
难民重返社会	▲	▲	▲
政治层面			
民主化	—	▲	—
善治	—	▲	—
法治	▲	▲	—
能力建设	—	▲	—
机构建设	▲	▲	▲
人的保护	▲	▲	—
选举援助	▲	▲	▲
民族和解与司法重建	—	▲	—

续表

	联合国	非洲联盟	西非国家经济共同体
社群间（内）对话	—	—	—
经济社会层面			
基础设施重建	▲	▲	▲
财政援助	—	▲	▲
卫生与教育	▲	▲	—
农业和食品援助	▲	▲	▲
媒体	—	▲	—
水电供应	▲	▲	▲
对社会组织的支持	—	▲	—
对弱势群体的支持	—	—	▲

资料来源：笔者自制。

表 2-3 呈现出三个国际/地区组织所设定的共同优先事项，即安全层面，解除武装、复员和重返社会，预防冲突以及难民重返社会；政治层面，机构建设和选举援助；经济社会层面，基础设施重建、农业和食品援助以及水电供应。同时，各国际/地区组织定义的优先事项有所不同。在安全领域，联合国强调排雷的重要性而非洲联盟的重点则是安全部门改革。在政治层面，社群间（内）对话被各国际/地区组织所忽视。在经济社会层面，当地媒体和社会组织是非洲联盟的援助对象，而西非国家经济共同体更重视对弱势群体的帮助。三个机构在建设和平三个维度做出的努力基本平衡，安全和经济社会维度的关注程度较高，而政治层面由于有一定敏感性导致这方面的行动更加谨慎。非洲联盟将建设和平与冲突后重建和发展联系在一起，因此行动范围更广。

尽管各国际及地区组织对于建设和平的多维度特点达成了共识，即包含安全、政治和经济社会等多个方面，但每个国际组织的侧重点不同。这一方面体现了建设和平概念的模糊性，另一方面说明国际及地区组织行动之间存在交叉、重叠和补充。这些不同点使各行为体在建设和平实践中进行合作协调十分必要。

为此，联合国和非洲联盟、西非国家经济共同体之间建立了合作伙伴关系。联合国与非盟等非洲区域组织的维和伙伴关系覆盖了从预防外交到建设和平的整个和平进程，涉及人道主义援助、社会建设、人的保护等多个方面。2002年11月，联合国第五十七届大会通过了主题为"联合国同非洲联盟的合作"的决议，决议强调非洲联盟和联合国必须加强合作和协调，吁请联合国系统加强对非洲联盟的援助，以提高非盟和平与安全理事会的机构能力和运作能力。① 2004年11月，联合国秘书长在题为《提高非洲维持和平能力》的报告中承认联合国与非洲各区域组织在近几年的维持和平行动中出现了新的伙伴关系。② 2009年，联合国发表了一份题为《新伙伴关系议程：构建联合国维和新范式》的报告。该报告的出台标志着联合国将"构建维和伙伴关系"正式提上了议程，与区域组织的合作成了伙伴关系构建的方向。

2017年，联合国和非盟签署《深化联合国—非盟和平安全伙伴关系的框架文件》，该框架文件指出，双方将扩展在和平行动领域的合作范围，即涵盖从预防性外交、冲突调解、维持和平行动到冲突后重建和平的全过程合作。特别是，建设和平被联合国与非盟纳入实际议题讨论中，双方将重点关注打击非法买卖武器、安全部门改革、解除武装、复员与重返社会以及保护妇女儿童等领域的合作，以消除冲突根源。③ 2017年9月，非盟和平与安全专员和联合国建设和平支助办公室助理秘书长签署《联合国—非盟合作伙伴关系谅解备忘录》，以加强联合国—非盟在预防冲突、政治对话、民族和解、民主治理以及人权领域的协作，应对非洲大陆的和平安全挑战。同样，2018年4月，西非国家经济共同体委员会主席与联合国建设和平支助办公室助理秘书长签署《西共体—联合国建

---

① 联合国第五十七届大会决议：《联合国同非洲联盟的合作》，2003年1月20日，联合国，A/RES/57/48。

② Secretary-General of United Nations, "Report of the Secretary-General on Enhancement of African Peacekeeping Capacity", November 30th, 2004, United Nations, A/59/591.

③ United Nations, "Joint United Nations-African Union Framework for Enhanced Partnership in Peace and Security", April 19th, 2017.

设和平支助办伙伴关系谅解备忘录》，为二者在西非地区建设和平领域加强合作提供框架。

值得注意的是，由于非盟与非洲次区域组织在冲突管理的安排上有时会存在矛盾，《联合国宪章》关于区域组织安排的第八章中并未明确就区域与次区域组织安排进行区分。因此，非盟与其他非洲区域组织都属于区域安排，不存在等级关系。联合国关于区域与次区域组织安排的模糊界定也会影响到其与非盟在维和方面的合作。当非盟与有关非洲区域共同体出现分歧时，联合国难以开展协调工作。例如，在2010—2011年科特迪瓦危机期间，非盟和西非国家经济共同体之间发生的分歧。

表2-4 联合国、非洲联盟和西非国家经济共同体对民主、善治、人权和法治概念的表述

	联合国	非洲联盟	西非国家经济共同体
民主	人民享有定义自己政治、经济、社会和文化体制的自由意愿； 尊重主权和自决权	通过全民公决参与政治是民众不可侵犯的权力； 组织民主选举； 发挥传统议事机构和传统民主价值的作用； 加强权力的机制化及其对武装和安全力量的控制； 惩罚违宪行为	组织民主选举； 遵守三权分立原则； 军队服务于国家并具有共和国性质
善治	保障权力机构和决策过程的透明性； 法律至上； 以可持续发展为目标	保障公职部门的透明性； 建立问责制； 提高公共服务部门的效率； 打击腐败	通过设立相关机制打击腐败； 国有资源管理透明化并保证资源分配的公平性； 消除贫困； 促进社会对话

续表

	联合国	非洲联盟	西非国家经济共同体
人权	一系列与生存相关的权利；无论政治体制的性质，在尊重国家和地区的特殊性的前提下促进和保护所有人的权利；发展的权利	反歧视；尊重多样性；保护妇女、少数民族和脆弱群体的权利	广义的人的权利以及妇女和儿童等特殊群体的权利；创建促进和保护人权的国家机构；惩罚侵害人权的行为
法治	所有个人、公共和私人实体，包括国家本身遵守公开颁布的法律；将法律以同样的方式适用于所有人并符合国际规则和标准	在组织政治生活时尊重宪法秩序	符合人权要求进行立法；良好的法治；良好的公共服务

资料来源：笔者自制。

政治领域是本书关注的重点。联合国、非洲联盟、西共体对民主价值、善治、人权和法治的尊重和追求构成了和平安全政策框架的基本原则。为了更好地认识三个国际/地区组织在政治领域行动的异同，本书基于2005年9月出台的《联合国全球峰会文件》、2007年1月出台的《非洲联盟民主、选举和善治宪章》、2001年12月出台的《西非国家经济共同体的民主与善治A/SP1/12/01号协定书》，比较了三个机构对民主、善治、人权和法治的概念表述。

上述三个国际/地区组织强调了民主、法治、善治、人权以及基本自由之间的相互依赖与促进关系。这些概念被联合国赋予了抽象、基本的含义，而非洲联盟西共体则根据地区问题的特殊性进行了调整。例如，关于民主这一概念，联合国强调这一概念的普适性以及人民意愿的自主权，而非洲联盟和西非国家经济共同体则针对具体应用实践中的细节进行规范，比如：选举程序、军队的中立性等。另外，非洲联盟和西非国家经济共同体保留了对成员国的制裁权利，例如，非洲联盟有权对成员国的违宪行为进行惩罚，而西非国家经济共同体则有权制裁严重侵犯人权的行为。关于善治这一概念的阐释角度和侧重点也有所差异，西非国家经济共同体突出强调消除贫困和建立社会对话的重要性，而非洲联盟更侧重于民主化进程中对传统民主价值观的挖掘与应用。另外，联合国将发展权与人权联系在一起，而西非国家经济共同体则引入了"人的权利"这一概念。

值得注意的是，尽管联合国、非洲联盟、西非国家经济共同体对政治领域核心概念的定义有所不同，但是其在建设和平实践中都遵循以自由主义为主导的模式，即直接或间接地将建设和平与宪政民主、分权制衡、自由、人权和法治等自由主义原则相关联。

在明确了国际/地区组织对相关概念的定义之后，本书需要考察这些概念的内涵是否适用于上一节所提到的冲突根源。表面上看，上述解决问题的方法是针对冲突的根源而制定。然而，现实与目标仍然存在一定差距。对近五十年完成的124项建设和平任务的成功率的评估表明，如果以消除冲突对抗为标准，建设和平的成功率仅为43%，若以实现发展进步为标准，成功率则降低为35%。[①] 下一节将就对象国在建设和平进程中的成就和挑战进行探讨。

第二节 研究对象国的建设和平进程

为了更好地认识建设和平在具体实践中取得的进展和面临的阻力，本节将回归到研究对象国来考察建设和平的多维性。

一 国别案例之科特迪瓦

2011年4月，时任科特迪瓦总统洛朗·巴博被科特迪瓦共和国力量

[①] John Stedman, *Ending civil wars, the implementation of peace agreements*, Boulder: Lynne Rienner Publishers, 2002, cité par Charles-Philippe David et Olivier Schmitt, *La guerre et la paix: Approches et enjeux de la sécurité et de la stratégie*, 3e édition revue et augmentée, Paris, Presses de Sciences, 2020, p. 369.

(Forces républicaines) 逮捕并于同年 11 月被送上国际刑事法庭。这标志着科特迪瓦进入冲突后建设和平阶段。然而,瓦塔拉领导的科特迪瓦政府在国家重建过程中仍然面临着诸多困难。

（一）安全层面

安全部门改革①、解除武装、复员与重返社会②是安全领域的行动重点。这些项目在科特迪瓦政府领导下进行,由 2012 年 7 月创建的全国安全理事会负责推进。为了更好地完成既定目标,科特迪瓦政府对相关负责机构进行了重组和改革。国际及地区组织也对其具体项目提供了援助,如联合国科特迪瓦行动与联合国开发计划署从技术层面帮助退伍军人重新融入社会,世界银行和欧洲联盟也在财政方面给予了支持。

我们将以联合国科特迪瓦行动为例进一步考察国际社会在安全方面对科特迪瓦政府给予的支持。联合国科特迪瓦行动（ONUCI）于 2004 年根据联合国安全理事会 1528 号决议创建,取代了 2003 年 5 月创建的联合国科特迪瓦特派团（MINUCI）,③ 以促进利纳斯—马尔库西斯合约（Accord de Linas-Marcoussis）的实施。④ 联合国科特迪瓦行动的主要任务是保护平民并在解除武装、帮助退伍军人复员和重返社会以及安全部门改革方面对科特迪瓦政府予以支持。根据联合国第 2284 号决议⑤,鉴于"2015 年 10 月 25 日总统选举顺利举行后科特迪瓦社会所处的安全条件以及科特迪瓦取得的进步；考虑到科特迪瓦对尊重主权、独立、领土完整与团结的坚定态度,以及科特迪瓦在实现和平与长期稳定、经济繁荣过程中取得的显著进步",安全理事会决定将其任务期限延长至 2017 年 6

---

① 根据科特迪瓦全国安全理事会,安全部门改革是指通过政治权力改革负责安全的所有机构和行为体的所有措施。安全部门改革定义安全机构的职责和位置并引导其在尊重民主和法治标准的前提下执行任务。参见科特迪瓦全国安全理事会网站：http：//www. rssci. org/。

② 根据联合国科特迪瓦行动,解除武装、复员与重返社会进程的主要目标是解除军人武装,将其纳入重组军队并使其恢复正常生活。参见联合国科特迪瓦行动官网：http：//www. onuci. org。

③ Résolution 1528, Conseil de sécurité des Nations Unies, S/RES/1528（2004）, December 17th, 2014.

④ African Union, Linas - Marcoussis Agreement, http：//democratie. francophonie. org/IMG/pdf/Linas_Marcousis. pdf, December 10th, 2016.

⑤ Résolution 2284, Conseil de sécurité des Nations Unies, S/RES/2284（2016）, April 4th, 2016.

月 30 日。

解除武装、退役军人复员与重返社会以及安全部门改革是科特迪瓦联合国行动任务的两大支柱。科特迪瓦联合国行动对这两个项目提供财政和技术援助。联合国科特迪瓦行动的项目之一是协助科特迪瓦政府在布瓦凯（Bouaké）、安亚玛（Anyama）和吉格洛（Guiglo）三地建立轻武器的收缴点。同时，在布瓦凯、邦杜库（Bondoukou）、姆巴亚克罗（M'Bayakro）、吉格洛和布阿夫莱（Bouaflé）五个城市协助建立退伍军人再社会化试点，退役军人在这些试点可以参加教育培训项目，领取退伍补助金，以便更好地融入社会。但是，这些安全层面的行动依然存在一些问题。有受访者认为"人们只是被动地等待新机构的创建"来推进解除武装、复员与重返社会。同时，安全部门改革过程中支持巴博的武装力量"新力量"与政府安全力量在分配职位方面的不均衡，激化了双方原已存在的紧张和敌对关系。[①]

（二）民族和解

民族和解是建设和平的重要组成部分，一般是指以民族为主体的敌对势力或对抗性群体之间，形成一种相互妥协和退让。[②] 民族和解"旨在完成由分裂的过去向共同的未来过渡，包括正义、真相、愈合与修复等多重因素的总体过程"[③]。民族和解既是不同民族间相互融合的状态，也是实现这种状态的过程。民族和解，作为在撕裂的社会关系中建立新的社会契约的渐进过程，[④] 其实现需要施暴者对过去的错误行为进行反思和忏悔，受害者对施暴者的行为做出原谅。[⑤] 因此，这个过程是相互的，是由双方共同努力达成，通常涉及信任、真相、正义、宽恕等理念。

[①] Bruno Charbonneau, "Côte d'Ivoire: Possibilités et limites d'une réconciliation", *Afrique Contemporaine*, 2013, Vol. 245, No. 1, pp. 119 – 120.

[②] Louis Kriesberg, "Reconciliation: Aspect, Growth and Sequences", *International Journal of Peace Studies*, 2007, Vol. 12, No. 1, pp. 1 – 21.

[③] "La réconciliation après un conflit violent", International IDEA (International Institute for Democracy and International Assistance), 2004.

[④] Ruffin Viclère Mabiala, *La justice dans les pays en situation de postconflit: Justice transitionnelle*, Paris, L'Harmattan, 2009, p. 90.

[⑤] Ho-Won JEONG, *Peacebuidling in Postconflict Societies, Strategy and Process*, Boulder et Londres: Lynne Rienner Publishers, 2005, p. 156.

正如前文所述,民族和解包括表层的和深层的。表层的民族和解仅以承认他者的存在为目标,一方认识到他者是拥有不同历史、文化和语言的独立个体,但并不了解作为个体所拥有的价值基础。而深层的民族和解不仅承认他者的存在,而且认识构成他者的基本特点,理解并接受他者根本上的区别。[1] 由于对自己身份的重新认识是理解他者的前提,深层民族和解既涉及他者也涉及本我。因此,创造和解文化、尊重民族和文化的多样性是实现民族和解的基础。同时,民族和解是多维的,包括政治、司法、社会、经济、心理、哲学等不同范畴,既是每个人的心理调整,也是集体认同的重建;既是整个社会重塑共同生存基础的过程,也是每个社群寻找恰当共处方式的过程。

科特迪瓦多年的军事纷争和政治动荡不仅加深了科特迪瓦的社会裂痕,而且破坏了个体之间信任的基础。政治派别、族群归属、地域概念等身份标识在冲突过程中被再次强调和深化,对社会契约的重建形成障碍,使社会进一步走向割裂。为了巩固和平基础、预防冲突复燃,民族和解是科特迪瓦政府和社会面临的迫切又艰巨的任务。由于科特迪瓦冲突的根源具有复杂性,因此民族和解的着力点也应是多重的,既包括使每个公民获得尊严和尊重,重塑整个社会以及每个社群之间的关系,也涉及重新分配权利资源、重整政治司法体系、重建共同价值观和身份认同等方面。

本书借助约翰·保罗·莱德拉赫(John Paul Lederach)的分层模型来透视科特迪瓦民族和解进程。约翰·保罗·莱德拉赫根据参与民族和解进程群体的不同性质和层级,将民族和解进程解构成上层、中层、下层的金字塔型。[2] 该模型有助于清晰地呈现每一层级的行为人(及机构)并分析各层级间的互动关系。

1. 以政治对话、司法诉讼为主的上层和解

这一层级涉及的主要群体为高级政要和军队领导人,包括政府和反

---

[1] Lisa Strombom, "Thick recognition: Advancing theory on identity change in intractable conflicts", *European Journal of International Relations*, 2014, Vol. 20, No. 1, pp. 168–191.

[2] John Paul Lederach, *Building Peace: Sustainable Reconciliation in Divided Societies*, Washington: United States Institute of Peace Press, 1997.

对派的主要代表。作为敌对双方的代表，政府和反对派之间建立政治对话、达成共识是民族和解的第一步。由于上层领导人掌控着统治权力并享有很强的感召力，其态度和立场左右着社会氛围和舆论导向。因此，对参与冲突的主要负责人提出司法诉讼，维护司法正义，是平衡权力关系、赢得民众信任的重要前提。

科特迪瓦 2010—2011 年后选举危机的结束是以一方的军事和选举胜利为标志，而没有政治谈判做基础。并且，外部势力（法国和联合国）的介入最终使对立双方的力量平衡发生了倾斜。这些因素增加了上层民族和解的难度。

政治对话是上层民族和解的主要方式。在国际社会的敦促下，瓦塔拉政府和反对党成立了政治和解机制——永久对话框架（Cadre Permanent de Dialogue, CPD）。这一机制旨在建立"交流、研讨、建议及行动的平台，以改善政府与反对派之间的关系、建立和巩固两者之间的信任"。[①] 2012 年 4 月以来，各阵营领导人在该框架下展开对话。然而，对话因缺乏共识基础而收效甚微。[②] 反对派主要政党、巴博领导的科特迪瓦人民阵线将释放在选举危机中因支持巴博而被捕的囚犯作为参与对话的条件并要求出台赦免法。而瓦塔拉政府则认为追究司法责任是民族和解的前提，坚持对 2002 年政治军事危机以来侵犯人权行为予以法律制裁。双方在这一问题上的分歧成为实现政治对话的主要障碍。

与此同时，在司法问题上，瓦塔拉政府常被国际社会及反对派批评实行双重标准。瓦塔拉上台时承诺将致力于实现司法公正，但在实际操作中则利用统治权力偏袒曾支持自己上台的利益集团。尽管支持瓦塔拉的军事力量在选举危机中同样存在对群众敲诈勒索的暴力行为，但是受法律制裁的大部分为巴博阵营的成员。例如：国际刑事法庭以反人类罪起诉并逮捕了巴博和其妻子以及"青年爱国运动"（Mouvement des ieunes patriotes）前领导人查尔斯·布莱·古德（Charles Blé Goudé）。这使公众

[①] "Côte d'Ivoire: un séminaire gouvernement-opposition annoncé pour un climat politique apaisé", abidjan. net, 21th septembre, 2013, http://news.abidjan.net/h/473479.html, March 3rd, 2018.

[②] International Crisis Group, "Côte d'Ivoire: faire baisser la pression", *Rapport Afrique*, No. 193, Novembre 26th, 2012.

舆论认为"司法是由胜利者掌控的"。①

最高领导人的立场和处境直接影响社会走向分裂还是融合。战后洛朗·巴博被国际刑事法庭审判，巴博的拥护者把释放巴博作为实现真正和解的前提条件。因此，对巴博的审判结果直接左右着拥护者的和解意愿和谈判立场，影响着社会稳定。2019年1月，国际刑事法庭由于缺少证据宣布被指控危害人类罪的巴博无罪。但是，由于面临国际刑事法院检察官的再次指控，巴博目前仍滞留在比利时，其人身自由受到监控和限制。② 2018年8月，瓦塔拉政府决定赦免约800名曾参与选举后武力冲突的犯罪人员，其中包括前第一夫人西蒙娜·巴博（Simone Gbagbo）。释放人民阵线的重要影响人物西蒙娜·巴博是瓦塔拉政府对于实现民族和解释放的积极信号，但其实际目的值得推敲。有分析称西蒙娜·巴博的释放是为了弱化人民阵线的内部团结，从而为瓦塔拉参加2020年总统选举创造条件。

上层领导人的态度和立场左右着舆论导向，对其司法审判的进度和公平性影响着和解进程。上层领导人的和解通常为了争夺政治权力或者暂时缓解紧张局势，而忽视社会的真正诉求。上层领导人之间的和解虽然有一定的影响力，暂时缓解紧张局势，但不具备广泛的代表性，不能代表分裂的民众利益和立场。

2. 以对话真相和解委员会为代表的中层和解

中层和解的参与者主要包括享有社会威望的个体或者领袖，他们通常在教育、商业、农业或卫生领域就职，或者是宗教团体、学术社团的代表。这一层级涉及的群体人数较多、身份也更加多样。该层级群体通常以组织工作坊、培训、建立委员会的形式来影响政治决策，恢复民众对民族和解的信心与能力，从而实现可持续的和平。中层和解的参与者起到承上启下的衔接作用，不同于仅限于追求短期政治利益的高层领导人，社会中层对社会问题和底层民众的诉求有更加清晰地认识。本书将

---

① M. Bovcon, "The Progress in Establishing the Rule of Law in Côte d'Ivoire under Ouattara's Presidency", *Canadian Journal of African Studies*, 2014, Vol. 48, No. 2, pp. 185–202.

② World – Report, "Côte d'Ivoire Evénements de 2019", https://www.hrw.org/fr/world-report/2020/country-chapters/336817, September 1st, 2021.

以科特迪瓦对话真相与和解委员会为例重点分析此类机构如何在民族和解中发挥作用。

参照南非真相与和解委员会的模式，瓦塔拉总统于 2011 年 7 月在多名"元老会"（The elders）①成员的见证下成立对话真相与和解委员会，其主要目标是通过寻找真相、建立对话、组织受害者听证会来促进民族和解与社会团结。②对话真相与和解委员会财政上具有独立性，是在社会向和平过渡阶段设立的"准"司法性机构，也就是说，委员会可以提审任何人，其提出的建议有可能被刑事法庭采纳，但不具备司法效力。

为了确保委员会的代表性和公平性，委员会的中央委员会由政治、社会、宗教等各界人士代表组成。委员会下设 37 个地方委员会，以促使委员会行动更加贴近地方现实。③委员会各项决议由全体代表大会决定，必要时组织投票。委员会成员由非政府组织、氏族首领、宗教领袖、妇女和青年代表以及西非国家经济共同体代表组成。主席是前国家总理查尔斯·科南·班尼（Charles Konan Banny）。④

作为独立的组织机构，委员会的职责是：向刑事法庭、政府、政党提出建议；通过地方工作组收集受害者提供的证据，听取民众诉求和想法，鼓励其走向民族和解，避免暴力行为再次重演；从社会、历史、政治、经济等角度，对 20 世纪 90 年代以来的政治危机演变进程及冲突的结构性根源进行全景式分析和研究。委员会一方面要向中央政府提交报告，另一方面要通过去中心化结构帮助民众加深对民族和解的认识，进而走向和解。因此，委员会在民众和政府之间起衔接作用。

对话真相与和解委员会的实践工具是兼顾和平与公正的"转型正义"。转型正义旨在"矫正前期政府罪行与重新融合受害者与加害者双方

---

① 元老会是一个老年政治家、和平活动家和人权倡导者等公众人物的政治组织，由纳尔逊·曼德拉在 2007 年召集建立。见证科特迪瓦对话真相与和解委员会成立的元老会成员有：前联合国秘书长科菲·安南、前南非真相与和解委员会主席戴斯蒙·屠图以及前联合国人权事务高级专员玛丽·罗宾逊。
② 参见 2011—167 号法令。该法令草案已于 2011 年 5 月瓦塔拉就职前完稿。
③ 在 31 个大区设立 31 个地方委员会，首都阿比让设立 6 个地方委员会。
④ 由于其政治身份以及工作能力遭到民众以及国际机构合作者的批评。公民社会批评他不致力于建立对话，将人力和财力资源集中于个人手中，不赋予地区委员会足够的自主能力。

之间寻求平衡，并试图建立一个较为和平、民主与正义的未来①"。"转型正义"在通过公正的司法对侵害者实施惩罚的同时避免进一步激发受害方的仇恨，从而使冲突各方对过去建立共识，重建信任，在避免深化仇恨的基础上为和平创造条件。"如果过错行为得到承认，那么受害者应予以一定的原谅。"② 科特迪瓦对话真相与和解委员会将战争中的抢掠暴力行为公之于众的同时，重建对过去的集体记忆便是转型正义的体现。③

转型正义具有修复和预防双重功效，有助于预防将来战争再次发生。然而事实上，由于种种困难，旨在重建对他者、对集体、对权力信任的"转型正义"并没能在科特迪瓦实现。对话真相与和解委员会的任期结束时，社会融合的预期目标没有完成。对话真相与和解委员会由于受政治势力干扰，公信力受到损害，未能有效调动民众积极性。对话真相与和解委员会主席由国家总统任命，副主席和中央委员会委员由主席提名、国家总统任命。由于委员会主席不是选举产生，其代表性受到质疑。委员会主席由查尔斯·科南·班尼担任，其政治身份以及工作能力遭到民众以及国际机构合作者的批评。④ 此外，地方委员会缺乏足够的自主能力，工作流于形式，造成程序步骤在推进，但相对应的工作目标并没有完成的情况。同时，委员会提供的服务是有偿的，一方面给已经处于困境的民众增添了经济压力，另一方面，由于案件数目众多，为了让自己递交的材料尽早被处理，人们不得不利用周围的人际关系网推进案件进展，进一步加重了腐败现象。⑤

---

① Paige Arthur, "How 'Transitions' Reshaped Human Rights: A Conceptual History of Transitional Justice", *Human Rights Quarterly*, 2009, No. 31, p. 331. 转引自青觉、朱鹏飞《从宽恕到宽容：后冲突时代南非社会和解与转型正义之反思——基于开普敦地区的田野调查研究》，《世界民族》2019年第1期。

② 笔者对对话真相与和解委员会秘书长 Jean Yra 的采访，采访时间：2014年7月22日，采访地点：阿比让。

③ Kora Andrieu, *La justice transitionnelle: de l'Afrique du Sud au Rwanda*, Paris, Gallimard, 2012, p. 373.

④ 在对科特迪瓦危机受害者组织联合会（Confédération des organisation de victimes de la crise ivoirienne）的采访中，该非政府组织负责人批评查尔斯·科南·班尼将人力和财力资源集中于个人手中，利用委员会主席职位增加政治和社会影响力。

⑤ 在笔者的采访中，民众反映由于需要支付较高费用（包括正常的服务费以及给工作人员额外的报酬）而放弃了向对话真相与和解委员会寻求帮助或赔偿。

基于以上问题，对话真相与和解委员会没有完成预期目标。在持续了三个星期的公开庭讯后，委员会于 2014 年 9 月 30 日宣布终止使命，并于 2014 年 12 月 15 日向总统提交了报告。① 自成立以来，委员会听审了包括受害者、施暴者以及证人在内的 70000 人，共 80 人参加了公开庭讯。2015 年 3 月，对话真相与和解委员会被全国和解与受害者赔偿委员会（CONARIV, La Commission nationale pour la réconciliation et l'indemnisation des victimes）取代，而后者的政策实施力度和效果也不尽如人意，于 2016 年 12 月停止运行并于 2017 年 7 月被保护妇女儿童与社会团结部接管。可见，如果缺少了法律制度的保障和广大民众的参与和监督，机构的设置和更迭不仅无法实现预期制定的目标，反而增加了国家的财政压力和社会的运转成本。

3. 以非政府组织为主体的下层和解

下层和解的主要参与者是社会的"草根"阶层，通常是当地的非政府组织成员。该层级成员扎根于地方，了解民众疾苦，对民众的情绪心理能够感同身受。下层和解的参与主体借助对矛盾机理的深入了解，帮助不同族群、不同利益群体之间建立对话。

在冲突后阶段，和平对于普通民众仍是一种奢侈，因为他们尚处于生活疾苦之中，深陷于痛苦的回忆里。冲突虽然已经结束，但积攒多年的失落感和仇恨情绪继续影响着社会行为，并固化成一定的思维模式。在该情境下，这种情绪会激发社群间的相互攻击，深化政治立场上的分歧。因此，为了将和平根植于基层社群，实现自下而上的和解十分重要。

地方非政府组织在建立社群内部和社群之间的对话中发挥着关键作用。本书以非政府组织"重生"为例分析地方层级如何自发地参与到和解进程中并发挥其积极作用的。"重生"组织成立于 2013 年，其宗旨是实现"恢复性正义"，即通过修复社群关系促使社会恢复到和解状态。其组织成员多为律师、法学专业毕业生或教授等具有专业知识的志愿者。该组织一方面对弱势群体提供司法和心理支持，使其接受并乐于为社会融合作出努力，帮助创造和解文化；另一方面通过调查和统计工作了解

---

① 由于瓦塔拉政府不接受报告中对巴博支持者在 2010 年选举中立场的分析，报告两年后才公开于众。

群众实际需求。① 该组织所追求的"恢复性正义"是在加拿大"恢复性正义"服务中心创始人特蕾斯·维莱特（Therese Villette）帮助下实施的。为了使这一方法理念适用于科特迪瓦本国国情和本土社会价值观，"重生"组织成员进行了大量的调研工作。

"重生"的主要工作之一是在阿比让拘留与管教所（科特迪瓦最大的监狱）开展加害者与受害者之间的直接对话活动，以帮助双方跨越对彼此的心理壁垒，还原和恢复真相。该组织志愿者特别注重保护活动参与者的隐私以及活动的私密性。"为了让他们能够自由地表达自己的感受和经历，我们特意掩盖了参与者的身份。"② 尽管如此，该组织的志愿者经常遇到缄口不言的受害者。一方面，由于心理上承受了很大创伤，受害者很难找到合适的词汇描述他们的悲惨经历。另一方面，受害者内心存在强烈的不安全感，担心揭露真相可能带来严重后果，危害其人身安全。

"只有真相使我们自由，但真相总是可怕的。"③ 这句话阐释了真相在重建公正过程中的重要性。真相的重现是实现可持续和平的必要途径。然而，真相通常充满复杂性和矛盾性。多年来的政治军事危机使人们长期处于对他人的非理性的恐惧中，对他人总持质疑、警惕、提防心理。因此，在非常态的社会心理背景下，揭露真相极可能引发新一轮的社会冲突。同时，真相的复原依赖于加害者和受害者对自身经历的描述。每个人通过释放自己的行为和话语参与到解放自我的过程中。在科特迪瓦，对于事实的阐述具有很大的主观性，受政治倾向、身份认同以及自身经历等因素的影响。与具有科学性的"历史真相"不同，这种根据个人经历建立的"叙事真相"，是主观的，不是客观唯一的。④ 甚至一些人在某些情况下具有加害者和受害者的双重身份，这增加了和解工作的难度。

基层非政府组织的活动更接近当地群众，能更好地满足其需求。但下层和解层面也存在一些问题，如下层与中层之间的联系不够顺畅，出

---

① "重生"官方计划书。

② 对"重生"组织负责人法布里斯·塞卡（Fabrice Séka）的采访，采访时间：2014年7月16日，采访地点：阿比让。

③ Hannah Arendt, *Responsabilité et jugement*, Paris, Payot, 2005, p. 276.

④ Anne-Ael Pohu et Emmanuel Klimis, *Justices transitionnelles: Oser un modèle burundais comment vivre ensemble après un conflit violent*, Bruxelles, Facultés universitaires Saint-Louis, 2013, No. 61, p. 15.

现割裂。非政府组织批评对话真相与和解委员会脱离群众,认为其是政治家实现其政治目的的工具。下层非政府组织对该机构的中立性不认可,将其看作是抚慰民众情绪的手段和应对国际舆论压力的工具。[①] 同时,较于本国政府,当地社会组织更倾向于与国际非政府组织合作,认为能够从他们那里得到实质性帮助和指导。但国际组织与当地社会组织的合作引发了一些质疑,如国际组织介入一国的和解进程是否合法以及在介入过程中能否保持公平公正的立场等。

结合科特迪瓦民族和解进程,笔者根据约翰·保罗·莱德拉赫(John Paul Lederach)的金字塔架构绘制了图2-2。

参与者类型

上层和解
政党:共和人士联盟,科特迪瓦人民阵线,科特迪瓦民主党……

中层和解
对话真相与和解委员会

下层和解
重生、科特迪瓦危机受害者组织联合会等非政府组织

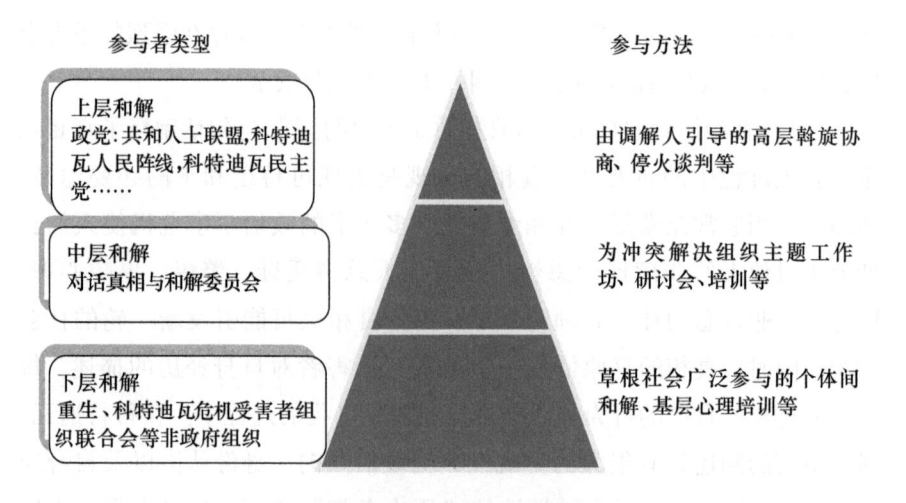

参与方法

由调解人引导的高层斡旋协商、停火谈判等

为冲突解决组织主题工作坊、研讨会、培训等

草根社会广泛参与的个体间和解、基层心理培训等

图2-2 科特迪瓦民族和解进程各层级参与者及其方法

资料来源:笔者根据约翰·保罗·莱德拉赫的分层模型自行绘制。

自2010—2011年选举危机结束已近十年,民族和解进程取得了一定进展,科特迪瓦社会日趋稳定,经济增长势头良好。然而在北部、西南部地区,小规模冲突仍时有发生。虽然冲突规模不大、波及范围有限,但依旧影响着社会安定、扰乱人们正常生活,民族和解进程仍存在诸多问题和挑战。

---

① 在笔者参加的科特迪瓦危机受害者组织联合会(Confédération des organisation de victimes de la crise ivoirienne)例行会议中,相关问题被提及。

首先，民族和解机制未触及深层结构问题。无论是领导人之间、党派之间（上层）还是加害者与受害者之间（中下层），科特迪瓦民族和解进程的切入点主要"关系"层面的和解问题，即主要涉及政治利益集团与社会关系的重新调整。尽管该层面的和解有助于修复政见分歧、缓和党派矛盾、弥合社会裂痕，但是引发冲突的深层结构性矛盾依然存在。正如前文所述，科特迪瓦冲突并非纯粹的族与族之间的冲突，科特迪瓦冲突有着错综复杂的历史根源。以种植园经济为主的经济结构造成的地域间、族群间不平衡；以世袭制度为基础的政治经济资源分配体系的不可持续性；以地域—族群性为中心的身份问题为长久积攒的社会经济矛盾提供爆发的出口；等等。若结构性矛盾持续存在，被暂时掩藏的社会矛盾有可能在重大关系调整时期（如总统大选时期）被再次激化。调和社群间因地权问题引发的矛盾；健全司法体系、填补传统司法在土地资源分配问题上出现的漏洞；在国族建设基础上形成统一的身份认同……只有这些结构性问题得到解决才能根除社会冲突的根源，真正实现和解。

对话真相与和解委员会在向政府提交的最终报告中对结构性问题有所提及。[1] 瓦塔拉政府也意识到了结构性问题的存在并尝试进行改革。瓦塔拉在2012年4月对西部地区的访问期间做出了解决地权问题的承诺，但是其改革措施在实践中受到束缚，公平分配土地资源的难题尚未解决。瓦塔拉政府对于土地问题以及与之密切相关的身份认同问题采取回避和搁置态度。例如，2016年出台的新宪法第12条规定："只有国家、公共集体和拥有科特迪瓦国籍的自然人可以享有土地所有权。占有、授予、转让土地的行为需要遵守相关法律规定。"土地制度被纳入宪法范围，地权受宪法保护。[2] 新宪法明确了法律在土地管理中的中心地位，期望通过根本法的法律效力深化官员和民众的法律意识、防止相关土地制度或法律被曲解或滥用。然而，该宪法同1998年《农村地权法》一样面临着执行中的客观公平性问题。另外，拥有科特迪瓦国籍再次成为享有地权及

---

[1] Rapport final de la CDVR，实地调研期间对话真相与和解委员会的工作人员向笔者提供的资料。

[2] Ousmane Zina, "Le caillou a-t-il été retiré du soulier de la République? Réconciliation nationale et réformes constitutionnelles en Côte d'Ivoire", *Afrique Contemporaine*, 2017, No. 263 – 264, pp. 25 – 39.

其他政治权利的关键性问题。在多党选举的政治制度下,土地问题可能继续被政治化,再次成为政治领导人左右民众意愿的工具。

其次,以经济增长促民族和解的政策,难以转化为社会效益。瓦塔拉总统上台后制定了《2012—2015 年国家发展计划》和《2016—2020 年国家发展计划》,根据计划,科特迪瓦将通过快速持续的增长于 2020 年使国民收入达到中等水平,实现大幅度减贫,促进中产阶级的壮大。[①] 瓦塔拉政府的经济刺激和改革措施取得了一定成效,科特迪瓦成为西非地区经济增长的带头国家。2012 年以来,国民经济增长速度保持在 7% 以上,是撒哈拉以南国家平均增长速度的三倍。2020 年,受全球范围暴发的新冠疫情影响,科特迪瓦经济明显放缓,但仍实现了 1.8% 的正增长。经济发展的良好势头提振了国外投资者和国际合作方对科特迪瓦经济市场和社会环境的信心,提高了瓦塔拉政府的国际形象。然而,科特迪瓦经济在宏观层面上的良好表现不能说明国民生活水平得以改善,数字上的增长没能转化为社会效益。国内购买力呈下降趋势,基本生活费用高昂,且不同地区、不同社会阶层之间的收入水平不断拉大。[②] 2016 年 1 月,电费标准提高 16%,民众对政府的不满情绪持续高涨,引发社会大规模抗议。贫困和不平等问题依然严重。现今科特迪瓦 2600 万人口中 1000 万仍是贫困人口,与 2011 年贫困人口数量持平。贫困人口比例仅由 2008 年的 48.9% 下降为 2019 年的 46.3%,这与国家发展计划中的"大幅度减贫"目标相去甚远。[③] 政府承诺的包容性增长与民众的真实体验形成强烈反差,损害了国家的公信力,增加了社会不稳定因素和国家政权的脆弱性。

瓦塔拉政府以经济促和平的政策是对博瓦尼政府经济增长与社会融合相结合的发展战略的继承。博瓦尼时期通过建立和维护庇护网络将资

---

① "Le plan national de développement 2016 - 2020", Ministère du plan et du développement, http: //www. plan. gouv. ci/accueil/odd/3, consulté le 3 avril 2020.

② Denis Cogneau, Léo Czajka et Kenneth Houngbedji, "Le retour de l'éléphant triomphant? croissance et inégalités de revenue en Côte d'Ivoire (1988 - 2015)", *Afrique Comtemporaine*, 2017, Vol. 3, No. 263 - 264, pp. 221 - 225.

③ "Côte d'Ivoire: Présentation", Banque mondiale, https: //www. banquemondiale. org/fr/country/cotedivoire/overview#2, consulté le 23 mars 2020.

源分配到体系内不同层级的利益相关者，通过满足民众基本需求的公共政策使广大民众实现对发展红利的"有限分享"。这一体系得以运转的前提是经济增长的稳定性以及利益集团的整合性，也就是说，在政治和社会力量无明显分歧的前提下，经济发展的红利能基本满足再分配的需求。然而，科特迪瓦在经历了多党制改革和多年的政治军事危机后，无论是上层的领导集团还是下层公民社会出现了难以弥合的裂痕，瓦塔拉政府无法通过重建囊括大多数利益相关者的庇护网络来实现资源再分配。尽管瓦塔拉政府有意识地将发展红利向下层平民倾斜，但是有限的发展红利在渗透到下层公民社会之前已经被接近权力的利益集团吸收，造成贫富差距持续拉大的后果。如何在新的国际国内环境下，探索新的经济发展和政治体制改革道路是瓦塔拉政府亟待解决的课题。

最后，国际社会介入科特迪瓦民族和解进程，影响当地民众自主性的发挥。国际组织重视并积极介入科特迪瓦民族和解进程。① 瓦塔拉政府与国际组织保持着谨慎又暧昧的关系。一方面，科特迪瓦政府期望通过自主性措施和机制摆脱国际社会的控制。② 另一方面，由于瓦塔拉曾在国际货币基金组织工作，其思想理念和行为方式受西方的影响较为深刻，期待倚靠国际社会的肯定来汲取自身政权的外部合法性。

国际组织参与冲突后重建进程为科特迪瓦政府提供了财政和技术支持，但同时输出以自由主义经济和多党选举政治为基础的"自由式和平"理念。③ 该理念在非洲的应用不仅缺乏一定的适用性，而且限制了当地政府和民众根据自己实际情况通过调研来解决冲突根源的意愿和能力。自由主义经济加重了对外部市场的依附性，使科特迪瓦难以摆脱国际市场上的边缘地位。2016年年初，可可国际市场价格大幅下降，直接影响国

---

① 例如，联合国科特迪瓦特派团民事部推行"快速效应项目"（QIP, Quick Impact Projects）。该项目旨在满足民众在生活用水、教育等方面的迫切需求，并通过促进社群间对话实现社会融合。同时，世界银行也着手以社群为中心推动当地发展。

② 例如，出台以改善民生为目标的"紧急总统项目"，通过该项目提高财政支配自主性。然而，国际组织对该项目的透明性和运行机制提出质疑，试图干涉项目的管理。Francis Akindès, "On ne mange pas les ponts et le goudron: les sentiers sinueux d'une sortie de crise en Côte d'Ivoire", *Politique africaine*, 2017, No. 148, pp. 5–26。

③ Pugh Michael, "Reflections on Aggressive Peace", *International Peacekeeping*, 2012, Vol. XIX, No. 4, pp. 410–425.

家财政收入,对科特迪瓦经济的韧性造成挑战。[1] 另外,可可生产的大部分产品附加值尚未在本土实现,本国民众没能成为经济发展的主要获益者。作为全球第一大可可生产国,科特迪瓦满足国际市场40%的可可供应,但是只享有5%—7%的收益。[2] 政治上,多党民主制为利益集团的权力竞争提供了合法性外衣,掩盖了国家运转中的根本矛盾和问题。以争夺现代政治经济资源为目标的多党选举极易触发科特迪瓦政治危机。科特迪瓦历史上屡次冲突的爆发与选举活动几乎同频。2020年10月,瓦塔拉在连任两届总统之后再次参加总统大选,遭到反对派和部分民众的强烈抗议。反对派认为瓦塔拉的参选违反了科特迪瓦国家宪法,不承认其参选资格的合法性。瓦塔拉的支持者与反对者之间再次爆发暴力冲突,造成5人死亡,近百人受伤。总统大选引发的社会动荡再次验证了科特迪瓦政治斗争与社会冲突的关联性和复杂性。如何跳出政治权力争夺、解决国家和社会运转中的根本问题仍是当今科特迪瓦面临的重大挑战。

二 国别案例之马里

2012年发生军事政变后,马里进入了漫长曲折的建设和平进程。冲突研究专家迈尔·杜根(Maire Dugan)创制的"具体问题—系统"多层嵌套模式形象地勾勒出冲突的结构,有助于更好地理解马里的建设和平进程。[3] 如图2-3所示,多层嵌套模式由具体事件(issue)、关系层面(relation)、次系统(sous-system)和系统(system)四个层级构成,展现了冲突中不同层次的互动关系。

具体事件指因利益分歧导致的冲突事件。这是冲突的即时层面,需要立即采取与之相应的行动。谈判、经济和军事制裁是该层面的主要形

---

[1] Hélène Ehrhart, "Une croissance ivoirienne dynamique: Chiffres et défis", *Afrique Contemporaine*, 2017, Vol. 3, No. 263-264, pp. 218-220.

[2] "Au pays du cacao, comment transformer la Côte d'Ivoire", *Rapport de la Banque mondiale*, juillet 2019, disponible sur le site http://documents.worldbank.org/curated/en/277191561741906355/pdf/Cote-dIvoire-Economic-Update.pdf, consulté le 26 mars.

[3] Maire Dugan, "A Nested Theory of Conflict", *A Leadership Journal: Women in Leadership-Sharing the Vision*, 1996, Vol. 1, No. 1, pp. 9-20.

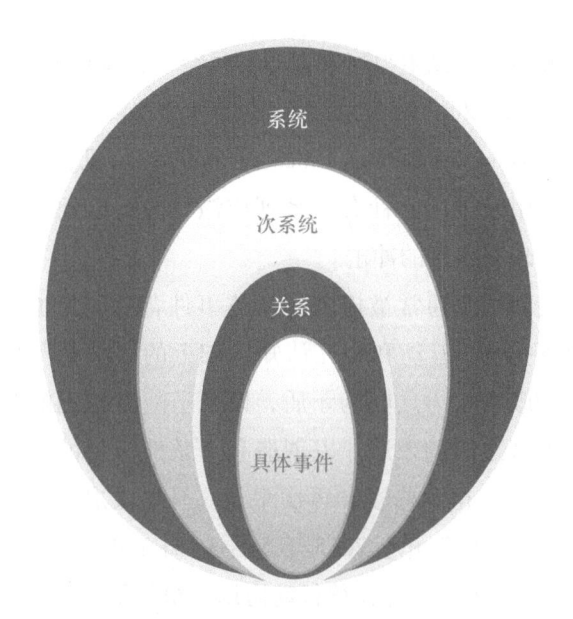

图 2-3　冲突的多层嵌套模式

资料来源：Maire Dugan, "A Nested Theory of Conflict", *A Leadership Journal: Women in Leadership-Sharing the Vision*, juillet 1996, Vol. 1, No. 1, pp. 9-20。

式。以 2012 年马里军事政变为例，阿马杜·哈亚·萨诺戈（Amadou Haya Sanogo）于 2012 年 3 月 21 日发动政变后立即成立了全国民主恢复与国家重建委员会（Comité national pour le redressement de la démocratie et la restauration de l'État, CNRDRE）。该委员会于 2012 年 3 月 27 日通过了临时宪法，对马里政府的合法性造成了冲击。阿扎瓦德全国解放运动单方面宣布阿扎瓦德地区的独立，马里中央政府失去了对吉达尔、加奥和通布图地区的掌控。[1] 这一违宪事件立即引发了国际社会的强烈反应和谴责。非洲联盟于 3 月 22 日在亚迪斯萨贝巴召开紧急会议。[2] 3 月 27 日，西非国家经济共同体的国家元首指定布基纳法索总统布莱斯·孔波雷为马里危机的调解人。4 月 2 日，西非国家经济共同体决定对马里临时政府

---

[1] Thierry Perret, *Mali: Une crise au Sahel*, Paris, Karthala, 2014, pp. 225-231.

[2] "Coup d'État au Mali: l'Union africaine se réunit en urgence à Addis-Abeba", http://www.rfi.fr/afrique/5min/20120323-mali-mutins-restent-isoles-politiquement-pillages-bamako/, May 10th, 2015.

采取制裁措施并对全国民主与国家重建委员会实行全面制裁。① 联合国安全理事会于2012年12月30日通过了2085号决议。根据决议，成立联合国马里行动（Mission des Nations Unies au Mali）。可见，马里政变这一具体事件发生后，引发了国际社会一系列应激反应，以期在第一时间消除或缓解该事件对现有秩序的冲击。

但是，冲突的根源通常被掩盖在具体事件背后。为了进一步实现和平稳定，需要深挖基于互动和相互认知基础上的"关系"层面。马里危机暴露了军人和政治权力之间的矛盾，以及圣战者控制的北方地区和首都所在的南方地区之间的矛盾。以创造和平条件为目的的调解和谈判应使这些矛盾"关系"得到修复和再次平衡。马里政府和北方的圣战组织于2015年5月14日草签并于2015年5月15日正式签署《阿尔及尔和平协议》。但由于反叛军"阿扎瓦德行动协调组织"缺席，协定成为流于形式的一纸空文。该协议扩大了地区议会权力并承认阿扎瓦德组织。但是，分离主义者、伊斯兰武装分子、图阿雷格人等参与方之间关系错综复杂、变换重组的关系使和平调解进程步履维艰。北方自治、马里军队重组、国家机构中北方族群的代表性问题等仍未得以解决。圣战运动的顽固抵抗以及伊斯兰基地组织的介入使关系的重组和分裂变得更加复杂。在这些复杂多样的"关系"中寻求平衡是走向和平的重要步骤。

社会体系的结构性不平等构成了冲突的制度性根源。这种情况下，建设和平应超越表面问题和关系层面，以改造社会经济环境。次系统和系统层面便涉及社会经济结构性改革。引发马里冲突的根源是社会经济结构性问题。20世纪90年代，法国总统密特朗在16届法非峰会上发表的"拉波尔演讲"（Discours de La Baule）中提出鼓励非洲国家建立多党民主制并对社会运动参与政治生活予以支持。马里总统穆萨·特拉奥雷（Moussa Traoré）迫于外部压力开始推行多党制。自此，马里开启了曲折的民主化道路。以私有化为目的的多项政治经济改革引发了社会动荡。

---

① 时任西非国家经济共同体主席、科特迪瓦国家主席瓦塔拉表示"将采取一切外交、经济、财政制裁措施直到马里的宪法秩序得以恢复"。"Nous avons demandé que l'embargo soit total"，http：//www.lemonde.fr/afrique/article/2012/04/02/la-cedeao-se-reunit-a-dakar-pour-evoquer-la-crise-malienne_1678862_3212.html#VfFolpBf6x7jxeRZ.99，May 10th，2015。

媒体和社会组织由于缺乏专业人才和机制的支撑，存在严重的腐败问题。民主化效果差强人意，违反民主的做法被表面的选举民主外衣所掩盖，构成了马里冲突的结构性根源。"失败国家"这一概念尽管存在很大争议，但可以在一定程度上反映出马里在国家建构中面临的困境以及国家能力建设中存在的脆弱性。具体表现为：国家大部分边界面临着内部和外部威胁，北方地区在发展进程中被边缘化，国家凝聚力日益削弱，民族国家身份认同难以形成，行政部门设置烦冗复杂，缺乏统一的国家发展规划，国家发展受制于国外援助等等。

针对现有问题，马里政府制定了全面的施政纲领，包括设立有公信力的中央和地方机构，保护国家领土内民众及其财产的安全，推行民族和解政策，振兴经济，促进社会发展，完善公共服务等方面。[1] 然而，该国家发展规划的实现需要推行深层的经济、社会及安全体制改革，建设和平在不改变现有体制的情况下难以实现。联合国秘书长在于 2015 年 3 月 27 日发表的关于马里国情的报告指出[2]，马里的安全境况依然十分脆弱，和平进程步履维艰。马里北方地区的基础设施遭到严重破坏，民众安全仍面临威胁，不安全感强烈。在该情况下，联合国马里行动的任务集中于马里人民内部的对话，安全和人民的保护，秩序的维护，人道援助，快速恢复经济等。政府与冲突相关方于 2015 年 5 月签署的和平协定是民族和解、长期改革发展等政策实施的先决条件，而如何进一步实施结构性改革将决定马里能否实现持久和平。

迈尔·杜根的多层嵌套模式阐释了冲突的不同层面及相应的解决方案。当冲突只是一个短暂、孤立的事件时，解决冲突的方法可以停留在具体事件层面，而无须对社会的运转体系进行改革。但是，若冲突性事件是社会关系破裂或者结构性经济政治问题的结果，冲突管理则不应局限于采取紧急应对措施，而须解决冲突结构性根源并将其转化为缔造和平的因素。就马里而言，既有必要确保《阿尔及尔协议》的履行，又须

---

[1] " IBK parviendra-t-il à le réaliser? ", http：//maliactu. net/programme-presidentiel-ibk-parviendra-t-il-a-le-realiser/, November 15th, 2015.

[2] Rapport du Secrétaire général sur la situation au Mali, Conseil de sécurité de l'ONU, S/2015/219, le 27 mai 2016.

通过结构性改革为真正的民族和解创造条件。

三 国别案例之塞内加尔

与马里和科特迪瓦爆发的暴力冲突相比，塞内加尔政治发展和社会生活的稳定性较强。尽管自20世纪80年代以来卡萨芒斯地区分离主义运动比较活跃，但没有对塞内加尔中央政府的统治和领土的完整性造成实质性威胁。塞内加尔较为平稳的政治发展历程与其殖民时期特殊的历史地位以及独立后实行的政治制度密切相关。此外，较为和谐包容的民族宗教关系构成了塞内加尔政治社会稳定的又一保障。虽然塞内加尔民主政治制度存在一定瑕疵甚至动荡隐患，但是塞内加尔政治发展呈现出螺旋式上升的良好态势。塞内加尔政治发展历程有何特殊性？为何塞内加尔社会的和平稳定能够不断加固？对塞内加尔案例的分析是研究另外两个对象国的有益参照物。

（一）政治制度的平稳转型

平稳的政治制度转型为塞内加尔的稳定奠定了良好基础。塞内加尔政治制度经历了由"统一"政党（事实上的一党制）转为"有限多党制"，再到全面开放多党制的演变过程。从"一党制"到"多党制"的转型过程虽然有外部环境的促进作用，但更是塞内加尔政府鉴于当时的国内政治形势对政治制度主动进行的改革。因此，塞内加尔政府对这一转变总体上有一定把控，这避免了在转变过程中出现激烈的社会动荡和军事政变。

塞内加尔独立后，尽管"多党"一词没有从宪法中被剔除，但是势力日益壮大的塞内加尔民主阵营（后更名为塞内加尔进步联盟）逐渐发展成为事实上的唯一合法政党，并且其绝对主导地位在建国初期逐步得到巩固和加强。民族独立初期实行一党制有利于巩固新生政权，维护政局稳定，提高执政效率和社会凝聚力。但是，一党制的弊端也日益凸显。经济下行、生活成本过高使得百姓对政治改革的诉求越来越强、对政治自由的呼声越来越高。1968年和1969年，在主要城市爆发了大规模的大学生和工会抗议运动。[1] 城市运动对农村有溢出效应，花生成交价走低、

---

[1] Amady Aly Dieng, "Le parti unique et les pays d'Afrique noire, le cas du Sénégal," *Présence Africaine*, 2012, No. 185 – 196, pp. 195 – 207.

气候连年干旱更加剧了农民对政府的不满。社会矛盾集中爆发，集权的政治制度不能继续保证国家对社会的管理和控制，政治改革迫在眉睫。在这一背景下，桑戈尔不得不从1974年起逐渐放松对政党的管制，赋予其他政党一定的合法性。塞内加尔成为多党制，由于对反对党数量上有所限制，因此是"有限多党制"[1]。1981年1月，桑戈尔总统主动引退，将职务移交给时任总理迪乌夫。迪乌夫总统为了巩固民众对他的支持，加大民主改革力度，于1981年彻底解禁了对反对党的限制。迪乌夫进一步完善多党制，巩固民主的开放性。1981年4月通过的宪法修订案取消了对政党的数目及意识形态的限制，仅规定政党活动必须在宪法的框架内，并且尊重国家主权，践行民主原则。至此，塞内加尔成为全面多党制国家[2]。

（二）宗教组织等社会力量的积极作用

近年来，受地区政治经济形势和伊斯兰主义国际化趋势的影响，西非地区面临着宗教极端化的安全威胁。由于塞内加尔伊斯兰教义倡导宽容、和平与中庸，兄弟会在社会、文化、政治和经济领域发挥着稳定和协调作用，塞内加尔成为不稳定之弧中的"安全岛"。

伊斯兰教引入非洲并与本土宗教相融合是一个漫长的过程，在这一过程中产生了新的社会关系网络。伊斯兰教于11世纪由毛里塔尼亚传入塞内加尔，起先主要在富塔—托洛地区（Fouta-Toro，即塞内加尔和两岸地区）传播，当时仅受到王室家族的信奉。直到17世纪与18世纪，普通百姓才开始逐渐接触伊斯兰教。19世纪末，逐渐建立起以苏非兄弟会为中心的伊斯兰教组织体系。塞内加尔伊斯兰教是伊斯兰苏非教义和非洲政治哲学融合的产物，并不拘泥于教士（Ulama）制定的严格教规，而更近似于泛神论主义传统，即对神的崇拜。对教会组织以及宗教领袖马拉布特（Marabouts）的尊重和敬仰是宗教崇拜的实现途径和媒介。

宗教不仅渗透在塞内加尔民众的日常生活中，深刻地影响着人民的

---

[1] Robert Fatton Jr, *The Making of a Liberal Democracy, Senegal's Passive Revolution* 1975 – 1985, Boulder & London: Lynne Rienner Publishers, 1987, p. 7. 作者将"有限多党制"看作是塞内加尔民主化的第一阶段。

[2] Abdou Diouf, "Sénégal, vers une réelle démocratie", *Revue des Deux Mondes*, 1992, pp. 148 – 153.

生活方式，而且塑造着塞内加尔的政治生态。伊斯兰教认为尘世间的权势名利是肮脏污浊的，主张与权势保持距离。因此，伊斯兰教对权势有一种与生俱来的批判精神，对君主一直保持警惕和不信任的态度，成为民众对贵族表达不满的重要渠道和方式。伊斯兰教导师不仅因为精通伊斯兰教教义而成为"神的使者"（hommes de Dieu），而且作为先知穆罕默德在世俗社会的代表，通过其宗教和政治的双重身份发挥着确保社会稳定运转、维护社会正义的作用。

伊斯兰教不仅仅是宗教信仰，而且代表了特殊的政治文化，推动着塞内加尔社会的演变。以马拉布特为基础的宗教体系的建立和发展过程，也是塞社会重塑的过程。[1] 从伊斯兰教传入塞内加尔，到法国殖民统治时期，再到塞内加尔民族独立后，以苏非兄弟会为基础架构的伊斯兰教管理体系灵活地适应了塞内加尔经济、政治和社会变迁，在倡导建设发展型国家，实现国家现代化的今天，马拉布特教长制度作为动员社会力量、协调社会关系的重要渠道依旧发挥着重要作用。一方面，宗教领袖与信徒之间的依附关系，作为塞内加尔社会契约表现形式，维护着社会和谐；另一方面，宗教势力与政权的复杂交织维系着政治经济利益分配的基本平衡。

（三）世俗社会组织表达社会诉求、促进社会融合作用

具体体现在以下四个方面：其一，较早形成的公民意识和社会团体为独立后的国家现代化进程提供了思想条件和实践基础。塞内加尔在法属殖民地中的特殊地位使该国较早形成了公民意识和社会团体。公民权利的行使提高了塞内加尔本土精英和民众的政治参与感和权利意识。这些接受过西方高等教育的精英既是地方政府的代表，又是社会组织的核心力量。他们构成了"前政治网络"，在争取民族独立过程中积累了斗争经验和政治资源，成为民族独立的思想和实践先驱，为在独立后掌握国家机器的控制权积蓄了力量。其二，社会组织成为表达社会诉求、监督国家权力的渠道之一。社会组织通常被认为具有"反权势"性质，即代表民众发挥制衡政府的作用。塞内加尔社会组织同样发挥着"引导和启

---

[1] Christian Coulon, *Le marabout et le prince*, *Islam et pouvoir au Sénégal*, Paris, Pedone, 1981, pp. 208 – 262.

发民众、监督国家权力"的作用。社会组织的"反权势"特点日益突出，成为塞内加尔政治生活中不可忽视的制衡力量。其三，作为现代社会关系网的重要组成部分，社会组织有利于促进社会融合。随着社团网络的普遍化和多元化，社团组织为民众提供除家族、族群、宗教以外的归属感，成为建立现代社会关系的有效渠道，有利于巩固社会稳定。其四，社会组织成为国家实现政治控制、域外行为体施加政治影响的空间。社会组织不仅是社会力量的整合，而且成为重要的政治行为体。

（四）合理平衡的民族宗教政策

尽管国家制度是社会力量对比的反映结果，但不可否认的是国家制度的民主导向在一定程度上塑造着社会的形态。塞内加尔独立以来实行政教分离制度。"平等尊重、保持适度距离"（equal respect, proportionate equidistance）是桑戈尔总统以来对待民族宗教问题的基本原则。每届政府试图在维护国家世俗性质的同时鼓励不同宗教人士之间在公开场合展开对话。[①] 尽管瓦德政府试图从宪法中剔除"政教分离"字眼，但是相关宪法草案最终因社会各界的反对而被否决。[②] 宗教人士珍视宗教信仰自由的社会氛围，维护国家的世俗性，有效避免了宗教极端主义思想在塞内加尔的蔓延。自由包容的社会氛围内化为宗教信仰者的思想认同和日常生活中。另外，塞内加尔宪法明确"禁止政党和政党联盟同化为某一种族、民族、性别、宗教、宗教派别、语言或地区的政党和政党联盟"。这有助于塞内加尔国民形成较为统一的国家观念，避免不同身份认同群体之间的冲突。倡导民族融合的语言宗教政策营造了包容的社会氛围，避免了塞内加尔因身份认同问题引起的社会分裂。宪法保障公民的言论自由、结社自由等公共自由，赋予塞内加尔公民较高的政治参与自由度。

通过对塞内加尔民主政治制度和社会层面的分析，可以看出塞内加尔作为法国在撒哈拉以南非洲的第一个殖民地，其民主政治的确立和演变较其他法国殖民地有一定的共性和特性。与大多数法国殖民地一样，塞内加尔自民族独立以来，经历了结构调整计划和民主化浪潮，巩固了

---

① Laura L. Cochrane, *Everyday Faith in Sufi Senegal*, New York: Routledge, 2017, pp. 42–55.

② David T. Buckley, *Faithful to Secularism, the Religious Politics of Democracy in Ireland, Senegal, and the Philippines*, New York: Columbia University Press, 2016, pp. 106–132.

以多党选举制为特征的政治制度。但由于历史、民族、宗教等方面原因，塞内加尔民主化进程呈现一定特殊性，其政治发展的轨迹较为平稳，具有较为和谐的社会关系。

但是，塞内加尔尚未实现真正的和平，社会政治矛盾仍然尖锐，冲突风险依旧存在。2022年以来，塞内加尔政治局势总体趋紧，经济社会发展持续承压，传统安全与非传统安全威胁并存。政治方面，反对党通过缔结政治联盟的方式在地方选举、立法选举中缩小了与执政党联盟的差距，竞争能力明显增强。面对2024年总统大选压力，塞内加尔政治生态对抗性日益突出，街头抗议频次有所上升。经济社会方面，后疫情时代塞内加尔经济回温缓慢，支柱产业发展前景喜忧参半。通货膨胀率居高不下，居民生活成本、失业率持续攀升，造成居民生活水平难以提升。公共事件频发导致民众对政府的信任度下降。安全方面，塞内加尔政府通过军事行动大大削弱了"卡萨芒斯民主力量运动"的存在，但双方政治和谈仍难有进展。塞内加尔边境还面临恐怖主义、跨国非法贸易等非传统安全威胁。塞内加尔当前所面临的安全威胁具有复合性特征，经济社会发展不平衡是塞内加尔面临多重安全威胁的主要原因。塞内加尔政府制定了军事打击和经济发展相结合的综合策略以预防未来可能出现的安全风险，但其实施成效仍以持续稳定和发展为前提。

本节试图阐明和平与建设和平概念的内涵及外延。人们通常认为战争的停止象征着和平的建立，只有通过和平缺失时遭受的痛苦才能感知其存在。战争被看作人类应与之抗争的敌人，人类社会一直在探索建立持久和平的路径。但是，战争与和平就像一枚硬币的两面，社会的齿轮在它们之间的摇摆和转化中不断前进。战争的可能性一直存在，但这并不意味着放弃对和平的追寻。相反，追求和平的信念应该更加炙热，因为建设和平不仅仅是暴力和战争的缺失，更是对社会关系的平衡与体系调整的永恒探索。各方参与者需要发挥其职能、技术以及优势参与到建设和平进程之中。尽管各方力量建设和平的努力已在研究对象国上初见成效，但是多重障碍依然长期存在。

第 三 章

中国在非洲建设和平中的作用

在明晰了冲突与和平两个概念后,本章将引入中国和法语国家组织这两个行为体,在分析中国和法语国家组织的行动目标和模式的同时探寻二者在建设和平作用的异同以及存在的互补性。

第一节　中国在建设和平领域的原则和政策

一　中国对非政策和原则的历史延续性

中国与非洲的交往源远流长。早在公元前 2 世纪的汉朝,非洲文明古国埃及就和中国有了间接的交往和海上贸易。[①] 明朝时,郑和带领的船队直抵非洲东部海岸索马里和肯尼亚,对非洲进行正式访问。[②] 近代以来,中国和非洲都经历了西方殖民侵略或统治。"非洲和中国有过共同的遭遇,都挨过帝国主义的打。"[③] 共同的历史遭遇使中国和非洲对彼此的诉求感同身受。马里总统莫迪博·凯塔曾说:"只有中国人才容易理解我们非洲人受殖民主义者长期压迫、剥削,要求独立,要求解放的心情,因此,他们能给我们真正的,无私的援助。"[④] 新中国成立后,中国大力

[①] 陈公元:《古代非洲与中国的友好交往》,商务印书馆1985年版,第1页。
[②] 李新烽:《非洲踏寻郑和路》,中国社会科学出版社2013年版。
[③] 《陈毅同志1964年关于访问亚洲、非洲十四国和参加第二次亚洲会议的情况的报告》,1964年,建国后档案,档案号:123-1-6135。
[④] 《陈毅同志1964年关于访问亚洲、非洲十四国和参加第二次亚洲会议的情况的报告》,1964年,建国后档案,档案号:123-1-6135。

支持非洲民族解放运动，支持非洲反帝、反殖、反种族主义斗争。非洲争取民族独立解放的革命精神同样鼓舞着中国反帝国主义事业。因为"亚非拉人民的民族独立运动能把帝国主义牵制住，使帝国主义不能发动战争"，[①]为中国的稳定和发展提供了良好的外部环境。

新中国成立初期，中国与非洲国家建交帮助中国在缺少国际支援的情况下打破了西方国家的孤立政策，为中国在国际上开展外交工作打开了新局面。1971年，非洲鼎力支持中国加入联合国，维护了中国的国际地位。作为第三世界国家的代表，中国在国际舞台上维护非洲人民的共同利益。21世纪，中非全方位的合作关系有着深远的战略意义，"中非命运共同体"理念发展成为全球治理的典范。经济上，中国愿意让非洲国家搭上中国发展的便车，在互利共赢中谋求共同发展。非洲国家的资源、人口、市场禀赋也为中国发展注入新的活力。2009年，中国取代美国和欧洲，成为非洲最重要的贸易伙伴，中国对非直接经济投资也不断增长。政治上，2000年，中非合作论坛成立，成为中非合作的重要框架和机制性对话平台。2015年，中非关系提升为"全面战略合作伙伴关系"。同属于南方国家的中国和非洲对国际秩序改革有着共同诉求。中非关系的影响力超出了中非关系的范畴，正在拉动中国外交全局，并深刻影响着国际形势的演变。中非人民正在为建设多极化世界，构建更加公正合理的国际政治经济新秩序而共同努力。多年来，中国对非政策随着时代的发展经历了一些调整变化，但是中非合作的原则没有改变。中国对非政策遵循的原则是什么？中非合作项目是如何凸显这些原则的？中国如何帮助非洲国家走出危机？本节将试图回答这些问题。

1949年新中国成立以来，中国开展对非关系所遵循的原则没有发生明显变化，但根据时代要求和中非关系的演进进行了调整。回顾中国对非政策和原则有助于分析和总结中国对非关系中的变与不变，理解和认识中国在非洲建设和平中坚持的原则和采取的路径。

（一）20世纪50年代，和平共处五项原则

1953年12月，周恩来总理在接见中印双方政府代表团全体成员时首

[①]《陈毅同志1964年关于访问亚洲、非洲十四国和参加第二次亚洲会议的情况的报告》，1964年，建国后档案，档案号：123-1-6135。

次系统地提出和平共处五项原则：互相尊重主权和领土完整、互不侵犯、互不干涉内政、平等互利、和平共处。和平共处五项原则得到了印度和缅甸政府的积极响应和共同倡导，最终于 1955 年在印度尼西亚举行的万隆会议上正式发布。和平共处五项原则是在冷战的背景下提出的，帮助非洲国家在内的不结盟国家避免卷入冷战，免受两个超级大国的霸权主义干涉，成为中国对外政策的基石和中国外交理论的核心内容。① 中国不跟随美国和苏联，为反对帝国主义和殖民主义积极抗争。毛泽东同志所提出的"第三世界"理论②为中国建立区别于美苏争霸政策的中间政策，团结非洲人民提供了坚实依据，为广大发展中国家认识国际格局提供了新框架。

（二）中国处理同阿拉伯国家和非洲国家关系的五项原则和对外经济技术援助八项原则

1963 年 12 月至 1964 年 2 月，周恩来总理在陈毅副总理的陪同下，应邀访问了埃及、阿尔及利亚、摩洛哥、突尼斯、加纳、马里、几内亚、苏丹、埃塞俄比亚和索马里非洲十国，提出了中国处理同阿拉伯国家和非洲国家关系的五项原则。③ 第一，支持非洲和阿拉伯各国人民反对帝国主义和新老殖民主义，争取和维护民族独立的斗争；第二，支持非洲和阿拉伯各国政府奉行和平中立的不结盟政策；第三，支持非洲和阿拉伯各国人民用自己选择的方式实现统一和团结的愿望；第四，支持非洲和阿拉伯国家通过和平协商解决彼此之间的争端；第五，主张非洲国家和阿拉伯国家的主权应得到一切其他国家的尊重，反对来自任何方面的侵犯和干涉。中非关系五项原则不仅在当时表达了亚非新独立国家的强烈愿望，并且为中国对非政策奠定了基础，指引着中非关系的发展方向，成为建立公平、公正、合理的国际政治新秩序的先声和范例。中国在坚定不移地鼓励和帮助非洲国家独立运动的同时，坚守援助的中立性和不

---

① 徐坚：《中国共产党的国际关系理论创新——从和平共处五项原则到人类命运共同体》，《外交评论》2021 年第 4 期。

② 毛泽东：《关于三个世界划分问题》，《毛泽东文集》第八卷，人民出版社 1999 年版，第 441—442 页。

③ John K. Cooley, *East Wind over Africa: Red China's African Offensive*, New York, Walker and Company, 1965, pp. 224 – 225.

干涉内政的政治底线。

此行期间，周恩来总理还提出对外经济技术援助八项原则[①]：第一，中国政府一贯根据平等互利的原则对外提供援助，从来不把这种援助看作是单方面的赐予，而认为援助是相互的。第二，中国政府在对外提供援助的时候，严格尊重受援国的主权，绝不附带任何条件，绝不要求任何特权。第三，中国政府以无息或者低息贷款的方式提供经济援助，在需要的时候延长还款期限，以尽量减少受援国的负担。第四，中国政府对外提供援助的目的，不是造成受援国对中国的依赖，而是帮助受援国逐步走上自力更生、经济上独立发展的道路。第五，中国政府帮助受援国建设的项目，力求投资少，收效快，使受援国政府能够增加收入，积累资金。第六，中国政府提供自己所能生产的、质量最好的设备和物资，并且根据国际市场的价格议价。如果中国政府所提供的设备和物资不合乎商定的规格和质量，中国政府保证退换。第七，中国政府对外提供任何一种技术援助的时候，保证做到使受援国的人员充分掌握这种技术。第八，中国政府派到受援国帮助进行建设的专家，同受援国自己的专家享受同样的物质待遇，不容许有任何特殊的要求和享受。这八项原则总结了中国接受他国援助和向他国提供援助的切身体会和教训，使中国对外经济援助的原则理论化、系统化、方针化，在非洲国家产生了很大影响。[②]

（三）1996年中非关系的五点建议

1996年5月13日，在埃塞俄比亚访问期间，江泽民主席应邀在非洲统一组织总部发表了题为《为中非友好创立新的历史丰碑》的主旨演讲，提出发展面向21世纪长期稳定、全面合作中非关系的五点建议：第一，真诚友好，彼此成为可以信赖的"全天候朋友"；第二，平等相待，相互尊重主权，互不干涉内政；第三，互利互惠，谋求共同发展；第四，加强磋商，在国际事务中密切合作；第五，面向未来，创造一个更加美好

---

① John K. Cooley, *East Wind over Africa: Red China's African Offensive*, New York, Walker and Company, 1965, pp. 224 - 225.

② 陆苗耕：《周恩来访问非洲十国》，《百年潮》2015年第2期。

的世界。① 关于中非经贸合作关系，江泽民主席宣布："中国坚定不移地支持非洲国家发展经济的努力，继续提供力所能及、不附加任何政治条件的政府援助；双方积极配合，通过合资、合作等方式振兴中国提供的传统援助项目；鼓励双方企业间的合作，特别要推动有一定实力的中国企业、公司到非洲开展不同规模、领域广泛、形式多样的互利合作，在合作中坚持守约、保质、重义等原则；拓宽贸易渠道，增加从非洲的进口，以促进中非贸易均衡、迅速发展。"江泽民主席访非期间，中国同非洲6国签订20多个经济、技术、贸易或文化合作协定，将新时期中非合作推向又一个高潮。

（四）2006年1月出台《中国对非洲政策文件》

2006年，正值中国与非洲国家开启外交关系50年之际，国际形势和中非各自情况发生了深刻变化，中非合作在各个领域迅猛发展，中非双方希望在新的历史条件下进一步发扬中非友好传统、加深合作。在这一历史背景下，中国政府认识到重新审视中非关系的必要性，决定发表《中国对非洲政策文件》。

在2006年1月出台的《中国对非洲政策文件》是中国政府首次发表专门针对非洲的政策文件，是中国政府一项重要的外交行动，确立了中国对非政策的总体原则和目标[2]。《中国对非洲政策文件》首次明确提出"全方位"合作的概念，推动国际社会关注非洲和平与发展问题，为中非双方加强平等互利合作，谋求共同发展奠定基础。文件回顾了中非友好的历程，阐述了中国对非洲地位和作用的看法，全面规划了新时期中非在政治、经济、文化、社会等各领域的友好合作。文件提出，中国政府从中国人民和非洲人民的根本利益出发，致力于建立和发展中非间政治上平等互信、经济上合作共赢、文化上交流互鉴的新型战略伙伴关系。[3] 其主要内容包括：真诚友好，平等相待。坚持和平共处五项原则，尊重非洲国家自主选择发展道路，支持非洲国家联合自强；互利互惠，

---

① 王振川主编：《中国改革开放新时期年鉴》，中国民主法制出版社1996年版，第436—437页。
② 《中国对非洲政策文件》，中华人民共和国外交部，2006年1月12日。
③ 《中国对非洲政策文件》，《人民日报》2006年1月13日第1版。

共同繁荣。支持非洲国家发展经济、建设国家,同非洲国家开展形式多样的经贸及社会发展领域的合作,促进共同发展;相互支持,密切配合。加强与非洲在联合国等多边机制内的合作,支持彼此正当要求与合理主张;继续推动国际社会重视非洲的和平与发展;相互学习,共谋发展。相互学习借鉴治国理政和发展的经验,加强科教文卫领域的交流合作,支持非洲国家加强能力建设,共同探索可持续发展之路。

(五) 2015年12月出台的《中国对非洲政策文件》

为了进一步明确中国致力于发展对非友好合作关系的坚定决心和良好意愿,中国政府在10年之后,发表第二份对非洲政策文件,全面阐述新形势下中国对非洲政策新理念、新主张、新举措,以指导今后一段时期中非各领域交流合作。

文件阐述了中非全面战略合作伙伴关系的建立和发展,指出巩固和夯实中非命运共同体的重要性。文件强调,加强同非洲国家的团结与合作,始终是中国独立自主和平外交政策的重要基石,是中国长期坚定的战略选择。新形势下,中国将秉持真实亲诚对非政策方针和正确义利观,推动中非友好互利合作实现新的跨越式发展。根据上述理念主张,文件从增强政治互信、深化国际事务合作、深化经贸合作、加强中非发展合作、深化和扩大人文领域交流与合作、促进非洲和平与安全以及加强领事、移民、司法、警务领域交流与合作七个方面,阐述了中国推动中非合作全面发展的政策举措。①

(六) 2021年发表的《新时代的中非合作》白皮书

进入新时代,习近平主席提出真实亲诚对非政策理念和正确义利观,为新时代对非合作指明了前进方向、提供了根本遵循。习近平主席在2021年11月举行的中非合作论坛北京峰会上同非洲领导人一致决定,构建更加紧密的中非命运共同体,深入推进中非共建"一带一路"合作,在中非关系史上树立了新的里程碑。② 为介绍新时代中非合作成果,展望未来中非合作前景,国务院新闻办公室发表《新时代的中非合作》白

---

① 《中国对非洲政策文件》,《人民日报》2015年12月5日第4版。
② 参见《习近平出席中非合作论坛第八届部长级会议开幕式并发表主旨演讲》,《人民日报》2021年11月30日第1版。

皮书。

白皮书全面阐述新时代中国对非政策理念，指出"真、实、亲、诚"和正确义利观高度凝练和概括了中国对非政策理念，体现了中国优秀文化的道德精髓，融入了中非传统友谊的历史积淀，树立了国际对非合作的时代标杆，是中国加强同包括非洲在内的发展中国家团结合作的总体指导原则。中国在对非合作中始终践行"四个坚持"和"五不"原则，形成了一条特色鲜明的中非合作共赢之路。这些原则符合中国"己所不欲，勿施于人"的传统理念，契合非洲国家的根本利益和国际关系的基本准则，是中非团结合作的本质特征，对国际对非合作具有重要借鉴意义。白皮书再次强调了中非双方就携手打造"责任共担、合作共赢、幸福共享、文化共兴、安全共筑、和谐共生"的中非命运共同体达成战略共识，指出这是中非命运共同体基本纲领，是中非双方共同奋斗的宏伟目标，为新时代中非合作规划了路径。

可见，中国对非关系的原则与立场呈现出一定的延续性。长期以来，和平共处五项原则是中国对外关系的基本原则和行为准则。第三世界是中国与发展中国家保持友好关系的战略空间。平等互利决定了中非合作的性质和基础。一个中国原则是中国同非洲国家及地区组织建立和发展关系的政治基础。中国政府赞赏绝大多数非洲国家恪守一个中国原则，不同台湾发展官方关系和官方往来，支持中国统一大业。中国愿在一个中国原则基础上与未建交国建立和发展国家关系。尽管中国在对非政策上力求保持一贯性原则，但是根据形势变化中国对非政策也经历了一定变化。如，在冷战时期，中非关系更多表现为政治支持。而后冷战时期，重点转为经济合作等。

二 新时代中国对非政策的理念与指导原则

在建设和发展中国特色社会主义的新时代，中非命运共同体是中国新时代外交理论和实践创新的重要成果。中非命运共同体不仅开创了区域共同体理念的先河，而且为人类命运共同体的提出作出理论铺垫。与此同时，一系列有关中非关系的重要理念，引领中非关系乃至国际关系的发展方向，为中非命运共同体建设提供理论和政策支撑。其中主要包括："真实亲诚"理念，正确义利观，坚持相互尊重、共同发展以及"五不""四不能"原则。

（一）中非命运共同体

中非友谊源远流长，新时代中非友好合作深入发展，共同构建更加紧密的中非命运共同体。中非命运共同体不仅引领着中非关系深入推进，而且为推动构建人类命运共同体树立了典范。

2013年3月25日，习近平主席在坦桑尼亚尼雷尔国际会议中心发表了题为《永远做可靠朋友和真诚伙伴》的重要演讲。习近平主席在演讲中回顾了中非友好的历史，并首次提出"中非从来都是命运共同体"。[①]中非关系如同兄弟情谊，具有"共同的历史经历、共同的发展任务、共同的战略意义"，因而是一对命运共同体。由于中国和非洲有着共同的历史命运和天然的亲近感，更紧密的历史联系使中非命运共同体具备更优越更成熟的条件。中非命运共同体是人类命运共同体的重要组成部分。中国和非洲作为最大的发展中国家和发展中国家最集中的大陆，是构建人类命运共同体的坚实基础。习近平主席在出席博鳌论坛、亚非会议等多边会议以及访问世界其他地区时多次提及"命运共同体"这个概念。中非命运共同体不仅已成为引领中非合作不断发展的一面旗帜，而且在国际合作的理论和实践创新中发挥着示范性作用。

2018年9月，习近平主席在中非合作论坛北京峰会开幕式上发表了题为《携手共命运 同心促发展》的演讲，再次提出"共筑更加紧密的中非命运共同体，为推动构建人类命运共同体树立典范"，并进一步阐释了中非命运共同体的思想内涵，即携手打造责任共担、合作共赢、幸福共享、文化共兴、安全共筑、和谐共生的中非命运共同体。[②]责任共担，指中非双方要共同承担国际责任，在事关双方核心利益和重大关切问题上，要坚持互相理解、相互支持。[③]加强在联合国等多边机制内的相互信任、合作和支持。[④]合作共赢是指中非发展合作始终遵循合作共赢、共同发展的原则。充分发挥中非双方的互补优势，为彼此提供更多的公共产

[①]《永远做可靠朋友和真诚伙伴》，《人民日报》2013年3月26日第1版。
[②] 习近平：《携手共命运 同心促发展》，《人民日报》2018年9月4日第2版。
[③] 习近平：《开启中非合作共赢、共同发展的新时代》，《人民日报》2015年12月5日第2版。
[④] 习近平：《推进中非新型战略伙伴关系新发展》，《人民日报》2012年7月11日第3版。

品和发展机遇。幸福共享指中非合作以实现中非人民福祉为目的，改善民生是大力发展生产的题中之义。文化共兴是中非双方要在相互尊重、平等相待的基础上，互学互鉴，实现文化上的共同繁荣。安全共筑指中非双方加强和平安全领域的务实合作，为非洲大陆的和平安全发挥积极作用。和谐共生指中非合作"不会以牺牲非洲的生态环境和长远利益为代价"①，中资企业将重视履行社会责任，保护非洲的生态环境。

习近平主席从战略利益、经济合作、民生发展、文明互鉴、和平安全、生态环保的角度阐明了中非命运共同体的内涵。在战略利益方面，中国与非洲扩大各层级对话和政策沟通，致力于维护中非和广大发展中国家共同利益，并在彼此核心利益和重大关切问题上相互支持。在经济合作方面，加强中非发展战略对接，把"一带一路"建设同落实非洲联盟《2063年议程》、联合国《2030年可持续发展议程》以及非洲各国发展战略相互对接，开拓新的合作空间，在发挥传统优势的基础上拓展新的经济合作领域。在民生发展方面，中非合作最终的目的是要实现中非人民的福祉，给中非人民带来成果和实惠。减贫发展、就业创收、安居乐业将是中国和非洲加强合作的重点发展方向，为实现均衡发展和共同富裕创造条件。文明互鉴方面，通过扩大文化艺术、教育体育、智库传媒、妇女青年等各界人员交往，促进中非文明交流互鉴、交融共存，为中非合作提供更深厚的精神滋养，为世界文明多样化作出更大贡献。在和平安全方面，中国主张共同、综合、合作、可持续的新安全观，支持非洲国家和地区组织以非洲方式解决非洲问题，为促进非洲和平稳定发挥建设性作用，支持非洲国家提升自主维稳维和能力。在生态环保方面。中非倡导绿色、低碳、循环、可持续的发展方式，加强在应对气候变化、应用清洁能源、防控荒漠化和水土流失、保护野生动植物等领域交流合作，共创人与自然和睦相处的美好家园。

中非命运共同体体现出中国全球治理观的要义。中国和非洲倡导全球治理体系的变革，使其更加平衡地反映大多数国家特别是新兴市场国家和发展中国家的意愿和利益。习近平主席强调："什么样的国际秩序和

---

① 王毅：《承前启后 继往开来——推动中非友好合作全面发展》，《人民日报》2015年11月27日第21版。

全球治理体系对世界好、对世界各国人民好，要由各国人民商量，不能由一家说了算，不能由少数人说了算。"[1] 中国提出的全球治理观不同于西方国家。中国强调全球治理中的共同责任和共同意愿，而西方国家则倾向于价值观念的单方面输出甚至是直接的军事干预。非洲国家传统安全与非传统安全重叠交织，各方面治理问题较为突出集中，常成为西方国家干涉、输出其价值观的对象。中非命运共同体理念的提出将中国和非洲的命运联系在一起，使中国和非洲更明确地传递其理念和立场，使国际社会更清晰地听到中国和非洲的声音和诉求。

（二）"真实亲诚"理念

习近平主席2013年3月25日在坦桑尼亚尼雷尔国际会议中心发表演讲时全面阐述了中非关系以及中国对非政策主张，以"真、实、亲、诚"四字概括中国对非关系，特别强调中非合作的互利共赢性质。他表示："中非关系正站在新的历史起点上，具备天时、地利、人和的优势……推进中非合作是双方人民共同心愿，是大势所趋、人心所向。""真实亲诚"是中国对非政策理念的高度概括，体现了中国优秀文化的道德精髓，融入了中非传统友谊的历史积淀，树立了国际对非合作的时代标杆，是中国加强同包括非洲在内的发展中国家团结合作的总体指导原则。[2]

"真实亲诚"的主要内涵是：第一，对待非洲朋友，讲一个"真"字。发展同非洲国家的团结合作是中国对外政策的重要基石，这一点绝不会因为中国自身发展和国际地位提高而发生变化。中国将继续坚定支持非洲自主解决本地区问题的努力，为促进非洲和平与安全作出更大贡献。中国将继续坚定支持非洲国家探索适合本国国情的发展道路，加强同非洲国家在治国理政方面的经验交流，支持非洲走联合自强之路，推动非洲和平与发展事业。第二，开展对非合作，讲一个"实"字。中国致力于把自身发展同非洲发展紧密联系起来，把中国人民利益同非洲人民利益紧密结合起来，把中国发展机遇同非洲发展机遇紧密融合起来。只要是中方作出的承诺，就一定会不折不扣落到实处。随着中国经济实力和综合国力不断提高，中国将继续为非洲发展提供应有的、不附加任

---

[1] 《十七、推动构建人类命运共同体》，《人民日报》2019年8月14日第6版。
[2] 习近平：《中非永远做可靠朋友和真诚伙伴》，《人民日报》2013年3月26日第1版。

何政治条件的帮助。第三，加强中非友好，讲一个"亲"字。中国人民和非洲人民有着天然的亲近感。更加重视中非人文交流，增进中非人民的相互了解和认知，厚植中非友好事业的社会基础。积极推动青年交流，使中非友好事业后继有人，永葆青春和活力。第四，解决合作中的问题，讲一个"诚"字。中方坦诚面对中非关系面临的新情况新问题，本着相互尊重、合作共赢的精神加以妥善解决出现的问题。[①]

"真实亲诚"理念既是中国外交理论的突破创新，又是中国外交实践的集中体现。"真实亲诚"理念是针对中非关系提出的，也与中国外交战略遵守的总体原则保持一致。充分尊重非洲人民的尊严和自主性是中国外交原则不干涉他国内政的具体体现。"真实亲诚"四个字凝聚了中国对待中非关系的真心实意，使非洲国家和人民切实地感受到中国对待非洲朋友的尊重和真诚。"真实亲诚"着眼于"实效"。中国关心、帮助非洲的发展不是空谈，而是实实在在的合作。中非充分发挥经济互补优势，切实开展合作，助力中非经济增长实现共同发展。"真实亲诚"直面中非关系中存在的问题，并以坦诚的态度解决。中方愿与非洲国家一道，采取切实措施，妥善解决中非经贸合作中存在的问题，使非洲国家从合作中更多受益。总之，"真实亲诚"四个字体现了中国十分珍视中非传统友谊，并且愿与非洲做永远的朋友的意愿。

(三) 正确义利观

正确义利观是于2013年3月提出并于党的十八大以后确立的治国方针理论。正确义利观继承了中国外交的优良传统，是当代中国外交立场的体现。"君子喻于义，小人喻于利"，自古是中国人推崇的道德准则。这种义利观深刻影响着中国的外交实践。正确对待和处理"义"与"利"的关系，重视道义与责任，成为新中国外交的一个鲜明特色。

2014年11月习近平主席在中央外事工作会议上表示强调建立以合作共赢为核心的新型国际关系，提出和贯彻正确义利观，倡导共同、综合、合作、可持续的安全观，推动构建新型大国关系，提出和践行亲诚惠容的周边外交理念、真实亲诚的对非工作方针。习近平主席强调"要坚持

---

① 习近平：《中非永远做可靠朋友和真诚伙伴》，《人民日报》2013年3月26日第1版。

正确义利观,做到义利兼顾,要讲信义、重情义、扬正义、树道义。"①正确义利观代表着习近平主席治国理政、处理内政外交各种关系,化解各种利益矛盾,解决利益纷争,追求和谐共赢的精湛智慧和价值理念。②习近平主席指出:"义,反映的是我们的一个理念,共产党人、社会主义国家的理念。这个世界上一部分人过得很好,一部分人过得很不好,不是个好现象。真正的快乐幸福是大家共同快乐、共同幸福。我们希望全世界共同发展,特别是希望广大发展中国家加快发展。利,就是要恪守互利共赢原则,不搞我赢你输,要实现双赢。我们有义务对贫穷的国家给予力所能及的帮助,有时甚至要重义轻利、舍利取义,绝不能惟利是图、斤斤计较。"③习近平主席对正确义利观的深入阐述表明了中国反对狭隘的民族主义和霸权主义的外交立场,始终做世界和平的建设者、全球发展的贡献者、国际秩序的维护者的大国担当精神。

中国与包括非洲在内的广大发展中国家有着共同的利益和发展诉求。尽管中国取得了巨大发展成就,但仍然是发展中国家。在开展中非的合作中,应以共同发展为出发点,将中国人民的利益同非洲人民的利益相结合,践行正确义利观,义利相兼,义重于利。中国外交部部长王毅在与塞内加尔外交部部长恩迪亚耶会谈后共同会见记者时指出:"正确义利观是新时期中国外交的一面旗帜。义是指道义。中国在同非洲国家交往时应道义为先,坚持与非洲兄弟平等相待,真诚友好,重诺守信,更要为维护非洲的正当权利和合理诉求仗义执言。利是指互利。中国在与非洲国家交往时决不走殖民者的掠夺老路,决不效仿资本家的惟利是图做法,也不会像有的国家只是为实现自己的一己私利,而是愿与非洲兄弟共同发展,共同繁荣。在此过程中,中方会更多考虑非洲国家的合理需求,力争通过合作让非洲早得利、多得利。在需要的时候,我们还要重义让利,甚至舍利取义。"④

---

① 《中央外事工作会议在京举行 习近平发表重要讲话 李克强主持 张德江俞正声刘云山王岐山张高丽出席》,《人民日报》2014年11月30日第1版。
② 佟晓露:《坚持正确义利观构建人类命运共同体》,《新疆日报》2017年11月12日。
③ 《坚持正确义利观积极发挥负责任大国作用》,《人民日报》2013年9月10日第1版。
④ 李海龙:《论中国外交之正确义利观的内涵与实践》,《理论学刊》2016年第5期。

（四）坚持相互尊重、共同发展

中非合作是发展中国家间的互帮互助。中国在对非合作中始终践行"四个坚持"和"五不"原则，一以贯之、日积月累，形成了一条特色鲜明的中非合作共赢之路。这些原则符合中国"己所不欲，勿施于人"的传统理念，契合非洲国家的根本利益和国际关系的基本准则，是中非团结合作的本质特征，对国际对非合作具有重要借鉴意义。"四个坚持"，即坚持真诚友好、平等相待。中国人民始终同非洲人民同呼吸、共命运，始终尊重非洲、热爱非洲、支持非洲；坚持义利相兼、以义为先。中国在对非合作中主张多予少取、先予后取、只予不取，张开怀抱欢迎非洲搭乘中国发展快车；坚持发展为民、务实高效。中国坚持把中非人民利益放在首位，为中非人民福祉而推进合作，让合作成果惠及中非人民；凡是中国答应非洲兄弟的事，就尽心尽力办好；坚持开放包容、兼收并蓄。中国愿同国际合作伙伴一道，支持非洲和平与发展；凡是对非洲有利的事情，中国都欢迎和支持。

（五）"五不""四不能"原则

习近平主席在2018年9月举行的中非合作论坛北京峰会上发表题为《携手共命运　同心促发展》的主旨讲话时提出了"五不"原则，即"不干预非洲国家探索符合国情的发展道路，不干涉非洲内政，不把自己的意志强加于人，不在对非援助中附加任何政治条件，不在对非投资融资中谋取政治私利。"[①] 习近平主席通过"五不"原则表达了中国在与非洲合作时真诚友好、平等相待的态度，彰显了中国致力于中非团结合作，谋求共同发展的坚定决心和毅力。"五不"原则深入阐述了中国对非外交的原则和立场，是中国外交的基本原则和平共处五项原则的继承和发展。"五不"原则超出了中非合作的范畴，是中国构建新型国际关系所遵循的一般性、根本性原则。"五不"原则使非洲人民感受到中国对非开展合作的诚意和决心，消除了非洲国家和人民对中国开展与非洲合作的意图的顾虑和猜忌。

习近平主席同时强调："任何人都不能破坏中非人民的大团结……任何人都不能阻挡中非人民振兴的步伐……任何人都不能以想象和臆测否

---

① 习近平：《携手共命运　同心促发展》，《人民日报》2018年9月4日第2版。

定中非合作的显著成就……任何人都不能阻止和干扰国际社会支持非洲发展的积极行动!"① "四不能"论断是对某些西方国家诟病中非合作的有力回击。中非合作在新形势下迅猛发展,一些守成大国对此抱有"酸葡萄"心理,不断针对中非合作制造杂音。习近平主席提出的"四不能"原则有力地回击了这一行为,清楚地传递了中非合作的真实声音,即在平等互利基础上实现共同发展。"四不能"原则表达了中国不重蹈西方殖民主义大国将自身发展经验和价值观念强加于非洲人民的覆辙的态度,以及从非洲人民的利益出发处理对非事务的决心,更是对国际社会表达了重塑国际政治经济新秩序的呼声。

三 中非合作论坛框架下的和平与安全问题

和平与发展是当今的时代主题。建设和平是构建人类命运共同体的必然要求。党的十九大报告指出,人类命运共同体的核心内涵是建设持久和平、普遍安全、共同繁荣、开放包容、清洁美丽的世界。基于历史经验、在不断实践中形成的中国对非洲政策及原则为中国对非和平与安全合作定下了政治基调,指明了方向。和平与安全合作是中非合作的重要组成部分。中华人民共和国从成立之初便开始与非洲国家开展安全合作,通过物资援助、军事人员培训等方式支持非洲国家反帝、反殖民、反种族主义斗争。20世纪80年代,随着改革开放的深化,中国开始通过联合国、非盟等全球性与地区性机制,更广泛地开展与非洲国家的和平与安全合作。② 21世纪以来,中非和平与安全合作进一步深化,形式更加多样,范围更加广阔,已成为中非全面新型战略伙伴关系的重要内容。

自2000年中非合作论坛创立以来,和平与安全领域合作一直是论坛框架下的重要内容。通过分析2000年中非合作论坛创立以来历届出台的行动计划有助于阐明和平与安全问题在中非合作中日益突出的地位,进一步分析中非在和平与安全领域的合作形式与机制。③

---

① 习近平:《携手共命运 同心促发展》,《人民日报》2018年9月4日第2版。
② 张春宇、张梦颖:《中非和平与安全合作》,《新时代中非友好合作智库报告》,中国社会科学出版社2018年版,第138页。
③ 《加强中非合作共创美好未来》,《人民日报》2000年10月13日第1版。

(一）历届中非合作论坛关于和平与安全问题的阐述

2000年第一届中非合作论坛出台的《中非经济和社会发展合作纲领》尚未设立专门涉及和平与安全领域合作的条款。其中强调小武器和轻型武器大量流入非洲冲突地区是一个令人关切的问题。中非双方一致认为这对非洲大陆的和平、安全与稳定、发展构成威胁，并承诺通力合作、防止小武器和轻型武器的非法扩散、流通和贩卖。此届论坛同时发布了《中非合作论坛北京宣言》。该宣言在和平安全领域的主要关切有：强调联合国安全理事会在维护国际和平与安全方面的首要作用；呼吁各方致力于非洲的团结、和平与发展、妥善解决争端；赞赏非统和其他有关地区、次地区组织在解决非洲冲突方面发挥的积极作用；要求国际社会尤其是联合国，对解决非洲的冲突问题予以特别重视，并采取包括制订有效维和计划在内的一切必要措施；同意共同努力，在反恐怖主义方面加强合作，以消除各种形式的恐怖主义。

《中非合作论坛——亚的斯亚贝巴行动计划（2004—2006年)》中，和平与安全列为政治事务的一部分。该计划肯定了双方在解决非洲地区冲突问题上的合作，表示在继续支持联合国和非洲联盟以及非洲其他次区域组织在预防、调解和解决非洲冲突方面发挥更大作用同时重点关注非洲难民及流离失所人群问题。该计划意识到恐怖主义、小武器走私、贩毒、非法移民、国际经济犯罪、传染性疾病和自然灾害等非传统安全问题日益成为影响国际和地区安全的不确定因素，认为非传统安全有着深刻的背景，需要综合运用政治、经济、法律和科技等手段，通过开展广泛、有效的国际合作加以应对，决心加强对话，探讨在面对各种新型的非传统安全问题上进行协作，并采取共同行动。在打击恐怖主义方面，该计划认为恐怖主义威胁各国和平与安全，必须通过密切和有效的合作予以打击。中国支持非洲为防止和打击恐怖主义所做的包括通过反恐公约、在阿尔及尔建立恐怖主义研究和调查中心等努力。在合作方面，中国将继续积极参与非洲的维和行动和扫雷进程，并在力所能及的范围内向非洲联盟和平与安全理事会提供资金、物资援助以及相关培训。

《中非合作论坛——北京行动计划（2007—2009年)》中，和平与安全议题在"国际事务中的合作"部分被提及。双方表示将积极推动国际社会关注并切实帮助解决非洲地区冲突，在联合国安全理事会中努力维护非洲的根本利益。中国愿与非洲加强在预防、控制和解决地区冲突方面的合作。在反恐领域，谴责并反对一切形式的恐怖主义，反对双重标准，支持联合国及联合国安全理事会在国际反恐斗争中发挥主导作用，并帮助非洲国家增强反恐能力。中国表示乐见非盟预防和打击恐怖主义公约生效，以及非洲恐怖主义研究和调查中心成立，并将研究同非洲国家开展反恐合作的方式。与此同时，中非呼吁加强国际合作，推动核裁军和防止核武器扩散进程，支持非洲在自愿基础上实现无核武器区目标的努力。中国承诺继续支持并参与非洲人道主义扫雷进程，以及打击轻、小武器非法贸易的努力，在力所能及的范围内提供资金、物资援助以及相关培训。中非认识到自然灾害、难民和流离失所者、非法移民、跨国犯罪、毒品走私、传染性疾病等非传统安全问题对世界和平与安全提出新的挑战，同意在以互信、互利、平等、协作为核心的新安全观指导下，加强双方在非传统安全领域的交流与合作。

《中非合作论坛——沙姆沙伊赫行动计划（2010—2012年）》中，中国政府表示将继续支持联合国安全理事会在帮助解决非洲地区冲突问题上发挥建设性作用，继续支持并参与联合国在非洲的维和行动。加强与有关国家在联合国建设和平委员会的合作，支持有关国家战后重建进程。中国政府赞赏"由非洲人解决非洲问题"的理念与实践，将继续积极支持非盟等地区组织及相关国家为解决地区冲突所做的努力，并在维和理论研究、开展维和培训与交流、支持非洲维和能力建设等方面加强与非洲国家的合作。非洲国家赞赏中国政府设立非洲事务特别代表，努力加强同非洲国家就有关和平与安全事务的沟通与对话，积极参与非洲不稳定和不安全问题的解决，并欢迎中方根据联合国安全理事会有关决议精神在亚丁湾和索马里海域打击海盗的努力，相信此举有助于维护相关海域的航道安全及该地区的和平与安全。

《中非合作论坛——北京行动计划（2019—2021年）》中，双方认为当前非洲和平与安全面临的挑战增多，重申致力于在平等和相互尊重的基础上，加强在政策协调、能力建设、预防性外交、维和行动、冲突后重建等方面的合作，共同维护非洲和平与稳定。中方将继续支持非洲国家打击轻、小武器非法贸易和流通的努力，赞赏非洲国家和地区组织在解决本地区问题上的主导作用，重申支持其为自主解决地区冲突、加强民主和良政建设所作的努力，反对外部势力出于自身利益干涉非洲内部事务。为加强与非洲在和平与安全事务中的合作，中方将发起"中非和平安全合作伙伴倡议"，在力所能及的范围内对非盟的支持和平行动，"非洲和平与安全框架"建设，和平与安全领域人员交流与培训，非洲冲突预防、管理与解决以及冲突后重建与发展提供资金和技术支持。非方赞赏中国政府非洲事务特别代表积极参与调解非洲热点问题的努力，欢迎其继续在非洲和平与安全事务中发挥建设性作用，并赞赏中方根据联合国安全理事会有关决议在亚丁湾和索马里海域打击海盗的努力，鼓励中方扩大在该方面的努力。重申此举有助于维护相关海域的航道安全及该地区的和平与安全。中方愿加强同索马里以及非盟和相关非洲次区域组织在这一领域的合作。

2015年中非合作论坛约翰内斯堡峰会上，习近平主席将"坚持安全上守望相助"列为中非全面战略合作伙伴关系的五大支柱之一，并将和平安全合作列为中非合作十大计划。《中非合作论坛——约翰内斯堡行动计划（2016—2018年）》将和平安全合作单独作为中非合作重要领域进行阐述，并将领事、移民、司法与执法议题纳入和平安全合作领域。中方继续支持非盟、地区经济体和其他次区域组织在协调和解决非洲和平与安全方面发挥领导作用，继续支持非洲在没有外部干涉的情况下以非洲方式应对非洲挑战。中方未来3年将向非盟提供6000万美元无偿军事援助，支持非洲集体安全机制建设，包括非盟快速反应部队和非洲常备部队建设。保持防务和军队领导人互访势头，继续深化技术交流，拓展人员培训合作和联演联训。加强安全方面的情报信息交流和经验分享，及时分享信息，支持彼此防范和打击恐怖主义，注重标本兼治。中方强调继续支持联合国在帮助解决非洲地区冲突问题上发挥建设性作用，加强与联合国安全理事会的协调配合。中方将继续积极参与联合国在非洲的维和行动，向非方提供维和培训支持，并根据联合国安全理事会2033号决议与非方加强在联合国安全理事会的沟通与协调。双方将加强在维护相关海域航道安全及地区和平稳定方面的合作，同意国际社会应重点消除贫穷、落后和非法捕鱼等造成海盗产生的根源问题。

在2018年9月的中非合作论坛北京峰会上，习近平主席强调要"携手打造安全共筑的中非命运共同体"，并将和平安全列入八大行动之一。

《中非合作论坛——北京行动计划（2019—2021 年）》继续将和平安全合作单独列为合作领域，分为军队、警察与反恐和反腐败、领事、移民、司法与执法两个方面进行阐述。在军队、警察与反恐方面，非方赞赏中方落实"中非和平与安全合作计划"，支持非洲集体安全机制建设。中方将增加对非洲防务安全援助规模，在社会治理、维稳、维和、网络安全、打击海盗和反恐等领域加强务实合作和理念、经验交流，在共建"一带一路"、社会治安、联合国维和、打击海盗和反恐等领域推动实施 50 个安全援助项目。中方支持非洲自主维和能力建设，将继续向非方提供维和警务培训支持，增强维和行动能力，积极推进落实 1 亿美元的对非无偿军事援助，以支持非洲常备军和危机应对快速反应部队建设，并共同推动广大发展中国家提升在联合国维和领域的话语权和影响力。中方继续支持非盟和非洲次区域组织在促进和维护和平以及冲突后重建中发挥领导作用，支持乍得湖盆地等地区实现持久和平与共同繁荣，继续支持非洲国家以非洲方式解决非洲问题、应对非洲挑战。中方决定设立中非和平安全合作基金，支持中非开展和平安全和维和维稳合作，将继续向非盟提供无偿军事援助，支持萨赫勒、亚丁湾、几内亚湾等地区国家维护地区安全和反恐努力。中方将设立中非和平安全论坛，为中非在和平安全领域加强交流提供平台。保持防务和军队领导人互访势头，加强中非在联演联训、反恐、搜寻、救援减灾方面的合作。加强安全领域情报信息交流和经验分享，支持彼此防范和打击恐怖主义，注重标本兼治。拓展防务和军事领域人员培训合作。继续加大对非军事人员培训，深化中非军队院校、科研机构间的学术交流与合作。加强中非军事医学合作，提升非洲军事医疗水平。

在 2021 年 11 月举行的中非合作论坛第八届部长会议上通过《中非合作论坛——达喀尔行动计划（2022—2024 年）》强调非洲和平与安全问题仍是中非合作中的重要内容，将进一步推进落实中非和平与安全计划，支持非洲和平与安全机制和非洲常备部队建设，加强非洲快速应对危机能力，重视国防军事能力建设，积极开展军事教育、军事训练、军事医学、后勤保障、海上安全等领域交流合作，举办中非军事医学交流对话会，并着重强调中非警务合作的重要性。该行动计划指出，中非将在联合国框架下加强合作，积极参与联合国在非洲开展的维和行动，加强维和政策和技能交流，支持非洲自主维和能力建设。中非将继续支持非洲能力建设，推动落实中非和平与安全计划的新举措，缩小非洲部队行动能力与目标间的差距。中国将为非洲援助实施 10 个和平安全领域项目，继续落实对非盟军事援助，支持非洲国家自主维护地区安全和反恐努力，开展中非维和部队联合训练、现场培训、轻小武器管控合作。中非将秉持 2019 年 2 月在亚的斯亚贝巴举行的"中非和平安全对话"的精神，继续举办中非和平安全论坛，促进和平与安全领域交流。继续在中国为非洲防务官员提供培训，探讨在非洲开设培训项目。双方将加强在联合国安全理事会的沟通协调，支持落实"消弭枪声的非洲"倡议，消除非洲地区冲突，支持非洲和平与安全框架。中方将同非方合作建立中非警务合作机制，深化中非执法能力建设、"一带一路"安保合作和轻小武器管控合作。进一步加强警务部门各层级人员往来，鼓励双方地方警务部门建立对口合作关系。加强经验交流和打击犯罪、能力建设等方面合作。深化反恐怖合作，加强打击国际恐怖组织的情报信息交流、案件协查和行动协调。加强打击侵害人身安全犯罪、涉疫犯罪、打击走私贩运野生动植物犯罪、禁毒、网络安全、社区警务、追逃追赃等领域的务实合作。中方将继续根据非方警务部门需求提供执法培训项目，继续在力所能及范围内向非方警务部门提供警用装备援助。中方将加强同非洲警察组织的合作。双方同意在国际刑警组织、地区合作机制和双边安排框架下协调立场和行动，加强情报交流和案件协查。双方同意通过与非洲警察组织的机制化合作，相互支持和促进对包括妇女在内的非洲警察培训。中方和非洲致力于合作打击轻小武器、弹药非法转让和滥用，并愿就轻小武器、弹药的识别与追踪、最终用户管理等相关问题开展政策、经验交流及务实合作。

（二）中非和平与安全合作的发展历程及其特点

通过回顾和比较历届中非合作论坛行动计划的内容，可以总结出中非和平与安全合作的发展历程及其特点。

第一，和平与安全合作在中非全方位合作中占有愈加重要的地位。从每届中非合作论坛行动计划的表述中，可以看出中非双方越来越重视和平与安全合作，并赋予其愈加重要的地位。在第一届中非合作论坛上出台的《中非经济和社会发展合作纲领》中，尚未设立专门关于和平与安全议题的部分，有关该议题的表述散落在不同合作领域中，并且着墨不多。从《中非合作论坛——亚的斯亚贝巴行动计划（2004至2006年）》开始，和平与安全议题被列为政治事务或者国际事务中的合作的一部分。直到《中非合作论坛——约翰内斯堡行动计划（2016—2018年）》，和平安全合作开始单独作为中非合作重要领域进行阐述，并将领事、移民、司法与执法议题纳入和平安全合作领域。可见，和平与安全合作成为中非双方关注的重点议题之一，对中非关系的健康有序发展发挥着愈加重要的作用。

第二，中非双方一直强调联合国安全理事会在维护非洲和平与安全方面发挥的首要作用以及非盟和其他有关地区、次地区组织在解决非洲冲突方面发挥的积极作用。在中非合作论坛的行动计划中，中非双方数次表示支持联合国和非洲联盟以及非洲其他次区域组织在预防、调解和解决非洲冲突方面发挥更大作用。双方强调联合国、非盟等国际或地区多边组织是中非加强和平安全合作的重要平台，认为有必要加强区域组织和次区域组织特别是非盟在预防冲突、危机管理以及实现冲突后稳定的能力，注重培养非洲国家和地区组织在和平安全领域的自主性，鼓励并支持其在解决冲突、维护和平、建设和平中发挥主导作用。中方支持非盟等地区组织及相关国家为解决地区冲突所做的积极努力，认为非盟、地区经济体和其他次区域组织在协调和解决非洲和平与安全方面应发挥领导作用，并提供力所能及的援助，积极推动联合国安全理事会关注并帮助解决非洲地区冲突问题，继续支持并参与联合国在非洲的维和行动。中国政府支持"由非洲人解决非洲问题"的理念与实践，通过支持非洲在维和理论研究、开展维和培训与交流提高非洲自身的维和能力，支持非洲在没有外部干涉的情况下以非洲方式应对非洲挑战。

第三，恐怖主义等非传统安全一直是中非双方在和平安全领域关注的重点议题。从2000年第一届中非合作论坛出台的《中非经济和社会发展合作纲领》开始，恐怖主义、小武器走私、贩毒、非法移民、国际经济犯罪、传染性疾病和自然灾害等非传统安全问题便成为中非和平安全领域合作的重点议题。并且，中非双方认为非传统安全有着深刻的背景，需要综合运用政治、经济、法律和科技等手段，通过开展广泛、有效的国际合作加以应对。中非双方一直致力于通过反恐公约、建立恐怖主义研究调查中心等多种方式共同开展反恐合作，打击恐怖主义。与此同时，中非认识到自然灾害、难民和流离失所者、非法移民、跨国犯罪、毒品走私、传染性疾病等非传统安全问题对世界和平与安全提出新的挑战，在以互信、互利、平等、协作为核心的新安全观指导下，加强情报交流，探讨在非传统安全领域深化合作的有效途径和方式，加强双方在非传统安全领域的交流与合作，共同提高应对非传统安全威胁的能力。

第四，中国重视解决造成冲突的根源性问题，主张通过全面措施，标本兼治，预防和解决冲突。中方认识到非洲地区冲突有着深刻且复杂的背景，因此应在充分认识产生冲突根源的基础上，综合运用政治、经济、法律和科技等手段，通过开展广泛、有效的国际合作帮助非洲国家发展经济，消除恐怖主义滋生的土壤，维护地区安全稳定，促进非洲持久和平与可持续发展。与此同时，中方重视冲突后的建设和平。在《中非合作论坛——沙姆沙伊赫行动计划（2010—2012年）》中，中国政府表示加强与有关国家在联合国建设和平委员会的合作，支持有关国家战后重建进程。此外，中国在强调非洲国家的主导性同时，支持其为加强民主和良政建设所做的努力。在《中非合作论坛——北京行动计划（2013—2015年）》，中国政府赞赏非洲国家和地区组织在解决本地区问题上的主导作用，重申支持其为自主解决地区冲突、加强民主和良政建设所作的努力，反对外部势力出于自身利益干涉非洲内部事务。

第五，随着中非合作的不断发展，中非和平与安全合作的形式愈加多样、内容愈加丰富，相关政策的针对性和系统性日益提高。在早期的行动计划中，中非和平安全合作仅限于个别和零散的行动，例如"防止小武器和轻型武器的非法扩散、流通和贩卖"以及立场性声明，再如，"呼吁各方致力于非洲的团结、和平与发展、妥善解决争端；要求国际社会尤其是联合国，对解决非洲的冲突问题予以特别重视，并采取包括制订有效维和计划在内的一切必要措施"，但尚未出台具体措施及指导性意见。随着中非合作的全方位发展，和平安全领域的合作呈现出物资援助与人员培训相结合、具体措施和机制性举措相呼应、重视多边合作和能力培养的特点。具体表现有：

其一，物资援助与人员培训相结合。中方在力所能及的范围内提供资金和物资援助。在提供物资援助的同时，中方重视深化技术交流，拓展人员培训合作和联演联训，拓展防务和军事领域人员培训合作。扩大对非洲国家军事人员的培训规模，创新培训模式，支持非洲国家加强国防和维稳能力建设，深化中非军队院校、科研机构间的学术交流与合作，加强中非军事医学合作，提升非洲军事医疗水平等举措都是希望通过人员培训的方式提高非洲国家维护和平安全的水平。

其二，具体措施和机制性举措相呼应。除了提供人员培训和物资援助等具体举措之外，中非双方还重视和平安全领域的长效机制建设。为加强与非洲在和平与安全事务中的合作，中方通过设立中国政府非洲事务特别代表、发起"中非和平安全合作伙伴倡议"、落实"中非和平与安全合作计划"、完善"中非合作论坛—法律论坛"机制建设等举措，使中非和平安全合作机制化、常态化。

其三，重视多边合作和能力培养。中国政府重视与国际和非洲地区多边组织的合作，如，与有关国家在联合国建设和平委员会的合作，支持有关国家战后重建进程；向非洲联盟和平与安全理事会提供资金、物资援助以及相关培训；在力所能及的范围内支持非盟的和平行动，"非洲和平与安全框架"建设，和平与安全领域人员交流与培训，并为非洲冲突预防、管理与解决以及冲突后重建与发展提供资金和技术支持等。中方尊重非洲国家在和平安全领域的自主性，力图提高非洲国家自身能力。中非双方致力于在平等和相互尊重的基础上，加强在政策协调、能力建设、预防性外交、维和行动、冲突后重建等方面的合作，开展维和培训与交流、支持非洲维和能力建设等方面的合作。例如，《中非合作论坛——约翰内斯堡行动计划（2016—2018年）》中，中方表示向非盟提供6000万美元无偿军事援助，用于支持非洲集体安全机制建设，包括非盟快速反应部队和非洲常备部队建设。

第二节　中国在非洲建设和平中的行动举措

中国是非洲和平安全事务的参与者，不断积极探索建设性参与非洲和平安全事务的方式。在立场原则上，充分尊重非洲意愿，不干涉内政，恪守国际关系基本准则，支持非洲人以非洲方式解决非洲问题，主张非洲国家和非盟在非洲和平安全事务中发挥主导作用。在政策理念上，倡导标本兼治，根除冲突的根源；以发展促和平，坚持通过合作共赢实现非洲经济发展和政治稳定。具体行动上，支持非洲提升自主维和、维稳和反恐能力；通过联演联训、舰艇互访等多种方式，支持非洲国家加强国防和军队建设；支持萨赫勒、亚丁湾、几内亚湾等地区国家维护地区安全和反恐努力；在共建"一带一路"、社会治安、联合国维和、打击海盗、反恐等领域推动实施安全援助项目并帮助非洲国家培训军事人员；支持非洲国家和非盟等地区组织落实"消弭枪声"倡议；支持联合国为非盟自主维和行动提供资金支持等。在机制上，不断深化和平安全领域的交流与对话。2019年以来，中国先后举行中非实施和平安全行动对话会、首届中非和平安全论坛、中非和平安全论坛军事医学专题视频会议，并积极参与非洲国家举行的和平安全领域重要会议或论坛。中国政府非洲事务特别代表积极斡旋非洲热点问题，为推进非洲和平与安全发挥了独特建设性作用。

中国参与非洲国家建设和平进程的行动主要集中在政治、经济社会和军事层面。政治上，中国基于不干涉内政和维护相关国家领土和主权完整原则对冲突后非洲国家提供政治支持，并且通过提高国家治理能力来帮助冲突后国家重建政权。经济上，中国帮助非洲国家重建和修复基础设施，建设和发展有利于提高人民生活水平的民生项目，为重振国民经济和恢复社会稳定创造有利条件。军事合作上，中国通过高层互访交流、军官培训、物资援助等形式，提高对象国的军事技术水平和冲突管理能力。中国支持联合国在维护非洲和平与稳定方面发挥重要作用，是安全理事会常任理事国中向非洲派遣维和人员数量最多的国家。[①] 在分析中国对非政策的原则及发展历程之后，本节将结合科特迪瓦和马里两个国别案例来认识和分析中国参与非洲建设和平进程的行动与模式。

一 政治支持

中国基于不干涉内政和维护相关国领土和主权完整原则对冲突后非

[①] 国务院新闻办公室：《新时代的中非合作白皮书》，http：//www.gov.cn/zhengce/2021-11/26/content_5653540.htm，中华人民共和国中央人民政府网，2021年12月。

洲国家提供政治支持，并且通过提高政府治理能力来帮助冲突后国家重建政权。

从 2002 年科特迪瓦陷入政治军事危机直到 2011 年初"后选举危机"的解决，中国与科特迪瓦的合作从未间断。2010 年"后选举危机"爆发以来，中国没有中断与科特迪瓦的政治和经济往来。即使在冲突对抗最为激烈的时期，中国驻科特迪瓦使馆依旧维持日常工作，维持与科特迪瓦的正常外交和事务联系，为中国海外侨民提供领事保护，以便在冲突结束后第一时间重启合作项目进程。[①] 这表明中国期望科特迪瓦尽快走出冲突，恢复正常社会秩序，并做好在危机时期向科特迪瓦提供必要援助的准备。

2011 年 3 月 8 日，在巴博被捕的前一个月，中国时任驻科特迪瓦大使魏文华向科特迪瓦农业部捐赠农业产品。科方对此表示："在我们国家正在经历史上最严重危机的艰难时刻，中国捐赠的农业产品和设施将帮助我们提高稻米种植产量，这是中国与科特迪瓦传统友好关系的有力证明。"然而，一些西方国家学者对此发出质疑声音，认为此举"是中国对巴博政府的示好与支持，在危机爆发期间提供援助是中国为支持巴博政府而做出的战术选择"。[②] 事实上，这批农业援助是 2008 年年底中国与科特迪瓦援助承诺的兑现，中国政府一贯坚持尊重主权和互不干涉内政原则，从未试图将援助作为表达政治立场的工具或者利益交换的砝码。中国原驻科特迪瓦大使张国庆在与笔者访谈时，表示在艰难时刻中断合作无疑将加重冲突对科特迪瓦人民生活造成的不良影响。在冲突时期继续对科特迪瓦兑现援助承诺正是中国政府在特殊时期关心当地民众安危和保障其基本生活的体现。

中国政府对科特迪瓦的政治支持还体现在中国对联合国安全理事会有关科特迪瓦"后选举危机"决议的立场和表态上。中国对联合国涉及科特迪瓦事务的决议一般采取支持态度。但是，2011 年 1 月，中国与俄罗斯一同阻止了由法国提出的向联合国科特迪瓦行动增派人员的决议，

[①] 笔者与时任中国驻科特迪瓦大使张国庆的访谈，采访时间：2014 年 7 月 19 日，采访地点：阿比让。

[②] Xavier Aurégan, "La Chine en Côte d'Ivoire, le double jeu", publié le 3 avril 2011 sur http://www.diploweb.com/La-Chine-en-Cote-d-Ivoire-le.html, 2015 年 9 月 5 日。

中俄一致认为这一决议带有严重的政治色彩，倾向于支持冲突一方瓦塔拉，违背了联合国维和部队的中立性原则。① 该决议同样遭到西非国家经济共同体以及非洲联盟一些成员国的否决，这些国家同样认为该决议可能使该地区陷入更加严重的混乱。最终，经过修改，涉及该问题的第1967（2011）号决议于2011年1月19日才得以通过，决议"核准向联合行动增派2000名军事人员，部署至2011年6月30日"。②

在有关科特迪瓦冲突的多个联合国安全理事会决议中，中国特别对第1975（2011）号决议明确发表了意见。联合国安全理事会2011年3月30日以15票赞成的表决结果通过第1975（2011）号决议，决议敦促科特迪瓦各方和其他利益攸关方尊重人民的意愿以及已获西非经共体、非盟和国际社会其他成员承认的瓦塔拉当选科特迪瓦总统的事实，要求立即停止针对平民，包括针对妇女、儿童和境内流离失所者的暴力行为；呼吁各方奉行非盟的全面政治解决方案；谴责巴博决定不接受非盟成立的高级别小组提出的全面政治解决方案，并敦促其立即让位；敦促科特迪瓦所有国家机构服从瓦塔拉总统的权力；呼吁各方和人权理事会2011年3月25日设立的国际调查委员会充分合作，调查科总统选举后的暴力和侵犯人权行为；决定对巴博、其妻以及身边顾问等5人实施定向制裁；等等。③

第1975（2011）号决议是在当月轮值主席、中国常驻联合国代表李保东主持下得以通过的。中国常驻联合国代表李保东在表决后的解释性发言中说，中方主张通过和平方式解决科特迪瓦因大选引发的危机，赞赏并支持非盟和西非国家经济共同体致力于政治解决危机的努力，呼吁科特迪瓦有关各方予以积极、全面的配合。他表示，中方希望联合国科特迪瓦行动严格、全面地履行授权，帮助和平解决科特迪瓦危机，并避

---

① "La Chine et la Russie bloquent une résolution à l'ONU", http：//www.gabonlibre.com/Cote-d-Ivoire-Envoie-de-renforts-aux-casques-bleus-a-Abidjan-La-Chine-et-la-Russie-bloquent-une-resolution-a-l-Onu_a7690.html, July 16th, 2015.

② 《联合国安全理事会第1967（2011）号决议》，2011年1月19日，联合国安全理事会，S/RES/1967（2011）。

③ 《联合国安全理事会第1975（2011）号决议》，2011年3月30日，联合国安全理事会，S1RES/1975（2011）。

免成为冲突一方。①

　　从这一表态可以看出中国对于非洲冲突解决方式的态度和立场。首先，中国提倡以和平方式解决危机。中国时任驻科特迪瓦大使表示："中国希望通过调解和对话而非军事介入的方式解决科特迪瓦危机，尽管最终科特迪瓦局势发展与其他强国的强硬立场没能使冲突各方回到谈判桌。"②其次，中国支持非洲立场，与非盟、西非国家经济共同体立场保持一致。中国一贯支持非洲国家以非洲方式解决非洲问题。中国政府认为，非盟和非洲区域组织应在非洲冲突解决中发挥中心作用。非盟和非洲区域组织从非洲视角自主寻求冲突解决的非洲方案可以避免当地局势被大国操纵。此外，非洲区域组织对非洲复杂多变局势的认识有助于中国更好地解读非洲冲突。尊重非洲区域组织的立场在一定程度上减少了中国政府直接明确立场的风险，避免其陷入冲突泥沼。这是中国在处理国际事务中秉持审慎态度的体现。最后，提倡联合国在执行科特迪瓦维和行动中遵守中立公平原则，这符合中国尊重主权的外交原则和联合国宪章的相关规定。印度和巴西在第1975（2011）号决议的解释性发言中同样强调了联合国和平行动应遵守中立公平原则，这表明中国与广大发展中国家立场保持一致。

　　科特迪瓦冲突有助于理解和认识中国处理国际事务中遵守外交原则的坚韧度。在该问题上的立场体现出中国外交在原则上的一致性和方式上的灵活性。遵守外交原则和国际准则是维护中国负责任大国形象和自身利益的基本需求。同时，与国际和地区组织的合作，尊重非洲地区组织的立场和决议体现了中国外交开放的态度和特点。

　　在马里冲突的解决中，中国同样通过表明政治立场对马里政府给予了政治支持。马里内战爆发后，许多国际组织中断了对马里的援助，对发动政变的军事政权进行制裁。非盟于2012年3月23日至10月24日期间中止了马里的成员国身份。法语国家组织也于2012年3月30日至

---

　　① 《李保东大使在表决科特迪瓦决议后的解释性发言》，中华人民共和国常驻联合国代表团网站，2011年3月30日，http://un.china-mission.gov.cn/zt/sczx201103/201103/t20110331_8359881.htm，访问日期：2015年11月22日。

　　② 笔者与中国驻科特迪瓦大使的访谈。访谈时间：2014年7月19日，访谈地点：阿比让。

2013年11月4日期间中止其成员国身份。外部援助的中止使马里在政治和经济上孤立无援。然而，中国则选择继续保持与马里的合作，认为以中断援助的方式实施制裁将加重危机的负面影响，不利于马里走出战争泥沼。但是，由于局势不稳定，一些合作项目被迫暂停。在宪法秩序恢复后，项目才得以恢复运行。例如，位于首都巴马科市郊的卡巴拉大学园区的建设项目在内战期间被迫中断施工，但在冲突结束后第一时间得以复工。①

2012年10月，中国政府非洲事务特别代表钟建华率代表团赴马里就马里局势与马方交换意见。他与马里临时总统迪翁昆达·特拉奥雷（Dioncounda Traoré）、总理莫迪博·迪亚拉（Modibo Diarra）和外长蒂曼·库利巴利（Tieman Coulibaly）会面，并向其表明中国政府呼吁通过和平对话的方式解决马里危机的立场和态度。但是，谨慎起见，中国政府代表团未与武装集团会面。②中国政府密切跟踪马里内战的发展态势，试图劝说冲突各方建立对话，但没有提出具体的冲突解决方案。这一立场是由中国不干涉内政原则决定的，中国不强加自身意愿于冲突攸关方，尊重其自主性，为其寻求解决冲突的合理方式留有充足空间。因此，中国在冲突调解中的作用是有限的。

马里冲突局势十分复杂，既是一场军事政变，又是中央政府与北方分离主义势力的对抗，具有双重性质。从2012年1月图阿雷格武装组织阿扎瓦德民族解放运动在马里北方发动武装叛乱到7月该组织与伊斯兰极端分子决裂，中国在马里冲突中表现出审慎态度，以免直接陷入内战。③但是自2012年7月，马里北方沦陷到"伊斯兰圣战者"手中，马里冲突由一场国内权力争夺演变为一场反恐斗争，中国明确公开表示全力支持马里政府抗击恐怖主义，维护领土和主权完整。

中国外交部发言人表示支持联合国安全理事会2012年12月20日通

---

① 笔者与马里总统府亚洲事务顾问库亚特（Tiadiani Badian Kouyaté）的访谈。访谈时间：2014年8月5日，访谈地点：巴马科。

② 笔者与时任中国驻马里大使曹忠明的访谈。访谈时间：2014年8月6日，访谈地点：巴马科。

③ Souleymane Diallo, *Paix et sécurité en Afrique de l'Ouest：la Chine s'implique au Mali*, Institut d'Études politiques et stratégiques, 2013.

过的第2085（2012）号决议，决议谴责武装反叛分子、恐怖分子和其他极端主义团体在马里北部的侵犯人权行为，决定批准部署一个非洲主导的马里国际支助团（Mission internationale de soutien au Mali），支持马里当局收复其领土北部被恐怖分子、极端分子和武装团体控制的地区，并协助马里过渡当局通过建立适当能力来维持安全和巩固国家权力。[①] 尽管中国对于有关利比亚问题的联合国第1970（2011）号和第1973（2011）号决议投弃权票，[②] 但是中国对于涉及马里问题的第2085（2012）号和第2100（2013）号决议投了支持票。第2100（2013）号决议设立联合国马里多层面综合稳定团（Mission multidimensionnelle intégrée des Nations Unies pour la stabilisation au Mali，MINUSMA），并把马里支助团的授权移交给马里稳定团。中国政府认为马里冲突是威胁马里领土和主权完整的安全危机，而不是政府与叛军之间的对抗。因此，中国支持马里政府打击恐怖主义和分离主义运动。此举是中国维护主权和领土完整原则，积极维护地区安全的有力体现。然而，法国于2013年1月部署"薮猫行动"（Opération de Serval）。对此，中国非洲问题专家揭露了西方国家试图将新干涉主义合法化的企图。[③] 中国政府认为"薮猫行动"是法国维护在非洲利益的体现。尽管该行动对地区局势有稳定作用，但是不应以损害一国主权为代价。中国政府在2013年1月10日的联合国安全理事会紧急会议上强调应尽快依据第2085（2012）号决议在联合国框架下向马里派遣维和特派团。[④]

马里危机展示了中国外交的适应能力，同时向国际社会申明了中国外交所坚持的基本原则。从中国关于马里危机的立场可以看出，作为联合国安全理事会常任理事国，中国对联合国有关马里冲突的决议予以支

---

① 《联合国安全理事会第2085（2012）号决议》，2012年12月20日，联合国安全理事会，S/RES/2085（2012）。

② 联合国安全理事会于2011年2月26日通过第1970号决议，对利比亚实施武器禁运和旅行禁令。2011年3月17日通过的联合国安全理事会第1973号决议，授权国际社会在利比亚设立禁飞区。

③ 贺文萍：《法国出兵马里"新干涉主义"在非洲合法化?》，环球网2013年1月8日，http://opinion.m4.cn/2013-01/1198519.shtml，2023年10月31日。

④ Geoffroy Clavel, "Intervention au Mali: Guerre légale ou condamnable?" HUFFPOST, January 14th, 2013.

持。尽管中国对国际军事干预持谨慎态度，但仍希望通过积极参与国际多边框架行动来向马里政府提供支持。中国政府认为，联合国维和行动是防止冲突升级、启动和平进程的有效措施，其前提是遵守中立性和公平性原则。中国鼓励非洲国家发挥本土解决冲突的作用。但是，由于缺少资金和能力，非洲地区组织难以充分发挥作用。一些大国，尤其是法国，介入和平进程中，试图成为维护和平的中坚力量。尽管中国政府承认外部军事力量介入的必要性，但是仍然对法国军队能否在行动中坚守中立立场持警惕和保留态度。马里外交部亚洲与大洋洲司司长马马杜·拉明·瓦塔拉（Mamadou Lamine Ouattara）在与笔者的访谈中表示，中国支持马里政府维护主权和领土完整，这一表态和立场增强了马里政府应对危机的信心，中国在马里危机上的坚定立场再次证明了中马友谊坚不可摧。[1]

综合来看，科特迪瓦冲突和马里冲突的性质有所不同。科特迪瓦冲突爆发的直接原因是两大政治军事阵营对国家统治权力的争夺，而马里冲突的原因是在位领导人丧失了对国家领土和主权的掌控权。对于中国来说，科特迪瓦的局势较马里更加微妙。因为科特迪瓦冲突涉及内部力量的角逐，而马里内战关乎捍卫主权和领土完整。因此，中国在处理科特迪瓦危机问题上颇为谨慎。此外，中国与科特迪瓦、马里外交关系的演进历史不同。中国与科特迪瓦于1983年建交，但是中国在马里独立的1960年便与马里建立外交关系，在反殖民主义斗争和台湾问题上中国与马里一直相互给予支持，保持着传统友好关系。因此，中国在处理两起冲突中的发力和迂回空间也略显不同。

二 关于民主问题

中非合作是以经济领域合作为主，民主问题在中非合作中并不占主要地位。中国秉持不干涉内政原则，主张尊重非洲国家的历史、社会和文化特点，尤其是尊重非洲国家人民的选择，认为非洲国家应基于自身的历史和社会现实探索符合非洲国家国情的道路，对西方国家干涉非洲

---

[1] "中国对马里的支持十分重要，使马里对和平充满信心。"马里外交部亚洲与大洋洲司司长马马杜·拉明·瓦塔拉（Mamadou Lamine Ouatara）在与笔者的访谈中表示。访谈时间：2014年8月11日，访谈地点：巴马科。

民主化进程持批判态度。① 与此同时，中国政府承认民主作为非洲国家的殖民遗产已经扎根于人民政治生活的现实。正是基于这一看法，中国承认并支持选举作为非洲国家践行民主的重要方式。这一立场显示了中国文化的灵活性和包容性。中国不宣扬自己的模式与道路，对各国政治制度的多样性持开放态度。

中国支持马里民主化进程，认为选举的顺利举行是稳定马里政局、恢复宪法秩序的前提条件。中国政府为马里于2013年7月举行的总统选举提供了物资援助，以帮助马里恢复宪政秩序。② 同样，中国政府为2010年举行的科特迪瓦总统选举的组织工作给予了重要物资支持。

中国在合作中不强加政治条件的原则受到非洲政府和民众的欢迎。马里驻华使馆一等参赞在访谈中表示，"尽管民主制度建设很重要，但非洲国家赞赏中国的不干涉政策。③ 中国不附加政治条件的援助是推进非洲国家民主进程的有效措施"。马里外交部亚洲与大洋洲司司长马马杜·拉明·瓦塔拉在访谈中表示："中国在马里发生的军事政变期间没有中止与马方的合作，没有使本已非常不稳定的局势恶化。当我们陷入困境时，我们需要更多的帮助。中国对国际社会制裁马里持保留态度，认为普通民众是制裁的真正受害者。这是值得赞赏的。"值得注意的是，不附加政治条件原则并不意味中国对援助款项不实行监督和管理。设置后续委员会的目的之一就是对其援助的项目进行跟踪管理，以保证项目的顺利实施。

三 经济与社会领域合作

中国对非洲国家冲突后重建和平的作用不限于政治立场上的支持，还体现在经济与社会领域合作。中国政府认为欠发展的经济是造成非洲国家冲突频发的根本原因，解决民生问题是修复冲突后社会裂痕的关键。因此，中国着力通过与冲突后非洲国家经济和社会领域的合作，帮助对象国重振经济发展、重塑社会和谐。

---

① 笔者与中国驻马里大使曹忠明的访谈。访谈时间：2014年8月6日，访谈地点：巴马科。

② 笔者与科特迪瓦外交部亚太司副司长访谈。访谈时间：2014年7月30日，访谈地点：阿比让。

③ 笔者与马里驻华使馆一等参赞访谈。访谈时间：2013年10月5日，访谈地点：北京。

中国与科特迪瓦在基础设施建设领域的合作有助于科特迪瓦战后重建,恢复与民众福祉息息相关的公共服务。中国与科特迪瓦于1983年建立外交关系。2013年,中国成为科特迪瓦第二大贸易伙伴。中国在科特迪瓦投资项目涉及的领域较广。2011年以来,中国在科特迪瓦资助和建设的项目主要有①:文化宫的重建和修复;阿比让—大巴萨姆高速公路建设;部长办公区修复;阿比让市可饮用水供应基础设施建设;奥林匹克体育场建设;外交部会议室重建;苏布雷水电站建设等。这些项目主要涉及公共设施建设以及行政办公场所的建设,有助于科特迪瓦政府尽早恢复办公,有利于科特迪瓦及时恢复经济生产和有效改善人民生活。

例如,2012年启动的阿比让—巴萨姆高速公路的建设是科特迪瓦经济复苏的重点项目。该项目由中国进出口银行提供530亿非洲法郎贷款(20年期),利率为2%。该项目改善了经济首都阿比让的运输条件和效率,增强了大巴萨姆市和邻近海滨城镇的旅游吸引力。"它将促进科特迪瓦旅游业的发展,并将促进大巴萨姆市生物技术、信息和通信技术自由区的发展,有助于刺激经济的恢复。"② 这条高速公路也是跨非洲沿海公路项目达喀尔—阿比让—拉戈斯项目的一部分,响应了中国政府在非洲建设铁路、高速公路和航空三大网络的政策。这项政策的实施被中国视为实现非洲大陆一体化的前提条件。

农业卫生教育领域也是中国和科特迪瓦合作的重点领域。该领域的合作有助于直接改善人民生活水平,进而发挥巩固社会稳定的作用。农业领域的主要项目有:位于迪沃省吉吉杜市的442公顷水稻种植区改造项目、科特迪瓦西部水稻种植综合区建设、农业设备装配厂建设,在亚穆苏克罗市和科霍戈市建造两个农业培训中心等。卫生领域的主要项目有阿贾梅卫生中心、科霍戈营养理疗中心、"LIC制药厂"、疟疾研究中心建设等;教育领域的主要项目有,恩雅玛现代学院的修复和扩建、阿贾梅儿童城学校的修复等;科技领域的主要项目有:数字办公基础设施建

---

① 有关中国与科特迪瓦合作项目,参见"Point de coopération, Chine/Côte d'Ivoire", Rapport du Ministère des Affaires étrangères de Côte d'Ivoire, le 20 septembre 2014, Abidjan, disponible sur www. diplomatie. gouv. ci, 2015。

② Aip Par Aristide, "Autoroute de Grand-Bassam: 52 milliards décaissés par la Chine pour sa réalisation", *SOCIÉTÉ*, http: //news. abidjan. net/h/412578. html, 2014。

设、300个村庄安装电话通信工程建设等。中国政府援助实施的农业卫生教育项目有助于弥合科特迪瓦地区间的不平等，根除冲突根源，使科特迪瓦尽快实现经济复苏和社会稳定。此外，中国的经验和技术有助于科特迪瓦实现经济转型和多元化。中国通过传授生产工艺和改善基础设施来推动科特迪瓦工业化进程，从长远看将为科特迪瓦经济结构转型和升级创造条件，为其发展注入活力。

为帮助马里早日走出战争阴霾，中国同样加强了与马里在经济社会领域的合作。物资援助是中国支持马里的重要形式。中国通过双边和多边渠道对马里政府进行了捐款。2014年5月，中国向马里提供了价值约40亿非洲法郎的实物捐助，包括30辆救护车、30辆小卡车、20辆公交车、10辆轿车、300台电脑、大型计算机设备、205台10—100千瓦时的发电机。此外，还包括10000条毛毯、许多地毯和13500件车辆配件。同时，5名中国技术人员被派往巴马科，以确保捐赠的车辆能够正常运行。这笔捐款和捐物及时回应了马里北部地区的发展需求，为军方稳定社会秩序、当地居民恢复生产生活创造了有利条件。与此同时，中国还通过多边合作平台向马里政府提供援助。在2013年5月13日由欧洲联盟、法国和马里共同组织的在布鲁塞尔举行的捐助者会议上，中国提供了5000万欧元的援助，该援助用于双方商定的项目和人道主义事业，以支持马里维持和平稳定和实现可持续发展。① 2014年2月，中国向马里政府捐款120亿非洲法郎，发放无息贷款40亿非洲法郎。"这些捐款是中国政府在布鲁塞尔举行的马里发展捐助者会议之前宣布的援助的一部分。此举再次反映了中国帮助马里重建和走向复兴的决心。"中国驻马里大使在签字仪式上说。② 中国政府在双边援助基础上，积极参加多边框架下对马里的援助体现出中国参加多边合作的姿态和意愿。尽管中国对国际军事干预持谨慎态度，但仍希望通过积极参与国际多边框架行动向马里政府提供支持。可见，马里危机使中国在国际场合展示了中国外交的适应能力，

---

① 欧盟捐助5.2亿欧元，法国2.8亿欧元，美国3.67亿美元，英国和丹麦各1.5亿欧元，德国1亿欧元，世界银行2.5亿欧元，伊斯兰开发银行1.3亿欧元。

② Mamadou Makadji, "Mali-Chine: 16 milliards de FCFA pour financer des projets prioritaires", *MaLi Actu*, http://bamada.net/mali-chine-16-milliards-de-fcfa-pour-financer-des-projets-prioritaires, consulté le 7, Octobre, 2015.

同时向国际社会申明了中国外交所坚持的基本原则。

中国不仅给予马里物资上的直接援助，而且注重帮助马里尽快恢复经济增长动力。2014年9月，中国在天津举办世界经济论坛。马里是受邀参加该论坛的非洲嘉宾国之一。中国时任驻马里大使曹忠明认为这次论坛是"马里在双边和多边上与国际社会和中国开展和深化经济合作的机会"。在论坛上，中国无条件向马里提供180亿非洲法郎的捐款和80亿非洲法郎的无息贷款。2014年12月22日，中国向马里再次提供了约160亿非洲法郎的捐款和约80亿非洲法郎的贷款。参与签署捐赠协议的马里外交部部长阿卜杜拉耶·迪奥普（Abdoulaye Diop）说，这次援助对马里十分重要，马里政府将与中国商议共同选定符合马里人民期望的优先项目。

关系国计民生的经济社会合作是中马合作的重点领域。2014年，李克强总理同意援助马里修建连接首都巴马科与几内亚首都科纳克里的铁路。该项目缘起于20世纪60年代，被纳入马里矿业潜力开发项目。1968年马里发生政变后，由于负责可行性分析的人员被迫撤回，该项目被搁置。科纳克里港是离巴马科最近的港口，该铁路项目的实施将大大降低运输成本，并对该地区的资源整合产生积极影响，对马里经济发展十分重要。该项目充分体现了中国与马里合作的共赢性质。一方面，铁路建设有助于区域和大陆一体化的实现，促进铁路沿线国家的发展，具有重要的战略意义；另一方面，该地区开放程度的提高有助于包括中国在内的国际合作伙伴在该地区开展贸易和投资。

此外，中国援助马里修建巴马科—塞古（Bamako-Segou）公路。该项目为马里民众从巴马科所在的南部地区向加奥、廷巴克图和基达尔等北部大区改善了交通运输条件，并为向北部运送大米创造了便利。在该公路开通之前，马里北部地区不得不从北部邻国阿尔及利亚进口大米，破坏了国家对领土的掌控能力。[①] 该项目的建成保证了北方的必需品供应，将有助于维护北方地区的安全稳定，进而维护马里的南北统一、领土完整，增强国家对北方的控制和管理能力，具有重要的战略安全意义。

马里境内的尼日尔河岸治理项目同样对改善人民生活条件起到积极

---

① 笔者与马里总统府亚洲事务顾问库亚特（Tiadiani Badian Kouyaté）的采访。采访时间：2014年8月5日，采访地点：巴马科。

作用。该项目第一阶段涉及在巴马科市区内的17公里河段，第二阶段将延长至加奥地区。该项目将为沿岸居民利用河流资源提供便利，保护居民免受自然灾害影响，使其居住生活环境得到改善。[1]

工业化是中国和马里合作的重点领域之一。中马工业领域的合作开始于20世纪60年代。马里独立后，中国援助马里建设了药厂、纺织厂、糖厂、火柴厂等工业项目。1965年成立的杜卡布古糖厂（Usine de sucre de Doukabougou）就是该时期中马合作的一个缩影。"马里当时曾向法国求助，请求法国帮助其建立糖厂。法国答复说，马里自然环境不适宜甘蔗生长。然而，当马里向中国人提及此事时，中国政府答应来建立糖厂。"[2] 这家糖厂于2012年重新组建，由马里政府掌控40%股份，中国投资者掌控60%股份，开发面积达20000公顷，每年生产10.5万吨糖和900万—1000万升酒精，生产的糖用于满足马里国内市场以及西非地区其他国家的需求。糖厂创造了740个固定工作和雇用了大约10500个季节工人。薪金和开支数额约为40亿非洲金融共同体法郎。2010年4月，马里政府收到的税收和资助为50亿非洲法郎。[3] 可见，马里政府发展制糖业不仅创造了就业机会，而且增加了政府收入，激发出冲突后经济增长活力。

中马合作还涉及教育和卫生等社会领域。尽管马里入学率为80%，马里学龄儿童平均接受7.2年的教育，但是15岁以上学生的识字率不到三分之一。马里的教育领域既缺乏教师也面临教学设施的严重短缺，因此不得不采取不同年级混合授课的方式。应马里方面的要求，中国在中非合作论坛框架下于2013年12月资助扩建索戈尼科学校集团（Groupe scolaire de Sogoniko）和前尼亚马科罗市场学校（Ecole de l'ancien marché de Niamakoro）。该项目由中国地质工程总公司实施，项目占地2500平方米，由20个班组成。在巴马科及其他大区首府修建10个妇女和儿童之家也是中马教育民生项目合作的一部分。除此之外，中国政府还十分重视

---

[1] 笔者与马里总统府亚洲事务顾问蒂亚迪亚尼·巴迪安·库亚特的采访。采访时间：2014年8月5日，采访地点：巴马科。

[2] Sanogo Oumou Niogho, "Chine-Afrique, évolution de la coopération sino-malienne, entre 1960 et 2008", Université du Québec, Montréal, Février, 2010.

[3] Rapport, "Complexe sucrier, projet de CLETC au Mali", International Proverty Reduction Centre in China et Organisation for economic cooperation and development, Avril, 2010.

马里人才的培养，制定了多样化的人才培养方案。培训形式包括短期研讨会（三周左右）和长期（两年）培训，培训内容或旨在深入了解中国国情，或掌握某项具体技术。据中国驻马里经商处统计，2010—2013年期间，有近千名马里人来华参加培训。①

中马卫生领域合作自马里独立以来也一直延续至今。马里人的平均寿命由1970年的32.4岁延长到2012年的54.6岁，但仍比中国人的平均寿命少20岁。尽管死亡率从1990年的25.3%下降到2012年的12.8%，但是五岁以下儿童的死亡率仍然很高。贫穷、疾病和卫生系统薄弱是造成上述现象的主要原因。创造良好的医疗卫生条件是维护社会稳定的一个重要因素。中国政府出资48亿非洲法郎建造马里医院。该医院落成于2010年，建筑面积7000平方米，由中国齐鲁公司承建，是落实2006年中非合作论坛峰会确定的八项举措的一部分，有效改善了马里民众的医疗条件。此外，在马里医院落成之前中国医疗队长期在卡蒂（Kati）、马尔卡拉（Markala）和西卡索（Sikasso）三家医院进行医疗援助。②

四 军事合作

（一）双边军事合作

军事合作是促进和平最直接的手段之一，中非军事合作是安全领域合作的重要方面。中国政府承诺坚持在和平共处五项原则基础上发展不结盟、不对抗、不针对第三方的军事合作关系。③ 其具体措施主要包括三个方面：提供物资和装备、培训军官以及人员交流。

提供物资和装备方面，新中国成立初期，为支持非洲国家民族解放运动，中国政府向多个国家非洲提供了大量物资援助。据统计，1958—1963年，中国共援助阿尔及利亚枪炮15万余件。1961年2月，应几内亚

---

① Allocution de S. E. M. CAO Zhongming, Ambassadeur de Chine au Mali, "à l'occasion de la Réception en honneur des bénéficiaires maliens de séminaires et formations en Chine", 中华人民共和国驻马里共和国大使馆官网, 2013年11月29日, http: //ml. china - embassy. gov. cn/fra/zxyw/202207/t20220725_10727581. htm, 访问日期: 2016年2月2日。

② "Coopération sino - malienne: une expertise fiable et accessible au profit de Kati", Bamada. net, 2016年6月27日。

③ 中华人民共和国国务院新闻办公室：《2008年中国的国防》, 2009年1月, 第68页。

总统塞古·杜尔（Sékou Touré）请求，中国向几内亚提供了 8 个步兵营的武器装备。改革开放以来，中国向坦桑尼亚、扎伊尔（现刚果民主共和国）、津巴布韦、卢旺达、索马里、毛里塔尼亚、利比里亚等国提供了武器装备援助。① 值得注意的是，中国对非销售武器的态度一向十分慎重，严格遵守联合国安全理事会有关决议，不向实施武器禁运的国家和地区出口军品，同时，遵守只向主权国家政府出口军品，不向任何非国家实体或个人出口武器，不向第三方转让从中国进口的武器等原则。②

军事人员培训方面，20 世纪 60 年代，中国开始正式培训非洲国家军事人员。1964—1978 年，中国人民解放军为 40 多个国家培训了军事人员，派出军事专家 6400 余人，接受外军学员 8000 余人，其中非洲占相当大的比重。③ 除此之外，中国重视执法人员培训和能力建设，2018 年以来为非洲国家培训 2000 余名执法人员，并提供警用物资。中国在联合国框架下向非洲任务区派出维和警察，在国际刑警组织框架下同非洲国家积极开展案件协作、情报交流、经验分享、联合行动，共同打击跨国犯罪。④

军事交流也构成了军事合作的又一重要方面。除军事人员高层互访外，交流形式也愈加多样。舰艇编队访问、联合演练、军队性质医院派医疗队赴非洲开展人道主义救援行动和医疗服务等形式加强了中非军事交流合作，使其更加丰富多样。

因关于对象国军事合作相关资料较难获取，该部分呈现的有限信息是通过笔者与相关外交人员访谈中获悉。在军事领域，中国通常以提供装备的形式向科特迪瓦进行援助。中国向科特迪瓦提供的军事装备由于国内冲突遭到破坏。例如：2008 年，中国向科特迪瓦捐赠了一艘军舰，

---

① 徐伟忠：《中国参与非洲的安全合作及其发展趋势》，《西亚非洲》2010 年第 11 期。
② 《中国的军贸政策和军品出口管理机制》，外交部官网，2023 年 10 月，https://www.fmprc.gov.cn/web/wjb_673085/zzjg_673183/jks_674633/zclc_674645/cgjk_674657/200802/t20080229_7669129.shtml#:~:text，访问日期：2023 年 11 月 20 日。
③ 徐伟忠：《中国参与非洲的安全合作及其发展趋势》，《西亚非洲》2010 年第 11 期。
④ 国务院新闻办：《新时代的中非合作白皮书》，中华人民共和国中央人民政府网，2021 年 12 月 2 日。

修复了军舰维修工厂,并提供了维修和维护工具,但在 2011 年科特迪瓦政治军事危机期间,该军舰遭到破坏。军官培训也是中科军事合作的主要形式之一。例如,2014 年 11 月,共有 38 名科特迪瓦军官和 9 名水兵在华接受培训。① 中国政府曾派遣技术人员培训当地军官如何使用从中国航空技术进出口总公司购买的直升机。

高级别交流也是军事合作的主要形式之一。2014 年 5 月,中国海军第 16 批护航编队在亚丁湾海域和索马里海域完成反海盗任务后,访问了阿比让港。科特迪瓦国防部部长接待了编队。这是科特迪瓦第一次接待中国军舰,具有重要象征意义。据中国时任驻科特迪瓦大使介绍,中国与科特迪瓦海军的合作侧重于在几内亚湾开展打击恐怖主义和海盗袭击方面的合作。中国提供的装备和在军事领域的训练有助于科特迪瓦的军队能力建设。但是,中国和科特迪瓦还没有建立军事合作框架,科特迪瓦驻华大使多索·阿达马(Dosso Adama)表示科特迪瓦政府希望中国向非洲国家地区的部队提供更多的财政和技术援助。②

中国同样在军事领域对马里冲突重建做出贡献。2012 年 4 月马里过渡政府成立后,中国以一次性捐赠的形式向马里军队提供后勤援助(2012—2013 年总价值约为 500 万欧元)。除此之外,中国向马里军队捐赠了价值 2000 万元人民币的后勤物资,包括皮卡、部队运输车以及各种装备(车辆备件、防弹背心、帐篷等)。这两项捐赠有效加强了马里军队的实地作战能力。

(二) 以参与国际维和行动为主的多边军事合作

国际维和行动是中国参与多边军事合作的主要形式。国际维和行动不仅包括联合国主持下或经联合国授权的维和行动,还包括其他国际/区域组织或国家集团主持的维和行动。在此主要讨论联合国向非洲国家派遣的维和行动和非洲联盟维和行动以及中国的参与。

联合国维持和平行动是当今国际社会进行冲突管理与建设和平的重

---

① 笔者与科特迪瓦驻华大使多索·阿达马(Dosso Adama)的访谈。访谈时间:2014 年 11 月 21 日,访谈地点:北京。

② 笔者与科特迪瓦外交部亚太司副司长的访谈。访谈时间:2014 年 7 月 30 日,访谈地点:北京。

要手段。非洲大陆是滋生冲突的温床，是联合国派遣维和行动的最主要区域之一。目前正在进行的12项联合国维持和平行动中有6项在非洲。联合国维和行动分为四大基本类型：维持停火、隔离交战方部队、特别政治任务、预防性部署以及多层面维持和平。[①]

最早的维和行动的职责是监督停火协议的执行、隔离交战方部队。维和特派团由停火观察员、特遣队和军事观察员组成，经常在和平协定签署后成立，其任务是观察停火线两侧的军事形势，监测停火和平息冲突局势，并将任何违反停火（或停战）协议的时间向联合国报告，从而为和解创造有利氛围。例如，2000年成立的联合国埃塞俄比亚和厄立特里亚特派团属于该类型，旨在监督双方停止敌对行动，并协助确保双方所作出安全承诺。

特别政治任务的特点是实现某些具体目标和任务，由秘书长高级特使、制裁监测小组和专家组或区域办事处执行。它们的任务、规模和期限差别很大，一般涉及预防冲突、创建和平和建设和平。例如，联合国塞拉利昂建设和平综合办事处（联塞特派团）和联合国布隆迪综合办事处（联布综合办）皆属于特别政治任务类型。

预防性部署是在冲突爆发之前部署的特派团，旨在避免和预防敌对双方之间的军事对抗。"预防性外交"一词是联合国秘书长达格·哈马舍尔德于1961年创建的。由可能发生冲突的国家提出请求，联合国将维和部队或军事观察员部署于可能爆发冲突的地区，以防止冲突的发生或其他地区的冲突向本地区蔓延。这一类联合国维和行动只出现过一次，即1995年3月至1999年2月部署于前南斯拉夫马其顿共和国的联合国预防性部署部队。

自冷战结束以来，多层面维和行动已成为最常见的类型。此类特派团任务和目标更为广泛，旨在帮助冲突后国家向持久和平过渡。此类维持和平行动有时需要与当地民众以及联合国以外机构合作，积极支持或促进对象国内部各势力之间的对话与和解，并确保和平协定的持续性。此类维和行动通常利用军事、警察和民事等综合能力来帮助和监督和平

[①] 赵磊、高心满：《中国参与联合国维持和平行动的前沿问题》，时事出版社2011年版，第14页。

协定的执行，支持建立合法有效的治理机构和法治建设，并恢复对象国在尊重人权、维持安全方面的能力。在某些情况下，多层面和平行动特派团的职能较为广泛，甚至在对象国过渡时期的政府机构中发挥作用。

非洲多层面维持和平行动主要有：联合国刚果民主共和国观察团（联刚特派团）、非洲联盟联合国达尔富尔混合行动（达尔富尔混合行动）、联合国中非共和国和乍得特派团（中非特派团）、联合国苏丹筹备团（联苏特派团）和联合国利比里亚特派团（联利特派团）等。涉及研究对象国的联合国科特迪瓦行动（联科行动）和联合国马里多层面综合稳定特派团（马里稳定团）也属于这一类和平行动。

参与联合国维和行动既是中国推动构建人类命运共同体的应有之义，也是中国履行国际责任、提升国际影响力的重要途径。参与联合国维和行动是中国在多边框架下参与非洲冲突管理和建设和平的主要形式之一。

有学者从国家身份视角将中国的维和外交经历了由革命者的反对到引领者的转变。在革命者的反对阶段（1949—1977年），由于孤立于西方主导的国际体系之外，中国拒绝承担维和行动经费摊款。在融入者的参与（1978—2012年）阶段，随着中国的国家战略重心从生存安全转向经济发展，中国融入国际社会的意愿提高，中国于1982年开始缴纳维和行动经费，开始派出少量维和人员。在这一阶段，中国在人员和经费上加大了对维和行动的支持，同时，灵活地接受了一些维和相关的规范。在引领者的维和外交阶段（2013年以来），中国开始对自身国家身份进行主动定位，在政治上支持维和事务，从财力和人力上保障维和事务开展，从规范上提供中国方案。[1]

具体到非洲，自1990年参加联合国维和行动以来，中国派出的维和人员有超过80%部署在非洲，累计向非洲派出3万余人次，在17个联合国维和任务区执行任务。现有1800余名维和人员在马里、刚果（金）、阿布耶伊、南苏丹、西撒哈拉等5个非洲任务区执行联合国维和任务。截至2020年8月，共有11名中国官兵在联合国非洲维和行动中献出宝贵

---

[1] 何银：《中国的维和外交：基于国家身份视角的分析》，《西亚非洲》2019年第4期。

生命。① 1988 年 12 月 6 日，第 43 届联合国大会一致同意中国加入联合国维和行动特别委员会，中国开始积极参与联合国维和行动。中国第一次参加联合国维和行动便在非洲大陆。1989 年，中国参加"联合国过渡时期援助团"，向纳米比亚派出 20 名文职人员。2003 年 2 月，中国向刚果民主共和国派出首批维和部队，这是中国第一次派遣成建制部队参与联合国在非洲和平行动。现今，中国成建制维和部队主要集中在非洲。2007 年 9 月，中国国防部维和事务办公室官员赵京民就任联合国西撒哈拉公民投票特派团司令，成为首位担任联合国维和任务区高级指挥官的中国军人。②

表 3 - 1 呈现了截至 2021 年 7 月，中国所参加的向非洲国家派遣的联合国维和行动、所在国、时期及类型。

表 3 - 1　中国参加的联合国非洲维和行动名称、所在国、时期及类型

已完成的联合国维和行动（以完成时间为序）

维和行动名称	所在国	时期	类型
联合国过渡时期援助团 (Groupe d'assistance des Nations Unies pour la période de transition, GANUPT)	纳米比亚	1989 年 4 月至 1990 年 3 月	维持停火、隔离交战方部队
联合国莫桑比克行动 (Opération de l'ONU au Mozambique, ONUMOZ)	莫桑比克	1992 年 12 月至 1994 年 12 月	多层面任务
联合国利比里亚观察团 (Mission d'observation de l'ONU au Libéria, MONUL)	利比里亚	1993 年 9 月至 1997 年 9 月	特别政治任务

---

① 国务院新闻办公室：《新时代的中非合作白皮书》，http://www.gov.cn/zhengce/2021-11/26/content_5653540.htm，中华人民共和国中央人民政府网，2021 年 12 月。
② 徐伟忠：《中国参与非洲的安全合作及其发展趋势》，《西亚非洲》2010 年第 11 期。

续表

已完成的联合国维和行动（以完成时间为序）

维和行动名称	所在国	时期	类型
联合国塞拉利昂观察团（Mission d'observation de l'ONU en Sierra Leone, MONUSIL）	塞拉利昂	1998年7月至1999年10月	特别政治任务
联合国塞拉利昂特派团（Mission de l'ONU en Sierra Leone, MINUSIL）	塞拉利昂	1999年10月至2005年12月	多层面任务
联合国科特迪瓦行动（Opération des Nations Unies en Côte d'Ivoire）	科特迪瓦	2004年4月至2017年6月	多层面任务
联合国布隆迪行动（Opération de l'ONU au Burundi, ONUB）	布隆迪	2004年5月至2006年12月	多层面任务
联合国埃塞俄比亚和厄立特里亚特派团（Mission de l'ONU en Éthiopie et en Érythrée, MINUEE）	埃塞俄比亚厄立特里亚	2000年7月至2008年7月	维持停火、隔离交战方部队
联合国刚果民主共和国观察特派团（Mission d'observation des Nations Unies en République démocratique du Congo, MONUC）	刚果民主共和国	1999年11月至2010年6月	维持停火、隔离交战方部队
联合国苏丹特派团（Mission des Nations Unies au Soudan, MINUS）	苏丹	2005年3月至2011年7月	维持停火、隔离交战方部队
联合国利比里亚特派团（Mission des Nations Unies au Libéria, MINUL）	利比里亚	2003年9月至2018年3月	多层面任务
非洲联盟—联合国达尔富尔混合行动（Mission conjointe des Nations Unies et de l'Union africaine au Darfour）	苏丹	2007年7月至2020年12月	多层面任务

续表

正在进行的联合国维和行动（以起始时间为序）

维和行动名称	所在国	起始时间	类型
联合国西撒哈拉全民投票特派团（Mission des Nations Unies pour l'organisation d'un référendum au Sahara occidental, MINURSO）	西撒哈拉	1991年4月	特别政治任务
联合国刚果民主共和国稳定特派团（Mission de l'Organisation des Nations Unies pour la stabilisation en République démocratique du Congo, MONUSCO）	刚果民主共和国	1999年11月	多层面任务
联合国阿卜耶伊临时安全部队（Force intérimaire de Sécurité des Nations Unies pour Abyei）	苏丹 南苏丹	2011年6月	维持停火、隔离交战方部队
南苏丹特派团（Mission des Nations Unies au Soudan du Sud, MINUSS）	南苏丹	2011年7月	多层面任务
联合国马里多层面综合稳定特派团（Mission multidimensionnelle intégrée des Nations Unies pour la stabilisation au Mali, MINUSMA）	马里	2013年10月	多层面任务
联合国中非共和国多层面综合稳定特派团（Mission multidimensionnelle intégrée des Nations unies pour la stabilisation en Centreafrique, MINUSCA）	中非共和国	2020年1月	多层面任务

资料来源：笔者根据联合国官方网站数据统计，统计截止时间：2021年7月。

中国军队参加的联合国行动共 25 个，其中 18 项在非洲大陆，占72%。从中国参与的联合国维和行动类型看，多层面任务最多（10 个），其次是维持停火、隔离交战方部队（5 个）和特别政治任务（3 个），中国迄今尚未参加预防性任务。

中国参加多层面任务类型的维和行动较多。多层面任务主要辅助对象国行使建设和平中的民事和行政职能，如组织和监测选举、促进法治改革、人道主义援助、安全部门改革等。多层面任务类型不局限于冲突停火层面，而是寻求冲突的深层解决办法。中国参与的多层面任务涉及军事、政治、经济和民事等多个方面。中国参与多层面任务类型的维和行动更加积极说明中国对实现和平采取的全面多元理念，表明中国愿意为持久和平作出贡献。

另外两个因素可以解释中国为何更倾向于参与多层面任务：一方面，中国基于谨慎和务实的态度不愿意从事宗旨和效力不明确的维和行动，另一方面，由于中国参与维和行动的经验相对不太丰富，参与多层面维和任务可以避免直接介入暴力冲突，深入冲突深渊。[①] 同时，多层面任务复杂多样，能为中国维和人员与其他国家的维和人员提供更多的交流和学习的机会，为中国在更复杂任务中承担角色做准备。

中国参与维持停火、隔离交战方部队类型的维和任务十分有限。在此类任务中，维持和平人员通常充当敌对双方之间的缓冲器，以防止暴力卷土重来。这些行动往往发生在武装暴力冲突激烈的地区，极易造成人员伤亡，使中国对参与此类维和行动保持谨慎态度。

中国不愿参加预防性任务是因为此类任务通常触及对象国内政，而中国坚持贯彻不干涉他国内政的原则。尽管中国没有执行预防性任务，但预防冲突措施是管理国际事务的有效途径，能够有效节省国际社会在冲突管理中的财政和人力支出。同时，预防性措施也符合中国代表在安全理事会的一贯立场，即主张寻求政治解决方案，以和平对话方式化解冲突。近年来，中国学者开始对预防性外交产生浓厚的兴趣，并就此问题进行深入研究。

[①] Yun Liu, Jing Cui, "China's Participation in UN Peacekeeping Operations in Africa: Characteristics and Significance", *Journal of Zhe Jiang Normal University*, No. 172, 2011.

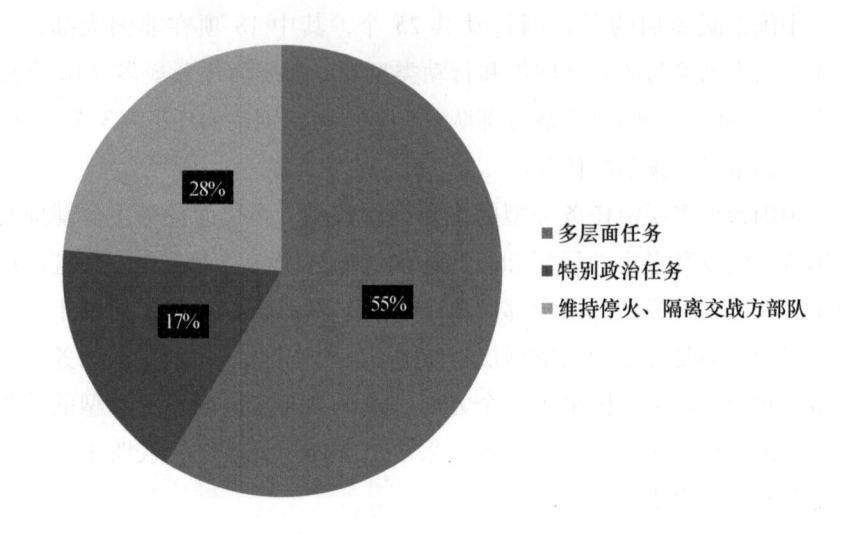

图 3-1　中国参加的联合国非洲维和行动的不同类型占比
（所在国为非洲国家）

资料来源：笔者根据联合国官方网站数据统计，统计截止时间：2021 年 7 月。

自 2000 年以来，中国参与联合国维和行动人员数量显著增加。现今，中国已成为非洲维和机制中的主体力量。如图 3-2 所示，自 2010 年以来，中国一直是联合国安全理事会五个常任理事国中向联合国维和行动派出人数最多的国家。

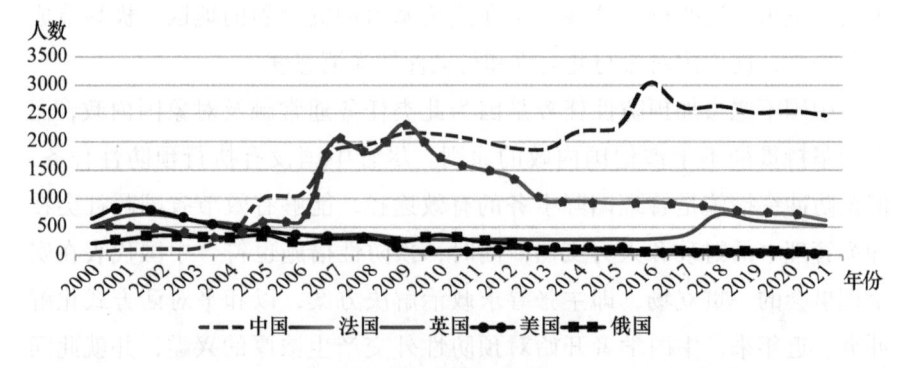

图 3-2　联合国安全理事会常任理事国参加联合国维和行动
人员数量（2000—2021 年）

资料来源：笔者根据联合国统计报告自行绘制。由于联合国统计报告按月度统计，表中数据取自该年 1 月份。

联合国安全理事会五个常任理事国的派遣人员数量分析显示，2000年，美国是向联合国维和行动派遣人数最多的国家，共有653名维和人员，但2021年美国向联合国维和行动派遣的人数仅为30人。美国、英国和俄罗斯的维和人员人数从2002年开始减少。法国派遣人数在2003年之前与美、英、俄三个国家接近，直到2007年，法国的派遣人数急剧上升，并于2010年转而下降。中国参加联合国维和行动人数则稳步攀升，从2000年的52人增至2016年的3047人，2017年开始略所下降，但远多于其他常任理事国的派遣人数。从联合国维和行动的派遣人数变化可以清晰地看出中国对联合国维和行动的贡献越来越大，这与中国经济实力增长一致，也与中国所树立的负责任大国的国际形象相符。

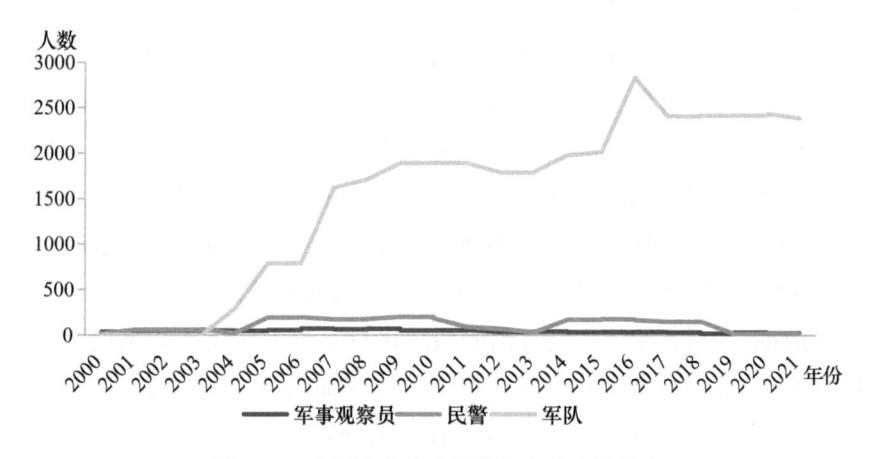

图 3-3 中国参与联合国维和行动人员构成

资料来源：笔者根据联合国统计报告自行绘制。由于联合国统计报告按月度统计，表中数据取自该年1月份。

从中国参与联合国维和行动人员构成的变化可以看出，进入21世纪后，中国维和人员中军队人员占比明显上升。2000—2003年，中国派出的军队人数很少甚至没有，自2004年起，军队人数明显增加，直到2016年达到峰值（2840人），其后虽略有下降，但仍保持在2000人以上。2003年2月，中国向联合国刚果民主共和国观察特派团派出221名军事人员，这是中国首次派出成建制军事人员参加联合国维和行动。2009年在北京郊区怀柔建立维和行动培训中心，专门负责维和人员的专业和语言培训、组织研讨会、从事维持和平研究等。该培训中心被联合国指定为国际维持和平训练基地，用来组织高级军官、教官、军事观察员等国际维和人员的培训。① 2013年12月，应联合国请求，中国派遣包括工兵、医疗和警卫3支分队的维和部队共395名官兵前往马里执行维和任务，这是中国首次派出具备安全警卫能力的安全部队参与维和。向马里派遣执行警卫任务的安全部队，扩展了中国参加联合国维和行动成建制部队的类型，提升了中国参加维和行动的层次。2014年12月，中国向联合国南苏丹特派团派出维和步兵营，主要承担联南苏团赋予的保护平民和联合国人员设施、人道主义救援行动，以及巡逻警戒、防卫护卫等任务。这是中国首次向联合国维和行动派遣成建制的维和步兵营，表明中国参与维和行动的广度和深度得到进一步提升。

  2015年9月，国家主席习近平在联合国维和峰会上发表重要讲话，宣布中国支持联合国维和行动的六项措施：第一，中国将加入新的联合国维和能力待命机制，决定为此率先组建常备成建制维和警队，并建设8000人规模的维和待命部队；第二，中国将积极考虑应联合国要求，派更多工程、运输、医疗人员参与维和行动；第三，今后5年，中国将为各国培训2000名维和人员，开展10个扫雷援助项目，包括提供培训和器材；第四，今后5年，中国将向非盟提供总额为1亿美元的无偿军事援助，以支持非洲常备军和危机应对快速反应部队建设；第五，中国将向联合国在非洲的维和行动部署首支直升机分队；第六，中国—联合国和平与发展基金的部分资金将用于支持联合国维和行动。② 这是中国对联合国维和行动的庄严承诺，再次体现了负责任大国的外交形象与责任担当。2020年9月国务院新闻办公室发布的《中国军队联合国维和行动30年》对中国维和行动的成效进行了总结，指出中国维和部队构成从单一军种为主向多军兵种拓展，任务类型从支援保障向综合多能转型，行动目标从制止武装冲突向建设持久和平延伸，并将从加强战略沟通、分享经验做法、深化联演联训三个方面积极推动维和国际合作。在2015—2020年，

---

① 《中国国防部维和中心今天上午在北京怀柔挂牌》，《解放军报》2009年6月26日。
② 《习近平出席联合国维和峰会并发表讲话》，《人民日报》2015年9月30日第1版。

中国培训 2000 名外国维和人员，并指导 10 个排雷援助项目①。

除了参与联合国维和行动之外，中国还积极与非盟开展维和领域合作，共同促进非洲地区和平。中国一贯支持非洲人以非洲方式解决非洲问题。非盟是构建非洲集体安全协调机制的重要区域组织。中国政府支持非洲国家和非盟在非洲和平安全事务中发挥主导作用，支持非洲提升自主维和、维稳和反恐能力，支持非洲国家和非盟等地区组织落实"消弭枪声"倡议，支持联合国为非盟自主维和行动提供资金支持。

非盟成立后致力于建设非洲和平与安全架构。非洲常备军是该架构的重要组成部分。根据非盟《和平与安全理事会条约》的相关条款，非洲常备军将按照理事会决议作为和平支助特派团部署，或依据非盟大会授权实施干预行动。非洲常备军的主要职责有：观察和监督使命；执行其他类型的维和使命；在严重的情况下或应成员国恢复和平与安全的请求，干预成员国的事务；进行预防性部署；执行重建和平行动，包括冲突后的裁军和复员；在冲突和灾难地区提供人道主义援助，缓解民众的痛苦；发挥非盟和平与安全理事会授权的其他功能。《非洲共同防务与安全政策》为非洲常备军建设设定了具体的路线图。2002 年，非盟成立自己的维和部队后，先后向布隆迪、索马里、苏丹等国派出了维和部队。2013 年 5 月，在第 21 届非盟首脑会议上，非洲领导人决定立即建立一支快速反应部队，以减少非洲大陆对外部的军事依赖。快速反应部队由非盟成员国自愿提供军队、装备和资金，是在非洲常备军全面运作前应对非洲大陆冲突的临时措施。②

随着非盟和平与安全架构愈加完善，中国与非盟维和合作日益深化。这符合中国"非洲人以非洲方式解决非洲问题"的对非外交指导思想，有助于非盟在非洲冲突管理中发挥更大的自主性。随着国际政治经济形势的深刻变化，中国和非盟的合作不断深入。2008 年，中国—非盟战略对话会议正式启动，中国—非盟合作不断机制化。中国将与非盟在维和

---

① "Maintien de la paix: l'ONU salue 'le rôle prépondérant' de la Chine (interview)", Xinhuanet, 5th Septembre, 2015, http://french.xinhuanet.com/2015-10/05/c_134685109.htm, March 14th, 2016.

② 袁武：《非洲国家冲突后重建研究——刚果民主共和国案例研究及比较分析》，经济管理出版社 2018 年版，第 68—69 页。

行动上的合作视为优先事项，但中国参与非盟主导的维和行动尚处于出资出人的战术层面，以贷款、人员培训为主的初级合作水平。[①] 中国向非盟主导的维和行动提供物资支持，帮助非洲自主解决非洲问题。2015年9月，在联合国成立70周年系列峰会活动上，习近平主席除了宣布一系列支持联合国的措施，还决定在未来5年内，向非盟提供总额为1亿美元的无偿援助，用来支持非洲常备军和危机应对快速反应部队的建设。2015年12月，在约翰内斯堡峰会上，习近平主席提出向非盟提供6000万美元无偿援助，支持非洲常备军和危机应对快速反应部队的建设和运作。

2018年，习近平主席在中非合作论坛北京峰会上宣布："中国主张共同、综合、合作、可持续的新安全观，坚定支持非洲国家和非洲联盟等地区组织以非洲方式解决非洲问题，支持非洲落实'消弭枪声的非洲'倡议。中国愿为促进非洲和平稳定发挥建设性作用，支持非洲国家提升自主维稳维和能力。"并承诺设立中非和平安全合作基金，支持中非开展和平安全和维和维稳合作，继续向非洲联盟提供无偿军事援助；支持萨赫勒、亚丁湾、几内亚湾等地区国家维护地区安全和反恐努力；设立中非和平安全论坛，为中非在和平安全领域加强交流提供平台；在共建"一带一路"、社会治安、联合国维和、打击海盗、反恐等领域推动实施50个安全援助项目。[②]

2020年，中国军队已向非盟交付首批军援装备和物资，派遣军事专家组对非方人员进行交装培训。这一系列实质性举措将促进中国与非盟在维和领域的合作。但是中国与非盟在安全领域的合作形式仍限于物资支持和人员培训。非盟更倾向于与传统西方大国和西方主导的国际区域组织（如欧盟）进行维和合作。中国在非洲维和行动中话语权依然较少，影响力有限。中国积极参与联合国与非盟共同主导的维和行动是很好的开端。2017年8月，中国军队向非盟—联合国达尔富尔混合行动（联非

---

① 王国梁等：《中国与非盟维和合作的机遇与挑战》，《武警学院学报》2021年第3期。
② 《中非合作论坛北京峰会隆重开幕 习近平出席开幕式并发表主旨讲话》，《人民日报》2018年9月4日第1版。

达团）派出 140 人的首支直升机分队部署到位。① 这是中国参加非盟—联合国维和行动的有益尝试和创新。建立联合国、中国、非盟在维和领域的三方合作将成为提升中国在国际维和行动中认可度的突破口。

综上所述，中国在非洲建设和平领域的作用主要体现在以下方面（见表 3-2）。

表 3-2 中国在非洲建设和平中的作用

安全层面	
排雷	▲
秩序维护	▲
解除武装、复原和重返社会	—
安全部门改革	—
预防冲突	—
难民重返社会	—
政治层面	
民主化	—
善治	—
法治	—
能力建设	▲
机构建设	—
人的保护	—
选举援助	▲
民族和解和司法重建	—
社群间对话	—
社会经济层面	
基础设施重建	▲

① 中华人民共和国国务院新闻办公室：《中国军队参加联合国维和行动 30 年》，《人民日报》2020 年 9 月 19 日第 5 版。

续表

社会经济层面	
财政援助	▲
卫生教育援助	▲
农业粮食援助	▲
媒体	▲
水电供应	▲
对社会组织支持	▲
对弱势群体支持	▲

资料来源：笔者自制。

表3-2显示，中国在非洲建设和平中的贡献主要涉及社会经济层面，包括基础设施重建、对弱势群体支持、教育和农业援助等。政治层面上，中国坚定不移地奉行尊重主权和领土完整原则，在建设和平方面的援助很少直接涉及对象国国内政治问题，而是间接帮助对象国保障政治稳定、提高治理能力。安全层面上，中国主要通过联合国、非盟等国际地区多边框架平台为非洲建设和平贡献力量。中国致力于与非洲安全合作，一方面满足了中非合作深入发展的需要，为中非合作的发展提供了稳定的环境；另一方面也符合中国负责任大国的国际形象。

第 四 章

法语国家组织在非洲建设和平中的作用

法语国家及地区国际组织（Organisation Internationale de la Francophonie，OIF，以下简称法语国家组织）成立于1970年，现有88个国家和政府成员，其中54个为正式成员国和政府，27个为观察员国和政府，7个为准成员国和政府。为了分析法语国家组织在非洲建设和平中的作用，充分认识该组织的缘起、性质和特点十分必要。

第一节 法语国家组织的缘起、架构及性质

一 法语国家组织的缘起

"francophonie"一词最早由法国地理学家奥尼西姆·雷克拉斯（Onésime Reclus）于19世纪末提出，用来指称世界各地讲法语的人群。[1] 首字母大写的"Francophonie"与首字母小写的"francophonie"代表不同的内涵。前者指法语国家组织这一国际组织机构，而后者指"讲法语的国家或地区"或者"法语推广运动"。由于历史上法国与比利时两国曾在其殖民地推行以法语为交流工具的同化政策并以语言为媒介宣传其文化理念，"法语国家与地区"代表的不单是一个语言文化范畴，而是不可避免地附加了殖民政治的色彩。

---

[1] Onésime Reclus, *France, Algérie et colonies*, Paris: Hachette, 1880.

法语国家组织的诞生既符合前殖民地领导人的意愿,也与前宗主国的利益相一致。20世纪60年代,非洲国家纷纷独立。独立后的非洲国家开始思考它们如何在国际政治舞台上占有一席之地。为了维系与前宗主国之间的经济联系和文化纽带,在法语国家及地区内部创造交流、分享、合作的空间,一些非洲法语国家领导人认为法语及其代表的价值观应该被保留下来。时任塞内加尔总统列奥波尔德·塞达·桑戈尔(Léopold Sédar Senghor)、时任尼日尔总统阿马尼·迪奥里(Hamani Diori)、时任突尼斯总统哈比卜·布尔吉巴(Habib Bourguiba)以及时任柬埔寨国王诺罗敦·西哈努克(Norodom Sihanouk)等人借助"francophonie"一词倡导建立"拥有共同价值观,以人文主义和文化交融为理想的共同体",逐渐使"法语国家与地区"成为法国与其前殖民地国家之间的一个合作框架。

法语国家组织的前身是于1970年3月20日成立的文化与技术合作局(Agence de coopération culturelle et technique, ACCT)。该机构于1998年更名为"法语国家及地区政府机构"(Agence intergouvernementale de la Francophonie),并于2005年更名为法语国家及地区国际组织(Organisation internationale de la Francophonie)。法语国家组织既是法国展现其国际影响力的重要工具和途径,也是促进法语国家间联系与合作的平台。

二 法语国家组织的目标及机构设置

(一)组织目标

法语国家组织最初的主要目标是在世界范围推广法语和法语文化。建设和平并不属于法语国家组织的行动范畴。然而,该组织从20世纪末开始逐渐扩大自己的行动范畴,和平安全成为该组织活动的一个重要领域。1997年在越南河内颁布、2005年在马达加斯加塔那那利佛修订的《法语国家及地区国际组织宪章》第一条规定:"法语国家及地区国际组织致力于将成员国之间的相互联系及其共有的法语和普世价值用来服务和平、合作及发展事业,为帮助成员国建立和发展民主,预防、管理和解决冲突而努力。"这标志着法语国家组织的"政治转折",冲突管理问题的优先性在法语国家组织内部得到明确。

国际组织的目标通常以其成员国的共同利益为基础。对法语国家组织来说,《宪章》确定了组织的目标和任务。法语国家组织成员国之间通过分享法语及其承载的价值观建立联系，以此为和平、合作、团结和可持续发展服务，帮助建立和发展民主，预防、管理和解决冲突，支持法治和人权，加强文化和文明对话，加强多边合作，促进经济发展、教育和培训。《宪章》规定，法语国家组织尊重国家主权、语言和文化，遵守中立性原则，并为实现其组织目标提供支持。①《宪章》突出和平安全议题的重要性，标志着法语国家组织的"政治性转折"。《2005—2014年10年战略框架》②和《2015—2022年战略框架》③是法语国家组织机构行动的参考。

可见，法语国家组织确立的目标涉及多个领域：政治、文化、社会、经济和教育。其中首要目标是建立和发展民主，预防、管理和解决冲突，支持法治和人权等。这是成员国的关切和愿望的体现，并决定了法语国家组织任务和行动的优先事项，即促进法语以及文化和语言多样性；促进和平、民主和人权事业；支持教育、培训、高等教育和研究；促进可持续发展。法语国家组织将和平与民主、人权等政治发展问题联系在一起，并将后者视为实现和平或避免冲突的手段。

（二）组织架构

法语国家组织形成了以首脑会议为核心的组织架构。由国家元首和政府首脑组成的首脑会议是法语国家组织的最高决策和审议机构，负责明确法语国家组织的总体方向。首届法语国家首脑会议于1986年召开，此后基本上每两年举行一次。在首脑会议的指引下，法语国家组织每年举行部长级会议。部长级会议在两届首脑会议之间举行，由各成员国负责法语国家组织事务的外交部长及其代表参加。部长级会议为首脑会议做准备，监督执行首脑会议作出的决定。④因此，部长级会议是法语国家组织的执行

---

① Organisation internationale de la Francophonie, *Charte de la Francophonie*, adoptée par la CMF, Antananarivo, le 23 novembre, 2005.

② Organisation Internationale de la Francophonie, *Cadre stratégique décennal de la Francophonie 2005 – 2014*, Xe Conféence des Chefs d'État et de gouvernement ayant le français en partage, Ouagadougou, Burkina Faso, les 26 et 27 novembre 2004.

③ Organisation Internationale de la Francophonie, *Cadre stratégique décennal de la Francophonie 2015 – 2022*, XVe Conférence des Chefs d'État et de gouvernement ayant le français en partage, les 29 et 30 novembre 2014.

④ Organisation internationale de la Francophonie, *Charte de la Francophonie*, adoptée par la CMF, Antananarivo, le 23 novembre, 2005.

机构。

常设理事会在部长级会议授权下组织行动。常设理事会由成员国国家元首或政府首脑的特别代表组成,负责处理日常工作,通过各类委员会发挥调解人、协调员和仲裁者的作用。①

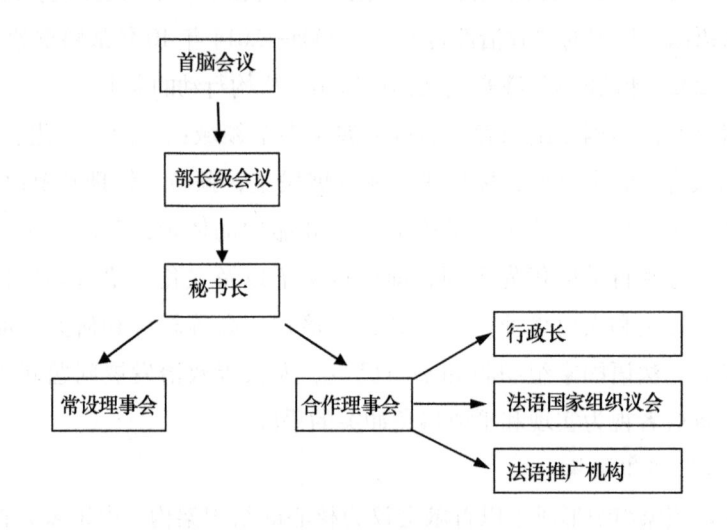

图 4-1　法语国家组织架构图

资料来源:笔者自制。

1995 年 12 月举行的第六届法语国家首脑会议决定设立秘书长职位,以协调法语国家组织的具体政策和行动。为避免成为某些成员国操作的特权空间,造成权力分配的不平衡,法语国家组织秘书长由成员国国家元首和政府首脑选举产生,任期四年。秘书长是法语国家组织所有机构的秘书处负责人,担任常设理事会与合作理事会主席。

合作理事会下设由秘书长任命的行政长、协商机构法语国家组织议会以及四个法语推广机构(法语国家大学协会、TV5monde 电视台、亚历山大桑戈尔大学和国际法语市长协会)。此外,法语国家组织还设立了法语国家教育部部长会议和法语国家青年体育部部长会议。

---

① Organisation internationale de la Francophonie, *Charte de la Francophonie*, adoptée par la CMF, Antananarivo, le 23 novembre, 2005.

法语国家组织设立四个常设代表处，分别设立在位于亚的斯亚贝巴的非盟及联合国非洲经济委员会内，位于布鲁塞尔的欧盟内以及位于纽约和日内瓦的联合国内。此外，法语国家组织还设立六个区域办公室，分别位于多哥的洛美，负责西非事务；位于加蓬的利伯维尔，负责中非事务；位于越南河内，负责亚太事务；位于海地的太子港，负责加勒比拉丁美洲事务；位于罗马尼亚的布加勒斯特，负责中东欧事务；以及位于马达加斯加的塔那那利佛，负责印度洋事务。

在决策机制层面，法语国家组织以协商一致为主要决策方式。法语国家组织最高机构内部采用通过协商达成共识的方式进行决策，这使每个成员国都有表达自己立场和观点的权利。但是，共识的达成也可能是国家之间权力制衡的结果，共识制度无法确保机制完全的公平性。例如，时任法国总统奥朗德试图在2014年让布基纳法索总统布莱斯·孔波雷担任法语国家组织秘书长一职，以解决布基纳法索国内因权力争夺引发的政治危机，法国在法语国家组织内部的强势地位反映了法语国家组织内部成员国影响力的不对等。[1]

三　法语国家组织的性质

根据国际判例法，法语国家组织是一个真正的国际组织，因为它通过建立完整的运转体系来实现其目标。然而，2005年11月23日通过的《法语国家组织宪章》是一项非正式的、不具约束力、政治性的、规范和解释性的协定。[2]《宪章》明确了组织的主要原则，界定了各机构的职能，为国家间的关系提供了规范性框架。[3] 然而，从国际法的角度来看，《宪

---

[1] 于2014年11月在达喀尔举行的法语国家组织首脑峰会难以就迪乌夫秘书长的继任者问题达成共识，法国试图推荐时任布基纳法索总统布莱兹·孔波雷（Blaise Compaoré）任秘书长。法国的立场引起批评和质疑，有分析人士称此为法非特殊关系的体现。Pauline Imbach, "François Hollande au Sommet de la Francophonie à Kinshasa, en avant la Françafrique", Cadtm. org, 1er décembre 2014, http：//lautreafrique.info/2014/12/05/francois - hollande - au - sommet - de - la - francophonie - en - avant - la - francafrique/，访问日期：2015年9月26日。

[2] Marcelin Somé, *Le statut juridique de l'Organisation Internationale de la Francophonie*, thèse de doctorat en Droit public, 2008, Université Jean Moulin Lyon 3, pp. 328 - 332.

[3] Marcelin Somé, *Le statut juridique de l'Organisation Internationale de la Francophonie*, thèse de doctorat en Droit public, 2008, Université Jean Moulin Lyon 3, p. 331.

章》不具备实质约束力,尚未赋予法语国家组织司法身份。我们将结合学界的相关讨论来分析法语国家组织的性质。

(一) 与社团联系紧密的政府间组织

法语国家组织的诞生以 1970 年 3 月 20 日文化与技术合作局的成立为标志(因此,每年 3 月 20 日被定为国际法语日)。在此之前,已经出现了多个不同领域以创建国际法语社区为目标的社团组织,这些社团组织的出现为法语国家组织的产生创造了有利条件。例如,1950 年成立的国际法语媒体记者协会于 2001 年更名为国际法语媒体联盟。再如,1961 年成立的部分或全部法语高校协会于 1998 年更名为法语国家大学协会等。此外,法语语言学家、教师、学者、记者、律师、医生等协会组织也纷纷创建。这些协会在推广法语使用的同时助推了法语国家及地区间的多边合作。因此,法语国家及地区这一概念的产生和发展并非政府行为。国家政府对其产生和发展的推动作用是有限的。因此,法语国家组织虽然被定义为政府间组织[1],但其社团性质一直存在并通过其政策和行动凸显出来。"以法语为纽带的国际熔炉在很大程度上是通过国际范围内的社团组织构建起来的。"[2]

法语国家及地区的独特历史背景赋予了其特殊的社团性质,并且这一特性没有随着时间的流逝而消失。为加强法语国家组织与国际非政府组织之间的关系,法语国家组织于 1992 年建立了非政府组织会议机制。法语国家组织秘书长每两年召开法语国家及地区非政府组织大会。通过这一机制,国际非政府组织和国际民间社会组织可以向法语国家组织各机构提出建设性意见。在法语国家组织的项目执行过程中,这些非政府组织负责提供咨询服务并且协同完成任务。[3]

除了非政府组织,法语国家组织与 16 个"机构网络"(réseaux insti-

---

[1] Organisation internationale de la Francophonie, *Charte de la Francophonie*, adoptée par la CMF, Antananarivo, le 23 novembre, 2005.

[2] Thi Hoai Trang Phan, Michel Guillou et Aymeric Durez, *Francophonie et mondialisation*, Paris, Belin, 2011, Vol. 2, p. 181.

[3] 国际非政府组织和国际民间社会组织的权利和义务受 2004 年 11 月颁布的《法语国家组织机构和非政府组织关系指导意见》规范。

tutionnels）建立并维持着合作关系。① "机构网络"是同领域机构之间的专业化合作平台，通过协商、培训和交流来共享和平、民主和人权领域相关经验和知识。② "机构网络"是独立于法语国家组织的非营利组织，在各领域发挥专业协会的作用，是法语国家组织建立技能和专业知识库的有效方式。在非政府组织会议和"机构网络"框架内进行的交流和对话是法语国家组织履行使命和承诺、向有关组织提供财政、制度和政治支持的方式之一。

（二）参与跨国互动的国际组织

法语国家组织与非政府组织及"机构网络"的联系属于美国政治学家奥伯特·欧文·基奥汉（Robert Owen Keohane）和约瑟夫·奈（Joseph S. Nye）所界定的跨国互动，即"有形或无形主体的跨国界流动，其中至少有一个行为者不是政府或政府间国际组织性质"③。由于与协会和"机构网络"等非政府行为体联系密切，法语国家组织带有明显的"跨国性质"（transnationalisme）④，使其成为国际政治实践中的宝贵工具。从法语国家组织的成立和发展历程可以看出法语国家组织是由自发的社会组

---

① 16个"机构网络"分别是：Conférence internationale des Barreaux de tradition juridique commune-CIB, Association du Notariat Francophone-ANF, Association des Institutions supérieures de contrôle ayant en commun l'usage du français-AISCCUF, Association des Cours constitutionnelles ayant en partage l'usage du français-ACCPUF, Association africaine des Hautes juridictions francophones-AAHJF, Association des Ombudsmans et Médiateurs de la Francophonie-AOMF, Association des Hautes juridictions de cassation des pays ayant en partage l'usage du français-AHJUCAF, Association francophone des Commissions nationales des droits de l'homme-AFCNDH, Union des Conseils économiques et sociaux et institutions similaires des États et gouvernements membres de la Francophonie-UCESIF, Réseau francophone des Régulateurs des médias-REFRAM, Association francophone des Autorités de protection des données personnelles-AFAPDP, Réseau francophone de diffusion du droit-RF2D, Réseau international francophone de formation policière-FRANCOPOL, Association internationale des Procureurs et Poursuivants francophones-AIPPF, Réseau des compétences électorales francophones-RECEF, Réseau francophone des Cours de la Magistrature supérieure-RFCMJ。

② *Quinze Réseaux institutionnels de la Francophonie pour contribuer à la promotion de la paix, de la démocratie et des droits de l'homme*, Délégation à la paix, à la démocratie et aux droits de l'homme, Organisation de la Francophonie, Paris, février, 2012.

③ Robert Owen Keohane et Joseph S. Nye., *Transnational relations and world politics*, Cambridge et Mass, Harvard University Press, 1972, p. xii.

④ Brian Weinstein, "Francophonie: A Language-Based Movement in World Politics", *International Organization*, 1976, Vol. 30, No. 3, pp. 485 – 507.

织网络演变为"跨国性质的"政府间组织。这一过程并不是组织性质的骤变，而是其发展历程的自然结果。

以"跨国流动"为特征的"多中心"世界不同于以国家为主要行为体的世界。[①] 在以国家为主要行为体的世界中，国家机器致力于巩固和加强国家权力，而另一个由"跨国流动"组成的世界则旨在扩大其独立于政府的自主性。跨国互动关系不完全受到国家的控制。社群网络的激增加速了跨国互动和流动，在一定程度上削弱了国家的统治权力。[②]

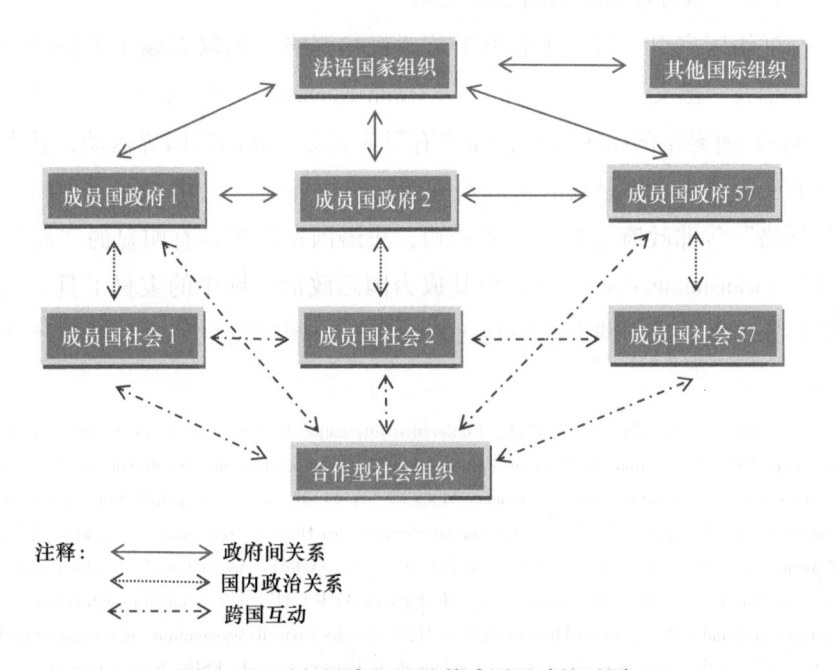

注释：⟷ 政府间关系
⋯⋯⟶ 国内政治关系
⟵-⋅-⟶ 跨国互动

图4-2 法语国家组织及其跨国互动演示图

资料来源：笔者根据奥伯特·欧文·基奥汉和约瑟夫·奈所界定的跨国互动网络自行绘制。

在复杂的社会结构以及密集的经济流动中，非国家行为体与国家机

[①] Dario Battistella, *Théories des relations internationales*, Paris, Presses de Sciences Po, 2009, p. 244.

[②] James N. Rosenau, *Turbulence in world politics: A theory of change and continuity*, Princeton: Princeton University Press, 1990.

构保持着密切联系与互动并对国家政策的制定和实施产生重要影响。但是，在跨国互动中，国家行为体不能被完全排除在外，"跨国互动是渗透在国家间关系之中的"。[1] 在不同性质行为体混杂的世界里，国家、次国家和非国家行为体三种行为体之间存在复杂的相互依存关系。[2] 詹姆斯·罗西瑙（James N. Rosenau）为此设定了三个相关参数，与个人的国际政治能力有关的微观政治（个人）参数，与国家、次国家或超国家组织的集体归属结构有关的宏观政治（结构）参数，以及介于前两个参数之间的关系参数。

作为一个政府间国际组织，法语国家组织既是成员国政府行为的监督机构，也是区域和国际问题的协商及对话平台。同时，它与成员国的非政府组织和民间社会组织建立和发展合作关系。法语国家组织囊括了政治军事决策者、民间社会活动家、行业专家等，跨越全球体系的不同层面和领域。法语国家组织不仅是跨国经济、文化和社区流动的空间，而且是产生思想、价值观、规范和认知的交流平台。此类交流不限于某个领域，并且结合了非物质的制度层面。[3] 这一特性使法语国家组织超越了有形或无形的、真实或虚构的边界。国家不再是塑造社会的唯一主体，跨国层面同样能够产生认识现实的标准和方法。[4] 法语国家组织通过其承载的价值观对相关国家的思维和行为方式产生一定影响作用。

为促进和平，法语国家组织在与联合国、欧盟、非盟等国际及地区组织进行合作与互动的同时，与非政府组织建立合作。比如，在政治司法领域内，一些非政府组织和专业行会为法语国家组织成员国提供专业技术和知识储备。这些不同性质行为体之间的合作关系所形成的跨国性质互动，构成了法语国家组织在建设和平中的独特优势。

图 4-2 展现了法语国家组织与外界之间的互动关系。法语国家组织

---

[1] Robert Owen Keohane et Joseph S. Nye, *Transnational relations and world politics*, Cambridge et Mass, Harvard University Press, 1972.

[2] 参见 Robert Owen Keohane et Joseph S. Nye, *Power and interdependence*, 3e édition, New York, Longman, 2012。

[3] Robert Owen Keohane et Joseph S. Nye, *Power and interdependence*, 3e édition, New York, Longman, 2012, p.9.

[4] Deborah D. Avant, Martha Finnemore et Susan K. Sell, *Who governs the globe*? New York, Cambridge University Press, 2010.

不仅与其他政府间国际组织建立合作关系，而且通过跨国互动与非政府及公民组织进行合作。法语国家组织与外界建立合作网络使其视角更加多元化。国家、非政府组织、各级社会组织构成了跨国关系的多元性。就法语国家组织而言，多元性不仅表现在成员国和相关组织的性质上，而且体现在法语国家组织是全球治理理念的试验场所。法语国家组织成员国大多属于"第三世界"国家，法语国家组织为"第三世界"国家参与全球治理提供了协商平台。

作为政府和非政府组织之间的纽带，法语国家具有突出潜力和优势，但也存在一些弊端。法语国家组织力图彰显其促进对话和协商的平台作用，进而发展成为"全球政治中重要角色"①。然而，由于其目标和任务的复杂性和参与主体的多元化，法语国家组织的力量容易被分散和削弱。法国等大国的干预也可能对多边平台发挥作用造成阻碍。此外跨国互动促进了不同国家之间的相互依赖关系，迫使国家机构相互监督并遵守国际规则。成员国需要考虑并预测其他国家对自身政治决策做出的反应。法语国家组织成员国的领导人需要充分尊重组织倡导的价值观，不能制定违背本组织原则的政策。然而，事实上，法语国家组织的约束力较为有限。鉴于不干涉主权原则，法语国家组织无法对国家行为进行约束和限制。因此，国家可能操纵和利用跨国关系来实现自己的政治目标。法国等具有明显实力优势的成员国借此宣传其意识形态和规范，对其他成员国实现"非正式渗透"②。

（三）"愿望群体"和"利益集团"的双重性质

法语国家组织囊括了协会、政治机构、国际组织以及国际公务员，甚至普通公民，因此，在一定程度上是一个模糊不清、难以解读的存在。部分学者认为，法语国家是一个愿望群体，而不是一个利益集团。

20世纪90年代后期，克里斯托弗·特拉斯内尔（Christophe Trais-

---

① Brian Weinstein, "Francophonie: A Language-Based Movement in World Politics", *International Organization*, 1976, Vol. 30, No. 3, pp. 485–507.

② 参见 Andrew M. Scott, *The Revolution in Statecraft: Informal Penetration*, New York, Random House, 1965。

nel）在限定法语国家组织性质时使用了利益集团和愿望群体术语。[①] 在他看来，虽然法语国家组织可以通过施加压力来维护成员国利益，但并不能被认定为一个"利益集团"，"愿望集团"的表述更适于描述法语国家组织的性质。由于法语国家组织旨在维护法语及其象征的文化思想价值而更接近"公共利益群体"和"思想集团"。从这个意义上讲，所有使用法语或者认同法语国家组织所倡导理念的个人都应被认为是"法语国家国际组织中的一员"。然而，20世纪90年代以来，法语国家组织的组织架构日益完善，对所捍卫的利益和理念更加清晰化、系统化。可以说，现今的法语国家组织不仅是一个"愿望集团"，并且已发展成为具有多元性并且倡导多元主义的"利益集团"。

（四）"制度"的构成及其有效性分析

作为准则性的国际组织，法语国家组织在特定领域、在行为体认同的前提下建立"制度"，即一系列明确或不明确的原则、规范、准则以及决策程序，对成员国的行为有一定的规范和约束作用。

"制度"这一概念出现于20世纪70年代。斯蒂芬·克拉斯纳（Stephen Krasner）将其定义为"一套含蓄或明确的原则、规范、规则和决策程序"。国际社会的成员是具有不同属性的理性行为体，必须在一定约束下行事。[②] 因此，国际范围内"制度"使国家行为体的关系制度化，以便在没有统一政府的情况下在某些领域通过合作谋求共同利益。"制度"不同于随着权力更迭和利益变化而改变的临时协定。"制度"通过提供基本的共同规范来促进合作。因此，国际体系中的理性行为体在"制度"的框架约束下被迫寻求长期目标。"制度"有助于预测国家行为，从而"通过减少不确定性来促进合作"。[③] 因此，国际社会试图通过建立"制度"来监管或组织国家行为。

---

① Christophe Traisnel, *Francophonie, francophonisme: Groupe d'aspiration et formes d'engagement*, Paris, Université Panthéon-Assas LGDJ, 1998, pp. 51 – 85.

② Marie-Claude Smouts, *Les nouvelles relations internationales*, Paris: Presses de Sciences Po, 1998, p. 146.

③ Robert Owen Keohane, *After hegemony: Cooperation and discord in the world political economy*, Princetonm: Princeton University Press, 2005, p. 97.

"制度"在一定程度上是理想主义和现实主义的结合。[1] 一方面，国家的行为可能在组织范围内受到"制度"的影响和约束；另一方面，"制度"的出现是国家根据其国家利益进行计算的结果。下面将以法语国家组织于2000年发布的《巴马科宣言》为例，从"制度"的四个要素，即原则、准则、规则以及决策程序，来认识"制度"如何在法语国家组织上体现的。

原则是以正直和忠诚为基本出发点而产生的对事业和行动的信念。法语国家组织通过《巴马科宣言》，确认其基本原则，并明晰了对民主和法治的定义，对这些定义的阐述成为其建立共同信念、实施共同行动的基础和参考。

准则是界定权利和义务的行为标准。对于法语国家组织，《巴马科宣言》确立了成员国行为的标准和义务。例如，法语国家组织"谴责以暴力、武器或任何其他非法手段实施的政变或其他夺取权力的形式"[2]。又如，法语国家组织在《巴马科宣言》中表明了对民主实践的立场，并在此问题上为其成员国和相关机构奠定了行为准则基础。"在尊重普遍原则的同时，民主的表现形式建立在每个民族特殊的历史、文化和社会现实基础之上。"[3]

规则是指引行动的规定或禁令，是组织的行动轴心。《巴马科宣言》遵循这一逻辑，提出巩固法治；组织自由、可靠和透明的选举；促进实现和平有序的政治生活；宣扬民主文化及尊重人权的倡议。由此，法语国家组织为具体行动制定了明确的规范。

决策程序是实现目标的具体实践路径。监督法语国家组织成员国的民主实践、维护人权和自由、透明的选举程序是《巴马科宣言》的最后一部分。该部分具体规定了法语国家组织秘书长的作用、责任和特权，以及法语国家组织成员国政府在发生民主危机或崩溃以及轻微或严重侵犯人权行为时应采取的程序和行动。

---

[1] Stephan Haggard et Beth A. Simmons, "Theories of international regimes", *International Organization*, été 1987, Vol. 41, No. 3, pp. 491–571.

[2] Ministres et Chefs de délégation des Etats et gouvernements des pays ayant le français en partage, *Déclaration de Bamako*, 2000, Orgnisation internationale de la Francophonie.

[3] Ministres et Chefs de délégation des Etats et gouvernements des pays ayant le français en partage, *Déclaration de Bamako*, 2000, Orgnisation internationale de la Francophonie.

综上所述,《巴马科宣言》体现出"制度"的四个要素。然而,"制度"的质量必须通过其在具体实践中的有效性来检验。① 当参与者尊重该宣言所体现的"制度性"内容或至少以其制定的原则、规则、程序为行为参考,是制度有效性的体现。然而,《巴马科宣言》作为制度的"有效性"仍然薄弱,因为成员国及其国家机构较少以《巴马科宣言》作为制度性参考。② 此外,法语国家组织的决策机制削弱了其"有效性"。组织的决策机构是国家元首和政府首脑会议,因此拥有最终决定权并决定本组织"效力"的仍是成员国。例如,关于在民主崩溃或大规模侵犯人权的情况下暂停成员国的问题,必须召开由国家元首所有代表组成的常设理事会会议。每个国家需要表达各自立场,在没有达成一致性意见的情况下不能做出任何决定。因此,成员国能否遵守制度性原则很大程度上取决于成员国之间权力和利益的博弈和平衡。

第二节　法语国家组织在非洲建设和平中的行动举措

法语国家组织在法语国家及地区的冲突管理中具有较强的行动能力和影响力。法语国家组织不仅致力于促进直接冲突的停止,而且努力在根除冲突根源、建立持久和平方面做出贡献。因此,本研究将试图结合"消极和平"与"积极和平"两个方面来阐述法语国家组织在非洲冲突管理中的作用,从而分析其行动的理论基础和实践特点。③

一　法语国家组织在建立"消极和平"中的作用

在建设和平领域,法语国家组织致力于创造消弭冲突的条件,推动危机的解除,即建立"消极和平",其行动主要包括以下方面。

---

① Marc A. Levy, Oran R. Young et Michael Zürn, "The Study of International Regimes", *European Journal of International Relations*, 1995, Vol. 1, No. 3, pp. 267 - 330.

② 科特迪瓦国家人权委员会主席在与笔者的访谈中表示,尽管该委员会的政策和行动与法语国家组织一致,但较少以《巴马科宣言》为参考。"《巴马科宣言》缺少可视度,法语国家组织应加大对其宣传。"访谈时间:2014 年 7 月 22 日,访谈地点:阿比让。

③ 孟瑾:《法语国家与地区国际组织在非洲冲突管理中的作用》,《法语学习》2017 年第 3 期。

(一) 利用自身资源和优势参与冲突调解

2000 年通过的《巴马科宣言》指出："促进谈判的达成是解决冲突最恰当、最有效的方式。"法语国家组织拥有各类人力、外交和技术资源网,与各国和政府的高级官员保持长期接触,通过设立常驻办事处、派遣特使、调解人和项目专家代表团以及国际工作组等方式促进消极和平的实现。此外,法语国家组织秘书长通过会见当地政府首脑和冲突双方代表的方式介入解决冲突过程中。例如,法语国家组织历任秘书长分别参与了科摩罗、刚果民主共和国、布隆迪、多哥、毛里塔尼亚、中非共和国等国冲突的谈判和调解。

自科特迪瓦 1999 年 12 月因军事政变而进入长年危机以来,法语国家组织一直致力于该国冲突的解决。[①] 2000 年 1 月 23—25 日,法语国家组织时任秘书长阿卜杜·迪乌夫（Abdou Diouf）派遣由贝宁前总统埃姆利－德林·津苏（Emli-Derlin Zinsou）率领的调查协商团前往科特迪瓦首都阿比让,重申法语国家组织对政变的谴责。2003 年 1 月 15—23 日,法国前总统雅克·希拉克邀请该组织作为观察员出席在法国利纳—马库锡举行的科特迪瓦政治力量圆桌会议。法语国家组织时任秘书长阿卜杜·迪乌夫任命几内亚前总理兰萨纳·库亚特（Lansana Kouyaté）作为特使出席会议。《利纳—马库锡协定》在各方努力下于 2003 年 1 月 24 日签署。此外,法语国家组织与欧洲联盟、非洲联盟、西共体、联合国、世界银行和货币基金组织、八国集团和法国一同组建国际监督跟踪委员会,以确保《利纳—马库锡协定》的执行和落实。

为了更好地跟踪科特迪瓦政局变化、促进和平与民族和解进程,法语国家组织于 2003—2007 年在科特迪瓦首都阿比让设立代表处。[②] 代表处由法语国家组织危机管理特别代表兰萨纳·库亚特特使领导,其职责是确保该组织在相关问题上阐明自身立场,监督协定的执行,向秘书长

[①] Ntole Kazadi, "la médiation de la Francophonie en Côte d'Ivoire (2002 – 2007)", dans Jean-Pierre Vettovaglia, *Médiation et facilitation dans l'espace francophone : théorie et pratique*, Bxuxelles, Bruylant, 2013, pp. 427 – 437.

[②] Christine Desouches, "Médiation et Francophonie : Principes, démarche et pratique", dans Jean-Pierre Vettovaglia, *Démocratie et élections dans l'espace francophone*, Bxuxelles, Bruylant, 2010, p. 308.

撰写报告，及时与科特迪瓦政府沟通交换意见，并确保法语国家组织的意见和建议得到充分尊重。自 2003 年直到危机结束，阿卜杜·迪乌夫多次（至少 7 次）访问科特迪瓦，与科特迪瓦各领导人和政党交谈，重申法语国家组织将辅助科特迪瓦执行该协定。2009 年 11 月 16 日，阿卜杜·迪乌夫在巴黎会见了布基纳法索前司法部部长、促进科特迪瓦直接对话调解人、特别代表布莱马·巴迪尼（Boureima Badini），以了解情况并听取他的立场。[①] 科特迪瓦政府还定期向法语国家组织常设理事会提交季度报告，评估冲突后局势发展及和解进程进展。

在马里危机解决过程中，阿卜杜·迪乌夫于 2013 年 2 月 20 日在巴黎总部接见了马里过渡时期总理德扬戈·西索科（Django Cissoko），并于 2013 年 2 月 24 日至 3 月 2 日间派遣特派团前往巴马科，目的是与其他合作伙伴共同明确法语国家组织支持马里解决危机的优先事项与具体方式。此外，法语国家组织项目专家伊萨·布巴卡尔（Issa Boubakar）负责协助马里对话与和解委员会的工作，并组织了相关专题研讨以分享其他非洲法语国家的经验。[②]

政府间组织具有"提供讨论、交流、谈判的功能，可能达成协议，也可能产生分歧"。[③] 作为协商、调解、寻求政治解决方式的平台，法语国家组织拥有独特的优势。由于拥有相似的语言文化背景，法语国家组织成员国在法治建设、选举、人权等议题上存在一定共识，这为调解创造了有利的条件。例如，科特迪瓦向法语国家组织常设理事会提交的季度报告评估了冲突后局势的发展、和解进程的进展、回归和平与裁军进程的路径，以供本组织成员国进行协商并付诸行动。此外，调解人通常是现任或前任政治领导人，拥有丰富的实践经验，就对象国存在的问题有着深刻地认识，有利于推动调解工作的进展。值得注意的是，法语国家组织的调解能力更多地体现在秘书长及其委托的调解人身上。法语国

---

① 笔者与科特迪瓦驻法国使馆法语国家组织事务负责人 Mouminatou Barry Diaby 的访谈。访谈时间：2014 年 5 月 15 日，访谈地点：巴黎。

② 笔者与法语国家组织驻联合国特别代表穆萨·卡马拉（Moussa Camara）的访谈。访谈时间：2014 年 8 月 7 日，访谈地点：巴马科。

③ Guillaume Devin, *Faire la paix: la part des institutions internationales*, Paris, Presses de Sciences Po, 2009, p. 102.

家组织的作用很大程度上取决于调解人的做事方式、个人魅力,以及他坚持和表达其原则和立场的能力。[1] 由于调解工作涉及与其他国际地区组织的协作,调解人的个人魅力和灵活性是与其他行为体建立对话和协调行动的重要条件。然而,尽管多边行动及机制弥补了参与调解进程的每个行为体的弱点和局限性,但是由于调解通常是低调且不公开的工作,法语国家组织在斡旋调解中的作用较少能为公众所知。

(二)鼓励并敦促成员国参加联合国维持和平行动

法语国家组织致力于鼓励成员国参加联合国维和行动。由于法语非洲国家政治危机、军事冲突频发,目前在非洲正在进行的 6 个联合国维和行动中有 3 个在法语国家,分别是:联合国马里多层面综合稳定团、联合国中非共和国多层面综合稳定团、联合国组织刚果民主共和国稳定特派团。但事实上,法语国家对维持和平行动的参与程度较低,法语在联合国维和行动中的应用逐渐呈现出被边缘化的趋势。动员法语国家参与维和行动有助于加强维持和平人员和东道国人民之间的交流和联系。因此,鼓励法语国家参与联合国维和行动并推动法语在联合国维和行动中的使用十分必要。

表 4-1　法语国家组织成员国和英联邦成员国参与联合国维和行动的人数与比重

	法语国家组织成员国	英联邦成员国
参与联合国维和行动的人数(人)	29036	43722
占联合国维和行动总人数比重(%)	29.65	44.64

资料来源:笔者根据联合国官方网站数据统计,统计截止时间 2017 年 2 月。

具体行动上,法语国家组织在 2009 年举行的第 25 届部长级会议上决定成立专家网络,向自愿参与维和行动的法语国家提供智力支持。专家

---

[1] Milena Dieckhoff, *L'individu dans les relations internationales: le cas du médiateur Martti Ahtisaari*, Paris, l'Harmattan, 2012; Ahmedou Ould-Abdallah, "Les conflits dans le conflit: Médiations et médiateurs", dans Jean-Pierre Vettovaglia, *Médiation et facilitation dans l'espace francophone: théorie et pratique*, Bruxelles, Bruylant, 2010.

网络面向法语国家宣传联合国运行机制，并就联合国维和行动的目标与行动原则等主题组织相关培训。2014年1月，阿卜杜·迪乌夫在法语国家组织总部启动了"维和行动法语专业技术与培训系统"（Réseau d'expertise et de formation francophone pour les opérations de paix，REFFOP），其功能是向成员国提供关于支持和平行动的法语信息和符合联合国标准的法语培训资源，并在多层面维和行动中调动相关领域法语专家整合专业知识，提高参与联合国维和行动的法语国家的专业化水平。这些举措有效调动了法语国家参与联合国维和行动的积极性，从而为法语国家冲突的解决创造有利条件。

在部署联合国马里多层面综合稳定特派团（马里稳定团）时，常驻联合国代表于2013年7月15日召集军事顾问和专家召开研讨会，其中法语国家组织派相关专家与会。2013年7月8—10日，法语国家组织在巴马科举办了关于联合国维和行动军事装备使用的培训班。应马里国土安全和民防部的请求，法语国家组织、联合国马里多层面综合稳定特派团和法语国际警察培训网于2013年7月15—19日在巴马科的阿利翁·布隆丁贝耶和平维持学校举办了关于公共安全的培训班。这些举措都是法语国家组织为了提高其成员国维持和平和公共安全的能力所作出的努力。

（三）在成员国陷入内部政治危机时重申政治立场和态度，对相关成员国施加压力

《巴马科宣言》是法语国家组织在危急情况下采取行动的主要准则和依据。法语国家组织秘书长通常在成员国危机爆发时以发表公报的形式来重申法语国家组织的共同准则和原则，并公开谴责违反《巴马科宣言》的行为。《巴马科宣言》第5章根据危机对政治秩序和社会稳定的冲击程度将危机分为两种情况。第一种是出现民主危机或严重侵犯人权的情况，第二种是民主崩溃或大规模侵犯人权的情况。第一种情形下，秘书长将派遣一名调解人或司法观察员以寻找协商一致的解决办法。第二种情形下，法语国家组织的机构，如常设理事会和部长级会议，通常采取不同程度的措施，即中止相关成员国行使组织相关权利，或暂停多边合作，或完全中止其成员国身份。值得注意的是，法语国家组织一般不违背联合国或相关地区组织的决定，而是与其一道向有关国家施加压力。法语

国家组织在国际社会中发声有助于其国际影响力的提升。

例如，在科特迪瓦冲突调解过程中，法语国家组织常设理事会于2011年1月12日在巴黎举行特别会议并通过了一项决议，要求洛朗·巴博（Kaurent Gbagbo）立即将权力和平移交至合法当选的科特迪瓦总统瓦塔拉，重申《巴马科宣言》关于举行自由、可靠和透明的选举的规定，要求参与选举进程的机构具有独立性和公正性，并支持相关国际和地区组织对即将离任的总统及其随行人员采取的所有制裁措施。2011年4月，阿卜杜·迪乌夫对科特迪瓦冲突中的暴力受害者表示遗憾，呼吁所有科特迪瓦人克制仇恨情绪，以免激化矛盾，并敦促瓦塔拉总统落实民族和解等相关行动。

值得注意的是，在科特迪瓦危机处理中，法语国家组织和法国持同一立场。法国利用其在组织内部的强势地位施加了政治压力，为其军事行动提供了舆论准备。可见，法语国家组织作为国际组织不可避免地成为大国角力的场所，法国在该组织中的影响力不言而喻，在某种程度上该组织是法国实施其外交战略的工具。法国在组织内部的影响力削弱了法语国家组织的自主性。

在马里2012年3月21日发生军事政变之后，法语国家组织常设理事会第83届会议根据《巴马科宣言》第5章的规定，于2012年3月30日通过暂时取消马里成员国身份的决定，并"暂停马里与法语国家组织的多边合作（直接关系民生的项目和有助于恢复宪政秩序和恢复民主的项目除外）"[1]。在马里冲突中，法语国家组织呼吁其所有成员国支持马里政府，并于2012年10月在刚果民主共和国首都金沙萨举行的首脑峰会上宣布不承认阿扎瓦德地区的独立。[2] 冲突平息后，于2013年11月召开的法语国家组织常设理事会第90届会议恢复了马里的成员国身份。

法语国家组织暂停成员国身份的措施，除了有碍于相关国家的经济合作之外，更多的是损害相关国家的形象和声誉，对其造成国际舆论压

---

[1] "83e session du Conseil permanent de la Francophonie : le CPF suspend le Mali de la Francophonie", Reliefweb, 30 mars, 2012.

[2] 笔者与马里国家首脑驻法语国家组织常任理事会代表 Moussa Sissoko 访谈。访谈时间：2014年8月12日，访谈地点：巴马科。

力，从而促使其尽早回归国家运转的正常轨道。然而，此类措施不具备司法意义上强制性和约束力。因此，法语国家组织只是辅助成员国实现建设和平，而不能为其制定具体步骤和方案。

二 法语国家组织在促进"积极和平"中的作用

如上文所述，实现和平不仅需要消除传统暴力或直接暴力，而且要消除贫穷、压迫和征服等结构性暴力。实现积极和平的前提并非冲突的根除，而是直接、结构性以及文化性暴力的减少。这需要动员非暴力而具有创造性的资源发挥调解作用。化解结构性暴力的"积极和平"是法语国家组织深化和平行动的重要方面。法语国家组织利用其自身特点和优势致力于为暴力结构转变为和平要素创造条件，从而促进法语国家及地区的"积极和平"。

（一）通过对成员国民主化进程提供技术和制度援助预防冲突

法语国家组织于2006年起草的《圣博尼法斯宣言》设定了法语国家组织促进建设和平的重点领域，即预防冲突、实现人类安全。这也是法语国家组织致力于实现"积极和平"的体现。《圣博尼法斯宣言》强调和平是一个复杂的目标，受到多重因素的制约，与人的安全、人权、民主和发展等议题密切相关。这一理念表明法语国家组织致力于实现"积极和平"。

"法语国家组织与民主是不可分割的。"[1] 法语国家组织为民主化进程提供技术和制度支持。法语国家组织将建立在自由、民主、透明的选举程序上的民主制度视为长期维持政治稳定的决定性因素和检验宪政秩序是否建立的基本标准。[2] 选举被法语国家组织看作走出政治危机不可或缺的条件，因此法语国家组织通过动员法语国家专家、民间社会代表和议员来监督和支持选举进程，为恢复正常政治生活创造条件。

在2010年11月28日科特迪瓦举行第二轮总统选举期间，法语国家

---

[1] Organisation internationale de la Francophonie, *Acte final du Symposium international portant sur les pratiques de la démocratie, des droits et des libertés dans l'espace francophone* (*Bamako + 5*), Fait à Bamako, le 8 novembre, 2005.

[2] Christine Desouches, "Francophonie et accompagnement des processus électoraux", dans Jean-Pierre Vettovaglia, *Démocratie et élections dans l'espace francophone*, Bruxelles, Bruylant, 2010, p. 243.

组织秘书长阿卜杜·迪乌夫向科特迪瓦派出信息联络特派团，该特派团由海地前总理热拉尔·拉托图（Gérard Latortue）领导。2013年2月24日至3月1日，在马里战后选举前，法语国家组织向马里派出信息联络团。该信息联络团由特别顾问奥斯马内·派耶（Ousmane Paye）率领，由11名成员、4名政治特派团成员和技术特派团7人组成。联络团会见了马里临时总统和过渡政府总理，以及各国家机构、政党、民间社会组织和国际伙伴的负责人。阿卜杜·迪乌夫还任命毛里塔尼亚伊斯兰共和国前外交与合作部部长、前联合国秘书长西非问题特别代表艾哈迈杜·乌尔德·阿卜杜拉（Ahmedou Ould Abdallah）在2013年7月28日总统选举期间担任法语国家信息联络团负责人。法语国家组织在2013年11月24日举行的第一轮议会选举和于2013年12月15日举行的第二轮议会选举期间向马里派遣信息联络团。信息联络团的主要任务是对马里总统选举和议会选举进行监督。

  法语国家组织与联合国、欧盟和非盟等其他国际和地区组织一同监督和跟踪对象国选举过程。国际和地区组织对选举过程进行监督须得到东道国独立选举委员会的邀请并授权。然而，国际组织对选举观察监督成效非常有限。参与组织选举的工作人员表示："国际观察员所观察到的只是政府向其公开展示的内容和程序。"因此，这种观察通常是表面和程序化的。近年来投票站数量的增多更是加大了观察员的工作难度和负担。① 例如，2013年马里总统选举共设21000个投票点，而法语国家组织仅派遣了50余名观察员。可见，投票点数量与派遣的观察员人数相去甚远，给选举中的违宪行为提供了可乘之机。此外，国际观察员/组织数量的增多，参与选举进程的国际组织分工不明确、任务不清晰、缺乏协作等问题也大大降低了选举监督的效率和作用。最后，国际观察员终归不能取代东道国的国家机构，后者才是政治过渡中发挥关键作用的行为体。

---

  ① 2013年马里举行的总统选举共有21000个投票站。2015年科特迪瓦举行的总统选举共有19841个投票站。法语国家组织仅向马里派遣了五十多名观察员。

(二) 向政府和公民宣传和平文化以及人权法制理念

法语国家组织拥有强大的专家网络用以共享专业知识和实践经验。[①] 通过向成员国政府和公民宣传和平文化、民主法治等价值理念是法语国家组织用来引导和影响成员国行为的主要方式之一。

法语国家组织通过组织研讨会和工作坊的方式在成员国的政治领导人、精英阶层、普通民众和媒体中分享信息、专业知识和实践经验。[②] 例如，2012年，法语国家组织面向科特迪瓦部队组织关于人权的专题培训，以保障其在执行任务时遵守人权规范。2013年9月，法语国家组织与科特迪瓦国务部、内政和安全部、法国内政部国际合作局和联合国科特迪瓦行动在阿比让共同举办了题为"安全防务力量——西非安全系统民主化治理的中坚力量"地区研讨会。同年6月，法语国家组织在马里首都巴马科举行了民族对话与和解的经验交流会，布隆迪前总统、非洲联盟驻马里高级代表皮埃尔·布约亚（Pierre Buyoya）、西非和索马里前特使艾哈迈杜·乌尔德·阿卜杜拉（Ahmedou Ould Abdallah）以及多哥对话与和解委员会前主席尼科穆斯·巴里加（Nicodème Barrigah）主教同马里对话与和解委员会成员分享了各自在对话与和解问题上的知识和经验。2013年6月24—26日，在巴马科举行了选举诉讼经验交流研讨会。研讨会由马里宪法法院发起，得到了法语国家组织的支持，旨在提升马里宪法法院的审判能力。研讨会邀请法语国家该领域的专家，分享了选举争端中应用宪法条款的经验。

可见，除了发挥多边会谈和协商平台的作用，法语国家组织还通过调动行政、司法、经济或者文化方面的专家，利用其专业知识向政府官员和社会民众传播和平文化及民主法治思想，使其价值理念得到成员国的承认和尊重。

[①] 例如，法语国家与地区维和行动培训专家网（Réseau d'expertise et de formation francophone pour les opérations de paix, REFFOP），其目标是促进维护和建设和平领域专业知识和技术的分享，为联合国维和行动提供支撑。再如，曾接受笔者访谈的马里全国独立选举委员会副主席是法语国家组织专家库成员，曾任非洲联盟观察团团长。

[②] 法语国家组织对媒体的支持主要包括财政、司法和技术层面。例如，2003年，法语国家组织向科特迪瓦派遣司法专家团，以帮助科特迪瓦建立完整的媒体司法体系。同时，科特迪瓦的多家报纸获得法语国家组织的财政支持。

（三）通过文化活动促进民族对话与和解

法语国家组织最初是以法语语言和文化传播为使命的国际组织，在法语非洲国家的文化活动中发挥着重要作用。然而，其组织的文化活动目的和效果超越了语言和文化层面，通过对话建立起来的文化联系承载着的包容和博爱等价值观，试图通过帮助相关社群认识到"他者"的存在（浅层认知）并接受"他者"的不同（深层认知），以此促进民族对话与和解。因此，法语国家组织的文化活动在一定程度上有助于促成不同民族间的情感交流和相互认知，在尊重多样性的基础上建立统一的国族观念，在一定意义上有助于民族和解的实现。

法语国家组织在科特迪瓦所建立的阅读与文化活动中心是一个比较典型的案例。自1986年以来，法语国家组织在科特迪瓦农村地区建立了200多个阅读与文化活动中心，使生活在北方偏远地区的普通民众能够通过读书看报上网获取信息。阅读与文化活动中心还是一个促进社会交流对话的平台，提高了社会内聚力。然而，在科特迪瓦政治军事危机期间，多个中心的电脑等办公用品被洗劫一空，中心活动被中断了十二年。在多方努力下，阅读与文化活动中心于2014年7月重新恢复运营并向公众开放，继续为提升民众文化水平，促进社群间交流提供支撑。

非洲艺术与演出市场是由法语国家组织创建和资助的又一重要文化活动。非洲艺术与表演市场是两年一度举行的舞蹈、戏剧和音乐集会，既是文化表演市场，也是文化产业专业人士的论坛。第一届非洲艺术与演出市场于1993年3月29日至4月1日在科特迪瓦首都阿比让举行。2014年3月1—8日，第八届非洲艺术与表演市场再次在经过战争洗礼的阿比让举办，这既能起到促进科特迪瓦内部民族和解的作用，又是科特迪瓦重启地区合作的契机。此次文化活动在使非洲民众能够欣赏非洲艺术作品的同时，还举办了多场专业会议及研讨会。"这不仅是艺术从业者展现才艺的机会，更是科特迪瓦向法语国家传递政治社会稳定的积极信号。它不仅具有文化意义，而且还可以带动民族交流与经济复苏。"[1] 这既促进了科特迪瓦人民内部的交流，并向地区各国展示科特迪瓦恢复稳

---

[1] 笔者与科特迪瓦全国法语国家组织委员会秘书长Épiphane Zoro-Bi的访谈。访谈时间：2014年7月19日，访谈地点：阿比让。

定的愿望。因此，该活动释放的积极信号超越了文化层面，对科经济发展和政治稳定有积极作用。

（四）发挥地方社会组织作用，调动现有资源支持经济社会发展

法语国家组织作为跨国性质的国际组织，发挥着国家和社会之间桥梁的作用。法语国家组织倡导发挥社会组织在建设和平进程中的作用并认为这有助于调动当地民众的积极性和能动性。加强与社会组织的联系有助于在法语区内交流和传播知识及实践经验。

法语国家组织支持地方社会组织的行动，尊重国家主权是法语国家组织遵守的基本标准。《圣博尼法斯宣言》强调，建设和平是"一项共同任务，必须以尊重国家主权、各国人民的平等权利和自决权为前提来实现，军事干预是联合国安全理事会在迫不得已时所采取的解决冲突方式，并且安全理事会须根据《联合国宪章》和国际法规则行使和平责任"①。和平不仅关乎一个国家或一届政府的命运，民众也是冲突的受害者和和平的缔造者。因此，在冲突后的建设和平阶段，公民和其参与的公民组织在民族和解和重建社会凝聚力方面发挥着核心作用。2013年12月9—10日，法语国家组织第八次会议后续委员会成员到访巴马科，表示法语国家组织将对马里非政府组织提供援助，并评估马里与其他法语国家民间社会组织之间合作的可能性及路径。2014年10月2—3日法语国家组织会议后续委员会在巴马科举行了以加强马里非政府组织的能力为主题的研讨会。

表4-2　　　　　　法语国家组织在非洲建设和平中的作用

安全层面	
排雷	—
秩序维护	—
解除武装、复原和重返社会	▲
安全部门改革	—

---

① Ministres et Chefs de délégation des Etats et gouvernments des pays ayant le français en partage, *Déclaration de Saint-Boniface*, 2006, Organisation internationale de la Francohponie.

续表

安全层面	
预防冲突	▲
难民重返社会	—
政治层面	
民主化	▲
善治	▲
法治	▲
能力建设	▲
机构建设	▲
人的保护	▲
选举援助	▲
民族和解与司法重建	▲
社群间对话	▲
社会经济层面	
基础设施重建	—
财政援助	▲
卫生教育援助	▲
农业粮食援助	—
媒体	▲
水电供应	—
对社会组织支持	▲
对弱势群体支持	▲

资料来源：笔者自制。

由表4-2可见，法语国家组织的行动主要涉及政治和社会经济领域。具体而言，首先，法语国家组织以自由民主为价值观导向，将以选举为特征的民主视为社会稳定的前提和保障；其次，法语国家组织的专家网络所拥有的专业知识为其恢复正义公平提供了司法知识和手段；再次，法语国家注重社会团体在冲突管理中发挥的作用，认为地方民众和社会群体直接参与民族和解是建设和平中的重要力量。加强与社会组织的联系有助于在法语区内交流和传播知识和实践经验。最后，法语国家组织重视通过促进合作改善成员国经济状况。经济和社会发展是结构性预防危机和冲突的一个关键因素，是社会变革的必要条件。① 但是，由于缺乏充足的财政资源，经济合作不是法语国家组织行动的主要方面，帮助成员国向其他国际合作机构申请财政支持是其促进经济发展的主要形式。

此外，在建设和平领域，法语国家组织坚持遵守以下指导原则。其一，尊重国家主权是法语国家组织遵守的基本标准。建设和平是"一项共同任务，必须以尊重国家主权、各国人民的平等权利和自决权为前提来实现，军事干预是联合国安全理事会在迫不得已时所采取的解决冲突方式，并且安全理事会须根据《联合国宪章》和国际法规则行使和平责任。"② 法语国家组织与其他国际机构遵守同样的原则。其二，在冲突管理和建设和平方面，法语国家组织通过"与国际和区域组织开展系统合理的合作"③ 来优化其能力并开展援助。由于建设和平任务的复杂性，任何组织都无法单独实现建设和平的目标，法语国家组织注重通过多边平台实现稳定。因此，法国国家组织积极与联合国人权理事会、建设和平委员会、维持和平行动特别委员会等机构共同开展建设和平工作。简而言之，法语国家组织的建设和平理念和实践既是由其代表和倡导的价值观所决定的，又是其作为跨国性质国际组织所具备的资源和优势的反映。

---

① Ministres et Chefs de délégation des Etats et gouvernments des pays ayant le français en partage, *Déclaration de Saint-Boniface*, 2006, Organisation internationale de la Francohponie.

② Ministres et Chefs de délégation des Etats et gouvernments des pays ayant le français en partage, *Déclaration de Saint-Boniface*, 2006, Organisation internationale de la Francohponie.

③ Ministres et Chefs de délégation des Etats et gouvernments des pays ayant le français en partage, *Déclaration de Saint-Boniface*, 2006, Organisation internationale de la Francohponie.

第五章

非洲建设和平：中国和法语国家组织共同关注的议题

非洲建设和平是中国和法语国家组织共同关注的议题，也是其对外关系实践的重要领域。分析中国和法语国家组织在非洲建设和平中的理念和路径有助于深入理解二者对建设和平的认知和实践差异。此外，透过非洲建设和平这一复杂视角还可以探析中国和法语国家组织作为国际关系重要行为体所秉持的理念和所发挥的作用，进而分析其异同并探索其互补性。

第一节 非洲建设和平视角下的中国外交政策

分析中国对非政策尤其是在非洲建设和平中的原则与政策有助于清晰地认识中国对外关系政策的理论和思想基础。中国传统文化给予并滋养着中国外交独特的姿态和风格。"美美与共，和而不同"既折射出中国人一以贯之的整体思维方式，也是中华文明内在精神的话语表达。习近平主席提出的人类命运共同体理念是对中国传统"天下观"的传承与创新。[1]"真、实、亲、诚"的对非政策理念不仅融入了中非传统友谊的历史积淀，而且体现了中国优秀文化的道德精髓。

---

[1] 王杰：《人类命运共同体理念对中国传统"天下观"的传承与创新》，《光明日报》2020年9月25日第6版。

一 中华传统文化与外交政策

中华传统文化是中国国际关系理论建构的智识资源和思想基底。① 中华传统文化不仅蕴含着人类共同价值，而且塑造着中国特色的外交政策，指导着对非关系等外交实践。

（一）注重事物的关联性和"关系"中的互补性

中国对外关系格局被概括为"大国是关键、周边是首要、发展中国家是基础、多边是重要舞台"。② 中国的外交理念与西方国际关系理论视角不同。根据中国的外交理念，国际舞台不是单向性视角，对外关系不是根据利益的重要性来划分的。中国与其他国家的合作建立在相互依赖的"关系"基础上。"大国是关键"凸显了大国在中国外交中的关键地位，"周边是首要"则强调了邻国在维护和营造符合中国发展利益的周边环境中的突出作用。"发展中国家是基础"表明中国同发展中国家的关系是维护其国际地位的重要支持。自新中国成立以来，发展中国家构成了中国外交战略的根基。中国同包括非洲国家在内的广大发展中国家拥有共同的世界构想和发展需求。对非合作是基础中的基础，具体体现在经济（能源和原材料供应）、政治（承认一个中国原则和建设多极世界）、社会（维护非洲华人华侨的人身和财产安全）等方面。加强同非洲国家的团结合作是中国对外政策的重要基础。

根据中国传统思想，世界不是由"孤立的行为体"组成的，而是由"持续的关系网络"构建的。阴阳之间的互动互容不仅决定人与"天"（自然）的共存，精神与物质的共存，而且决定国际社会的组成部分之间、各个部分与其构成的整体之间共存。理想的世界是一个由差异构成的和谐整体。合作是商品的交换，符号或感情的交流。当相关方有共同的意愿并且处于有利的外部环境时，合作便会产生和发展。从这个角度看，差异或对立不是合作的障碍，而恰恰是其先决条件。正是不同、互

---

① 秦亚青：《中国传统文化与现代社会科学的知识构建》，《当代中国与世界》2021年第3期。

② 张清敏：《六十年来新中国外交布局的发展——对党代会政治报告的文本分析》，《外交评论》2009年第4期。

补甚至对立的特质和需求使合作成为必要和可能。同质性，如制度和规范的标准化，并不是合作的必要前提。相反，异质性要素间相辅相成的关系是促进合作的前提条件。

西方国家主张通过建立制度和规范来保障国际体系的稳定性。然而，建立在"制度"（标准、原则、规则等）基础上的合作框架具有一定排他性，在合作框架之外的人或事物有可能被视为对立面。与西方注重合作的制度层面不同，以儒家思想为中心的中国文化认为"关系"是"从本质上先于制度的"。中国倡导通过在实际需求上建立合作来加强联系。源于实际需求的合作对异质性是包容的，并在互动中逐渐发展繁荣。从交流合作视角看，尚未加入合作的行为体代表着可能实现的潜在利益。与寻求建立国际制度（标准、原则、规则等）的西方国际关系理论不同，中国认为国际合作是在差异、不平衡、矛盾、对立与一致性、相互性、互补性并存的现实世界中寻求联系、共谋发展。

国际关系学者阎学通教授认为中国在处理对外关系中注重道义的实践并提出"道义现实主义"的概念。"道义现实主义"是承认武力在治理中发挥重要作用的同时，更加重视"仁、义、礼"等王道思想的应用。与通过武力来建立霸权不同（霸道），王道提倡通过提高国家领导力的合法性来增强国家的权力。[①] 阎学通提供了理解现代国际政治格局的又一视角，以此展望中国外交的未来。在他看来，奉行"王道"，审时度势，将"仁、义、礼"等观念在国内国际层面予以应用是中国处理对外关系的现实政治基础。[②] 阎学通解释了中国为何将成为一个非霸权主义大国，在新的世界秩序中通过突出道德价值观的作用，保持良好的战略信誉来实现"王道"。

国际关系学者秦亚青认为，社会世界是由社会关系构成的，关系变

---

① Xuetong Yan, *Ancient Chinese Thought, Modern Chinese Power*, traduit par Dun-he Lei, Princeton: Princeton University Press, 2011. 张锋:《道义现实主义的道义观评议》，《国际关系研究》2022 年第 1 期。

② Jeremy T. Paltiel, "Constructing Global Order with Chinese Characteristics: Yan Xuetong and the Pre-Qin Response to International Anarchy", *The Chinese Journal of International Politics*, 2011, Vol. 4, No. 4, pp. 375 – 403.

化导致社会体系变化。① 中国的思想是建立在行为体之间的"关联"和互补性辩证法的基础上的。与将世界视为原子式实体的西方学界不同，中国将社会世界理解为一个由复杂的关系网络构成的开放体系。② 关系视角是中华世界观的一个重要组成部分。任何行为体都处于关系中，任何事件都处在运动过程中。从阴与阳的关系可以看出，表面的对立关系实际上是相互依存和互为补充的。阴与阳互为对方形成、存在和转化创造条件。西方学界通常将国际社会看作一个实体，认为它是由一系列规范和机构界定的，由不同类别的行为体构成。在实体主义解释视角下，国际机构的扩大及其规范的不断内化必将导致机构和规范的同质化，最终导致永久和平或无休止的冲突。中国学者更倾向于把国际社会看作一个处于不断酝酿和变化之中的体系。行为体的身份是通过社会实践和互动的不断变化来定义和重新定义的。机构间的相互作用塑造着行为体的性质。从这个角度看，西方分类法不再适用，因为每个类别都是多种特征的混合体。秦亚青的"关系"理论阐释了中国对外关系中的哲学基础，即国际社会不是"非此即彼"的竞技场，而是"你我共荣"的和平相处。

中国认识世界的角度决定了其对合作的看法。中国思想中合作不一定是理性计算的结果，而由兼容性和互补性转化而来。国家间相互依存的关系使合作成为必要。中非关系便体现出交往和合作中的双方互补性。互惠互利是合作的基础，但这不一定要求"伙伴在合作关系中完全对等"③，而是强调需求的相互性以及道义层面的相互尊重。中国在规模上和需求上都属于大国，强调在平等的基础上建立关系。中国具有负责任大国和发展中国家的"双重特性"，使其成为促进发达国家与发展中国家之间交流的桥梁。习近平主席提出的"真、实、亲、诚"理念凸显了中国对非政策中对非洲国家需求和地位的尊重。同时，中国在对非关系中

---

① 秦亚青：《关系视角下的全球社会变迁》，《中国社会科学报》2021年10月9日第5版。

② Yaqing Qin, "International Society as a Process: Institutions, Identities, and China's Peaceful Rise", *The Chinese Journal of International Politics*, 2010, Vol. 3, No. 2, pp. 129 – 153. Yaqing Qin "Rule, Rules, and Relations: Towards a Synthetic Approach to Governance", *The Chinese Journal of International Politics*, 2011, Vol. 4, No. 2, pp. 117 – 145.

③ Brantly Womack, *China among Unequals: Asymmetric Foreign Relations in Asia*, Singapore et Hackensack, N. J, World Scientific Publishing Company, 2010.

谋求与其他域外大国的互补和合作关系。这符合中国追求共同发展，而不是军事、经济或政治对抗的国际合作观。

（二）在国际局势变幻中乘"势"而动、"利万物而不争"

"道"在汉语中意为"路径"，其寓意是"方法"。庄子认为，道由经验而生，反之使经验理论化和结构化。道的形成和变化过程可以被理解为实践与理论相互作用的过程。"中国思想不是静止的状态，而是自我主张、自我验证和自我完善的发展过程。"① 变化是永恒的并且变化的过程是持续的。"道"的概念有助于理解中国在国家建设中为何不断推进改革。"中国试图在现代化改革和'中国特色'之间找到稳定可行的平衡。"② 这种平衡体现在中国选择符合自身实际的发展道路上。实行改革开放和社会主义市场经济体制使中国经济实现了惊人的腾飞。中国特色社会主义制度使中国政治制度改革在马克思主义科学理论的指导下稳步推进。

中国文化中的"道"是在变化和复杂的环境中产生的曲折道路。邓小平同志所言"摸着石头过河"正体现了这种观点，道路是通过不断摸索来开辟和形成的。这种灵活性使中国能够更好地融入世界，然后通过自身行动改变世界，并不断重新定义和调整其身份和位置。中国是国际准则的接受者，同时也是积极主动参与国际体系的塑造者。③ 中国对国际环境的不断适应被一些国际观察者称为务实主义。务实主义所体现的便是审时度势、顺势而行的态度和行为方式。

哲学家弗朗索瓦·朱利安（François Jullien）强调了势的矛盾性和复杂性。"势"被理解为"位置""环境""权力"或"潜力"。朱利安将其解释为"在战略中的位置、政治上的等级地位，中国传统书法和绘画所产生的张力、文学文本所产生的效果以及历史自然中产生的趋势等"④。

---

① Brantly Womack, *China among Unequals: Asymmetric Foreign Relations in Asia*, Singapore et Hackensack, N. J, World Scientific Publishing Company, 2010.

② Barry Buzan, "China in International Society: Is Peaceful Rise Possible?" *The Chinese Journal of International Politics*, 2010, Vol. 3, No. 1.

③ Xiaoyu Pu, "Socialisation as a Two-way Process: Emerging Powers and the Diffusion of International Norms", *The Chinese Journal of International Politics*, 2012, Vol. 5, pp. 341 – 367.

④ François Jullien, *La Propension des choses. Pour une histoire de l'efficacité en Chine*, Paris, Éditions du Seuil, 1992, p. 12.

因此,"势"的精神不因领域而改变,无论是战略家还是画家都需要顺势而为、乘势而动。① 换言之,势就是创造有利环境,而不是在规范的基础上建立法律框架。② 道家中"水"的形象有助于理解"势"的内涵。"水"体现了一种"无为"精神。"无为"并不是"无所作为",而是"避免任何侵略性、定向的、有意的、干涉性的行为③",发挥道的无声力量。

在国际关系领域,中国的建构主义比西方的建构主义更为根本和彻底,认为国际关系正如一切事物一样处在持续变化的过程中。西方政治学模型通常假定"理想的形式,描绘应有的状态"④并通过意志力和外部力量使其得以实现。然而,道的艺术则是在事物变化过程中促使条件逐渐"成熟"。⑤ 这一过程不是局部的、瞬时的,而是"全面的、渐进的、长期的"。⑥ 同时,"变化"的过程是无声的、渐进的,甚至是不可察觉的。道家强调的"无为而治"并非被动,而是根据现实情况创造促进变化的条件,等待形势的成熟。权力的平衡被不知不觉地改变,形势逐渐向有利方向发展。

世界是一个系统,其变化的动力来自不同行为体之间的关联和相互作用。人类社会发展具有不确定性,因为"现实的构建(无论是在知识上还是在行动上)是一个有始无终的实践过程"。⑦ 国际关系的变化和发展是在冲突与和平两极之间的摇摆过程中谋求稳定。中国从未试图通过重建世界秩序来实现自己的目的,而是"顺势而为"以全面、持续的方式回应和作用于现实世界。⑧ 围绕和平与发展两大主题,中国正试图在螺

---

① François Jullien, *La Propension des choses: pour une histoire de l'efficacité en Chine*, Éditions du Seuil, 1992, p. 261.

② François Jullien, *La Propension des choses: pour une histoire de l'efficacité en Chine*, Éditions du Seuil, 1992, p. 261.

③ Anne Cheng, *Histoire de la pensée chinoise*, Paris, Éditions du Seuil, 1997.

④ François Jullien, *Les transformations silencieuses*, Paris, Grasset, 2009, pp. 183 - 184.

⑤ François Jullien, *Traité de l'efficacité*, Paris, Grasset, 2013.

⑥ François Jullien, *Les transformations silencieuses*, Paris Grasset, 2009, p. 17.

⑦ François Jullien, *Procès ou création: une introduction à la pensée chinoise*, Paris, Éditions du Seuil, 1996, p. 15.

⑧ François Jullien, *La Propension des choses: pour une histoire de l'efficacité en Chine*, Éditions du Seuil, 1992, p. 265.

旋式上升中寻找一条前进的道路，维护和扩大其发展的战略机遇期。

中国外交正是在国际局势和自身地位的不断变化中通过实践寻找正确道路。自1949年新中国成立以来，中国通过积极加入国际和地区组织逐步融入国际体系。中国在不对抗现行国际体系的前提下，在国际准则的制定中表达其坚持的立场和原则，并利用其负责任大国与发展中国家的双重身份来平衡由传统大国主导的国际体系。

今天的中国不再是一个沉默的力量或边缘角色，其国际地位已经改变，对应的责任也发生了变化。[1]"水因地而制流。"[2] 看似柔弱而灵活的水在有利的环境下能释放出强大的力量。中国试图在外交中发挥水的"柔性"，以无形的方式塑造环境。"水善利万物而不争。"正是基于这个形象，中国外交在国际舞台培养和运用其软实力。这种灵活性蕴藏着无形的力量，借助这一力量改造不利于它继续前进的外部环境。

分析中国对由西方国家界定的国际准则的态度有助于理解中国的"有为"或"无为"。中国在多边平台中捍卫国际法、维护联合国行动的中立性。中国是联合国安全理事会常任理事国中使用否决权最少的国家。中国于1972年第一次行使否决权，拒绝接纳孟加拉国成为联合国成员国。孟加拉国当时刚刚在印度和苏联的支持下通过武力获得独立。中国于1997年和1999年再次使用否决权，用以反对危地马拉、海地和马其顿与中国台湾保持外交关系。2007年和2008年的否决权用以反对针对缅甸和津巴布韦实施制裁的决议。2011—2014年间的否决权用于反对西方大国武力推翻叙利亚政权。

面对科特迪瓦政治稳定性遭到严重威胁和破坏的局面，中国投票赞成联合国安全理事会有关派遣维和行动的决议，但基于不干涉内政原则，中国不支持内战中的任何一方，并在冲突后很快与新政府建立关系。在马里，由于马里冲突不是内部势力的争夺，马里国家政权受到恐怖主义势力的威胁，中国不仅投票赞成派遣联合国维和部队的决议，而且还派兵参加了此次维和行动。由此可见，中国一贯反对侵犯国家主权的制裁

---

[1] Barry Buzan, "China in International Society: Is Peaceful Rise Possible?", *The Chinese Journal of International Politics*, 2010, Vol. 3, No. 1, pp. 5–36.

[2] Sun Zi, *L'Art de la guerre*, traduit par le Père Amiot, Paris, Mille et Une Nuits, 2000.

政策和军事干预，对否决权的使用从未违背尊重主权和领土完整的原则。与此同时，中国在国际多边舞台上的立场具有一致性，看似"无为"的外交风格保持着一贯的外交主线。

二 中国传统思想和外交政策在对非关系中的实践

（一）中非关系的深化是历史发展的结果

中国与国际体系之间的相互作用是历史进程中的一部分。内外部因素影响着"势"的构成和变化。中国在国际形势的大潮中"顺势"而行，以"无为"的精神有所作为。

非洲复杂性突出，为观察和理解中国在非政策及其思想基础提供了特殊路径。中国对非政策有助于认识中国外交、非洲以及国际形势正在经历的变革。中国对非合作的范围日益广泛。中国对非合作全方位发展，涵盖了政治、经贸、安全等各个领域。在政治上，由于中国和非洲有着长期友好的历史联系和共同的发展诉求，中非国家领导人通过高层政治交流保持着良好的沟通和往来，中非人民之间的友谊日益深化。经济上，中非贸易合作飞速发展，中国是非洲最大的贸易伙伴，基础设施建设、工业园和自由贸易区建设稳步推进，助力非洲工业化进程。中非合作论坛制定的对非政策方针逐渐深入安全治理领域，并且中国在该领域的行动更加机制化。中国在奉行不干涉内政和多边主义等原则的基础上致力于为非洲大陆的安全作出更多贡献。

随着中国国际地位的提升和海外利益的扩大，中国于2017年8月1日建成了第一个海外保障基地。中国通过在吉布提建设保障基地一方面旨在保护我国海外侨民和利益，另一方面通过加强中非安全合作为维持地区稳定贡献力量。这符合中国的国家利益，也符合未来中非关系发展的方向。

可见，中非关系的发展和演变过程是顺"势"而行的结果，既是自然的也是人为的。"自然的"，因为新时代中非合作的深入发展是随着中国国际地位的变化和国内外需求的变化而发生的。只有当内外条件成熟的情况下，中国对非政策才发生转变。例如，吉布提保障基地的建立既是稳定非洲安全形势的需要，也是中国综合国力提升的体现。"人为的"，是因为中非和平安全合作的深入发展是以中非关系发展的长远愿景为指导,在中国领导人坚决维护中国海外民众安全利益的强烈意愿下作出的决定和举措。中非双方在不违背互利共赢原则的基础上制定和调整政策,为中非和平安全合作创造了有利条件。

(二) 由不干涉内政到建设性介入体现中国外交的灵活性和创新性

当今世界不确定性日益突出。中国外交灵活性和创新性是维护国家利益的客观要求,是培养中国特色大国外交的有效方式。中国在苏丹冲突中发挥的作用体现了中国在地区冲突中角色和立场的调整和转变,是观察和分析中国对非政策与时俱进的典型案例。[1]

首任中国政府非洲问题特使刘贵今在苏丹冲突中斡旋和调解促进了苏丹冲突的最终解决。从不干涉原则到建设性参与,从静观动向的观察家到发言人,再到传话人,直到今天的调解人,中国在苏丹问题上的外交努力既标志着中国对非洲和平安全领域参与程度的加深,也体现出中国外交风格和角色的转变。一些国际问题研究学者认为,中国的积极参与调解与其不干涉原则相抵触。中国政府参与苏丹问题的调解甚至被西方国家误读为干涉内政。刘贵今特使批驳了这一说法,认为中国此举是建设性参与苏丹问题的和平解决,而绝非干涉苏丹内政。中国政府派遣特使解决苏丹冲突是受苏丹政府邀请并得到地区国家的欢迎。中国政府没有向苏丹政府施加压力,而是在不使用武器或制裁的情况下、在与苏丹传统友好关系基础上促成和解。毫无疑问,中国对苏丹问题的和平解决作出的贡献回应了国际社会的要求和期待,体现出了其外交的灵活性并彰显了中国负责任大国形象。值得注意的是,中国在和平安全领域的参与是有选择性的。有最大利益需要保护,且有最大影响可以施加是中国建设性参与的前提条件。最大利益既包括中国正当的国家利益,也包括地区国家的利益。

(三) 全球治理中的中非关系

当今世界正经历百年未有之大变局,发展中国家整体性崛起势头强劲。进入 21 世纪以来,非洲大陆发展势头良好,总体安全局势向好,构

---

[1] Daniel Large, "From Non-interference to Constructive Engagement? China's Evolving Relations with Sudan", dans Chris Alden, Daniel Large et Ricardo Soares de Oliveira, *China Returns to Africa: A Rising Power and a Continent Embrace*, New York: Columbia University Press, 2008, pp. 275 – 294.

成了建立更加公平、合理的全球秩序的重要一极。大变局时代正深刻塑造着中国与非洲的关系。中国与非洲的关系是多极世界的一部分，是非洲全球伙伴关系以及中国对外关系的重要组成部分。① 截至 2021 年 11 月，中国已同非洲 9 国建立全面战略合作伙伴关系，同 3 国建立全面战略伙伴关系，同 6 国建立战略伙伴关系，同 7 国建立全面合作伙伴关系。加强中非关系符合中国对国际体系的构想。反对强权霸凌、维护发展中国家正当权益是中非双方的共同使命。2021 年 5 月 7 日，时任国务委员兼外交部部长王毅在联合国安全理事会举行"维护多边主义和以联合国为核心的国际体系"高级别会议上表示，"面对当今世界形形色色的强权霸凌，中非双方肩并肩站在一起"。与此同时，还应超越中非双边关系层面审视中非关系，中非关系是探析中国对外关系的重要视角。非洲是一个不同行为体和行为规范之间竞争和合作的重要场地。从 1993 年东京非洲发展问题国际会议、2008 年印度—非洲首脑会议，到 2022 年美国《对非新战略》和 2021 年欧洲联盟提出的"全球门户"计划，世界主要国家将关注点聚焦非洲大陆。在大国加剧对非博弈情况下，"非洲是中国通过合作改变其在国际政治中地位的重点地区"②。中国参与非洲冲突管理方式的形成过程也是中国外交原则与国际准则之间磨合与适应的过程。中国在解决非洲冲突中的立场反映了其外交政策的原则和方向。

第二节　非洲建设和平视角下法语国家组织的困境与改革

建设和平是分析法语国家组织性质和定位的重要棱镜。法语国家组织利用其"跨国主义"特征通过建立横向网络向其成员国在建设和平领域提供技术支持。但出于历史原因，法语国家组织难以摆脱其前宗主国和殖民地纽带的性质，其"和平"理念在一定程度上承载着西方主导的

---

① 周玉渊：《大变局时代中非合作的新征程与新思考》，《西亚非洲》2023 年第 3 期。
② Daniel Large, "Africa's International China Relations: Contending Imaginaries and Changing Politics", dans Jack Mangala, *Africa and the New World Era, From Humanitarian to a Strategic View*, New York, Palgrave Macmillan, 2010, pp. 87 – 102.

价值观，这与其秉承的"多样性"价值理念相悖。此外，成员国之间的力量对比左右着法语国家组织的政治选择，这些因素对组织的内部合法性和外部效力产生负面影响。

一　法语国家组织的历史演变与两难处境

"法语国家及地区"这一概念由奥尼西姆·雷克拉斯在其专著《法国、阿尔及利亚和殖民地》中定义为"世界上所有被法国及其语言、文化所辐射到的、受到法国和比利时殖民影响的讲法语的人和地区"。[1] 这是"第一代法语国家及地区概念"。作为地理学家、语言学家和人口学家，奥尼西姆·雷克拉斯的研究脱离不开他所处的历史背景，即19世纪殖民主义体系。他所描述的法语国家及地区蕴含着文明同化的意图。可见，法语国家及地区自最初产生便不仅是语言概念，而且有着强烈的殖民色彩。

20世纪60年代，法语国家及地区再次被时任塞内加尔总统列奥波尔德·塞达·桑戈尔、时任尼日尔总统阿马尼·迪奥里、时任突尼斯总统哈比卜·布尔吉巴以及时任柬埔寨国王诺罗敦·西哈努克等人再次启用，被重新定义为"提倡建立人文主义、文化交融等理想和价值观的文化共同体"。[2] 尽管这一倡议是由前殖民地国家领导人所提出并且法国没有参与，但是这一参照"英联邦"模式建立起的法语国家及地区组织难以摆脱其殖民背景。法语国家及地区组织成为连接新独立的非洲法语国家与前宗主国之间关系的纽带。以团结互助为主旨的共同体被看作"第二代法语国家及地区概念"。从那时起，法语国家组织开始了向多边国际组织发展的机制化进程。尽管非洲法语国家领导人在独立后试图弱化或抹去法语国家及地区的殖民色彩，但是由于深受殖民帝国价值观教育的影响，非洲精英仍难以完全摆脱前殖民者所宣扬的价值体系。

法语国家组织的诞生与"和平方式非殖民化进程"有关。领导民族

---

[1] Thi Hoai Trang Phan, Michel Guillou et Durez Aymeric, *Francophonie et mondialisation*, Paris, Belin, 2011, Vol. 1, p. 13.

[2] Thi Hoai Trang Phan, Michel Guillou et Durez Aymeric, *Francophonie et mondialisation*, Paris, Belin, 2011, Vol. 1, p. 13.

解放运动的第一代非洲领导人大多曾参与殖民统治，主张保留法语这一殖民遗产并将其视作争取独立和谋求发展的有利条件。于1970年成立的文化与技术合作局是非洲国家内部联邦主义者和革命主义者之间达成妥协的结果。前者认为由于缺少必要资源和支持，非洲国家不可能完全实现独立，而后者认为与宗主国断绝联系的彻底独立才是非洲国家崛起的必由之路。与其他形式的区域主义一样，文化与技术合作局被认为"殖民地国家在成为主权国家后面对各种新困难和国际环境时的应激反应"[①]。文化与技术合作局被视为联邦主义者与革命主义者之间妥协的结果，在实现民族解放的同时保留了语言文化纽带。

法语国家组织的诞生和发展历程解释了法语国家组织自创立以来的两难处境。尽管法语国家组织在政策制定和实施过程中试图充分尊重各成员国的外交政策，但是由于非洲国家非殖民化进程具有未完成性，法语国家组织在实现其目标时依然受到前宗主国法国的影响。虽然其跨国主义性质有助于打破界限，实现横向交流，但法语国家组织仍难免成为法国地缘政治博弈和文化价值输出的工具，难以改变中心与外围、前宗主国与殖民地之间的附属关系。

二 法语国家组织对和平问题的关切

政治冲突是非洲法语地区面临的主要挑战，和平议题是法语国家组织和法语主要国家地区的重要关切。对和平议题的关注和参与使法语国家组织在原本的语言和文化属性之外增加了政治含义。和平，特别是建设和平，是分析法语国家组织性质和定位的一个重要路径。一方面，通过法语国家组织在和平问题上的政策和行动可以分析其立场和价值理念。另一方面，法语国家组织对和平问题的介入方式在某种程度上反映了法语国家组织与其他国际组织的关系与异同。此外，法国与其他法语国家，特别是非洲法语国家之间的张力正在左右着法语国家组织的政治发展方向。

---

① Daniel C. Bach, "Régionalisme francophone ou régionalisme franco-africain?", dans Daniel C. Bach et Anthony Hamilton Millard Kirk-Greene, *États et sociétés en Afrique francophone*, Paris, Economica, 1993, pp. 219–233.

法语国家组织首脑峰会宣言中"和平""民主"和"人权"出现的频次可以呈现出法语国家组织的政治倾向与价值观导向。法语国家首脑峰会每两年召集一次，由国家元首和政府首脑参会，峰会上通过出台宣言来确定法语国家组织未来两年的政策和行动方向。在1987年的《魁北克宣言》中，没有提及"和平""民主"和"人权"概念。自2002年《贝鲁特宣言》之后，提及这三个概念频次开始增多，甚至三个概念成为中心议题。这三个概念在2002年被频繁提及，这并非偶然。正是在2002年举行的贝鲁特首脑会议上，出现了第三代法语国家组织的概念，标志着法语国家组织开始介入政治领域。法语国家组织开始在全球化进程中扮演日益重要的地缘政治角色，并对安格鲁—撒克逊文化圈发挥着制衡作用。[1]

法语国家组织对建设和平的贡献可以概括为两个方面：全球治理和国际关系层面上的国家间和平，以及涉及成员国政治和社会稳定的国内和平。从2004年开始，"和平"成为宣言中最常提及的术语，和平成为法语国家组织的优先事项之一。和平贯穿和滋养着法语国家组织的精神。虽然1987年第一次宣言中没有提及和平事业，但"团结、合作和相互理解"为组织定下了根本基调。这反映了一个事实，即法语国家组织所设想的世界是一个多边主义的世界，而不是霸权世界。正因如此，法语国家组织的和平理念常被判定为具有"目的性、意愿性、理性、乌托邦式"的理想主义。[2]

如果说建立牢固持久的和平是法语国家组织的理想，那么国内和平是其致力于和平更为具体的努力目标。法语国家组织成员国的国内和平普遍面临较大威胁。法语国家组织51个成员国[3]中12个国家曾被派驻过

---

[1] Phan Thi Hoai Trang, Michel Guillou et Durez Aymeric, *Francophonie et mondialisation*; Paris: Belin, 2011, p. 15.

[2] Jean Barrea, *The ories des relations internationales: de l'"idéalisme" à la "grande stratégie"*, Namur, Belgique, Érasme, 2002.

[3] 法语国家组织共有54个正式成员国和政府，其中3个为地区政府，分别是加拿大新不伦瑞克省、加拿大魁北克省以及瓦隆—布鲁塞尔大区联盟。

共 22 次维和行动。[1] 1993 年，在冷战后出台的《毛里求斯宣言》中提道："和平与正义、安全、团结、民主、尊重人权和基本自由等概念相关联。"法语国家组织通过建立和发展民主、预防、管理和解决冲突、尊重法治、实现人的保护、增强多边合作等途径来实现和平建设。法语国家组织鼓励各成员国通过建立民主和人权等规范和价值观来巩固国家主权，完善国家机构。法语国家组织支持成员国在联合国框架内制定符合本组织的制度规范。但是，法语国家组织并没有以此作为强制性附加条件，而是通过加大宣传和提高认识来实现这一目标。

强调价值观和规范的做法使法语国家组织面临诸多矛盾和困难。规则和准则的标准化在一定程度上违背了尊重成员国政治或语言多样性的原则。例如，《巴马科宣言》关于民主与多党政治之间关系的第 2 条第 5 款指出，"民主与多党制是齐头并进的"。但是，老挝和越南两个成员国则强调民主和多党制之间的区别，指出前者是目标，后者是道路，实现民主这一目标的道路是多样的，并不限于多党制。这表明成员国在基本政治制度的选择上存在差异。如何在维护多样性的前提下，寻求同质性和异质性之间的平衡是法语国家组织在和平实践中面临的考验。

此外，法语国家组织成员国的多样性构成了其推行政策和理念的又一障碍。法语国家组织有 51 个正式成员国，法语国家组织成员国在政治、社会和经济方面呈现出多样性。法语国家组织成员国政治政党制度不同，如共和制或君主制，总统制或议会制，一党制或联邦制等。法语国家组织成员国的多样性还体现在经济社会发展程度上。这一差异能够通过人类发展指数展现出来。根据《2021/2022 年人类发展报告》，在属于"低人类发展水平"组别的 32 个国家中，有 27 个是非洲国家，16 个是法语国家组织成员。而在"极高人类发展水平"组别的 66 个国家中，有 8 个是法语国家组织成员，其中瑞士排名第一。在人类发展指数最低的 25 个国家中，有 23 个是非洲国家，13 个是法语非洲国家，其中中非共和国排在最后一位。而在人类发展指数较高的国家中有 5 个是法语国

---

[1] 在这些国家中，除多米尼克（0.726）和黎巴嫩（0.763）外，绝大多数（12 个国家中的 10 个）的人类发展指数水平处于较低水平（低于 0.600）。可以看出，经济发展落后可能导致冲突，尽管经济发展落后和冲突爆发两者之间不一定存在直接的因果关系。

家组织成员，其中瑞士名列第四。鲜明的政治制度和社会经济差异使法语国家组织在推行其理念和政策时面临较大挑战。

表 5-1　　法语国家组织成员国的政治制度、人类发展指数以及相关联合国维和行动

法语国家组织成员国	政治体制	2021年人类发展指数①	联合国维和行动
阿尔巴尼亚	共和制；议会制	0.796	—
安道尔	君主立宪制	0.858	—
亚美尼亚	共和制；总统制	0.759	—
比利时	联邦制；君主立宪制	0.937	—
贝宁	共和制；总统制	0.525	—
保加利亚	共和制；议会制	0.795	—
布基纳法索	共和制；半总统制	0.449	—
布隆迪	共和制；总统制	0.426	ONUB
佛得角	共和制；议会制	0.662	—
柬埔寨	君主立宪制	0.593	MIPRENUC APRONUC
喀麦隆	共和制；总统制	0.576	—
加拿大	君主立宪制	0.936	—
中非共和国	共和制；总统制	0.404	MINURCAT MINURCA MINUSCA
科摩罗	共和制；总统制	0.558	—
刚果（布）	共和制；总统制	0.571	ONUC
刚果（金）	共和制；总统制	0.479	MONUC MONUSCO
科特迪瓦	共和制；总统制	0.550	MINUCI ONUCI
吉布提	共和制；总统制	0.509	—
多米尼克	共和制；议会制	0.720	DOMREP
埃及	共和制；总统制	0.731	—

---

① 人类发展指数（Indice de Développement Humain, IDH）是由联合国开发计划署在《1990年人文发展报告》中提出的，用以衡量联合国各成员国经济社会发展水平的指标。

续表

法语国家组织成员国	政治体制	2021年人类发展指数	联合国维和行动
北马其顿	共和制；议会制	0.770	—
法国	共和制；半总统制	0.903	—
加蓬	共和制；总统制	0.706	—
希腊	共和制；议会制	0.887	—
几内亚	共和制；总统制	0.465	—
几内亚比绍	共和制；总统制	0.483	—
赤道几内亚	共和制；总统制	0.596	—
海地	共和制；半总统制	0.535	MIPONUH MINUHA MANUH MITNUH MINUSTAH
老挝	共和制；一党制	0.607	—
黎巴嫩	共和制；议会制	0.706	GONUL FINUL
卢森堡	君主立宪制	0.930	—
马达加斯加	共和制；半总统制	0.501	—
马里	共和制；半总统制	0.428	MINUSMA
摩洛哥	君主立宪制	0.683	—
毛里求斯	共和制；议会制	0.802	—
毛里塔尼亚	共和制；总统制	0.556	—
摩尔多瓦	共和制；议会制	0.767	—
摩纳哥	君主立宪制	—	—
尼日尔	共和制；半总统制	0.400	—
罗马尼亚	共和制；半总统制	0.821	—
卢旺达	共和制；总统制	0.534	MINUAR MONUOR
圣卢西亚	君主立宪制	0.715	—
圣多美和普林西比	共和制；半总统制	0.618	—
塞内加尔	共和制；半总统制	0.511	—
塞舌尔	共和制；总统制	0.785	

续表

法语国家 组织成员国	政治体制	2021年人类 发展指数	联合国维和行动
瑞士	联邦制；委员会制	0.967	—
乍得	共和制；总统制	0.394	MINURCAT
多哥	共和制；总统制	0.539	—
突尼斯	共和制；议会制	0.731	—
瓦努阿图	共和制；议会制	0.607	—
越南	共和制；一党制	0.703	—

资料来源：笔者根据世界银行和联合国数据整理。

尽管和平一直以来是主要国际组织的核心目标，但实现和平的路径有所不同。第一次世界大战后成立的国际联盟旨在重新建立第一次世界大战后的国际政治秩序和领土现状，并寻求通过谈判和裁军来巩固大国之间脆弱的和平。欧洲联盟则是在冷战背景下成立的，其目的是逐步建立经济、社会、文化和集体防御方面的合作。虽然有"功能性合作"的性质，但这些机构设立的目的一方面是为了在会员国之间建立和平共处的关系，另一方面是为了在遇到外部威胁情况下捍卫集体安全。

法语国家组织则诞生于另一个时代背景之下，战争已经改变了形式。尽管威胁国家主权和领土完整的冲突没有完全消失，但是暴力冲突更多源于国内。国家已经不再是暴力的实施者，而成为受害者。国家权力成为需要被拯救或被保护的对象。[1] "安全威胁的全球化和战略战术的个体化"[2] 成为当前安全威胁的主要趋势。一方面，安全威胁不再限定于在划定的领土上或某个领域。另一方面，普通民众成为实施和蒙受暴力行为的主体。在一个相互依存的世界中，社会、群体和个人被迫走向世界舞台的前列。流动和互动在当今世界以更复杂的方式交织在一起。国际组

---

[1] Bertrand Badie, *Le diplomate et l'intrus：l'entrée des sociétés dans l'arène internationale*, Paris, Fayard, 2007, p. 156.

[2] Guillaume Devin et Marie-Claude Smouts, *Les organisations internationales*, Paris, Armand Colin, 2011, p. 183.

织普遍认为"捍卫人权成为和平的必要基础"。[1] 发展与安全之间的联系更加突出。安全往往成为一个综合性课题，个人、国家和制度都在其中发挥作用。经济、社会和环境因素与政治和军事因素同等重要。[2]

与侧重于通过加强成员国的安全防御能力建立集体安全的国际组织不同，法语国家组织重点关注国家内部冲突。20世纪90年代冷战结束后，法语地区国内冲突日益加剧。[3] 国家能力建设成为中心议题。正如法国政治学家达尼尔·C. 巴赫（Daniel C. Bach）所言"低强度冲突的迅速蔓延要求重新审视国家能力的塑造和发挥[4]"。而国家能力的塑造和发挥通常被认为需要建立在民主制度之上。

两者之间的联系赋予和平另外一层含义，即民主式和平。民主和平这一概念受到康德永久和平的启发。康德对实现"永久和平"条件的定义为"民主和平论"奠定了基础，他强调民主制度对于实现永久和平的重要性，提出立宪制共和国有助于促进实现国际和平，认为共和宪法和公民决策是实现永久和平的前提条件。这一观点被公认为是当代民主和平理念的起源。[5] 1983年，美国学者马克尔·多伊尔首次系统地从学理角度阐释"民主和平论"。[6] 他指出，由于西方民主国家在第二次世界大战后保持了长期和平，已在世界建立起单独的和平，这一和平成为世界和

---

[1] Guillaume Devin, *Faire la paix: la part des institutions internationales*, Paris, Presses de Sciences Po, p. 23.

[2] 联合国开发计划署（Pnud）于1994年创立了人的安全概念，其定义的新的安全模式包括七个要素，即经济、粮食、卫生、环境、个人、社区和政治安全，安全的最终目的是使人"免于贫困和恐惧"。这一概念的延伸强调了人的安全的重要性，标志着安全概念的扩充和转折。人的安全这一概念在非洲得到了认同。根据《非洲互不侵犯与共同防御协定》（African Union Non-Aggression and Common Defence Pact），"人的安全意味着个人的安全，即满足个人生活的基本需求，包括为个人的生存、生活及尊严创造社会、政治、经济、军事、环境与文化的必要条件"。

[3] The Correlates of War Project, http://www.correlatesofwar.org/, June 15th, 2015.

[4] Daniel C. Bach, "Régionalisme et mondialisation en Afrique subsaharienne: le retournement d'un paradigme", dans Daniel C. Bach, *Régionalisation, mondialisation et fragmentation en Afrique subsaharienne*, Paris, Karthala, 1998, pp. 13–24.

[5] 张胜利：《理论与现实的双重困境——后冷战时代"民主和平论"再审视》，《河南大学学报》（社会科学版）2016年第5期。

[6] Michael Doyle, "Kant, Liberal Legacies and Foreign Affairs", *Philosophy & Public Affairs*, Vol. 12, No. 3, 1983, pp. 205–235.

平的基础和保障。① 据玛格丽特·赫尔曼（Margaret Hermann）和查尔斯·凯格利 Chalres Kegley 的统计，国外学术界对"民主和平论"主要存在结构性、规范性、经济性和逆向因果四种解释。结构性解释认为，民主政治复杂的政治过程对战争和冲突施加了制度性约束。规范性解释认为西方民主国家将其内部政治发展行为和特征延伸至对外关系中。经济性解释认为经济发展倡导的契约文化有助于形成协商与妥协政治文化。逆向因果解释则注重和平对民主所施加的积极作用。②

民主式和平论者认为，由于和平需要制度的支撑，实行自由民主制度的国家之间与内部都不容易发生战争，因此，构建以自由民主为特征的国家政权成为实现和平的有效路径。而自由民主在操作层面上就是建立以市场为导向的自由主义经济和以多党选举为标志的民主制度。在这一理念的指导下，国际社会通过促进民主、法治、人权，向"非自由民主国家"输出自由主义政权模式来实现和平稳定。沿着这一逻辑建设和平的目标就是通过推动政治经济改革在冲突后国家构建起以自由民主为特征的国家制度。例如，20 世纪 90 年代末，联合国开始以东道国的政府机构及其能力建设的建设和平导向。警察、军队等安全部门的制度和能力建设成为建设和平的首要任务之一便是例证。对自由主义建设和平主要存在三个方面的问题：忽视干预客体的现实与建设和平之间的内在机理，导致无效干预；反映了"西方中心主义"及其权利优势，再现了国际社会的权力等级体系；对人的解放关注不足。③

虽然民主式和平理论只讲国家间和平，但它在另一层面解释了西方国家在非洲推行"民主化"的原因和动机。在某种程度上民主式和平是在苏联解体后自由主义意识形态在全球扩张的结果。④ 20 世纪 90 年代，大多数法语非洲国家开始了"民主化"进程，经历了塞缪尔·亨廷顿

---

① Michael Doyle, "Liberalism and World Politics", *American Political Science Review*, Vol. 80, No. 4, 1986, pp. 1151 – 1169.

② Margaret Hermann and Chalres Kegley, "Rethinking Democracy and International Peace: Perspectives from Political Psychology", *International Studies Quarterly*, Vol. 39, No. 4, 1995, pp. 511 – 533. 转引自倪春纳《民主能产生和平吗？——对"民主和评论"的批判及其回应》，《外交评论》2013 年第 2 期。

③ 李因才：《超越自由主义：建设和平的多元论争》，《国际政治研究》2019 年第 1 期。

④ Marcel Gauchet, *Avènement de la démocratie: 1914 – 1974*, Paris, Histoire Premium, 2013.

(Samuel Huntington)所说的第三波民主化浪潮。1989—2000年,非洲大陆举行了70多次全国选举。① 非洲国家在践行西方民主价值观的过程中面临许多障碍。② 以多党选举为前提的代议制民主的建立和巩固在非洲法语国家引发了许多冲突。在非洲,选举时期正是政治冲突和社会暴力的高发期,民主式和平的合理性遭到质疑。

法语国家组织虽然鼓励成员国选择适合其现实的政治制度,但实质上它所倡导的是自由民主的政治形式。法语国家组织的政策便基于和平与民主之间的相互联系之上,即通过内部政治制度改革来实现国家的政治稳定。换言之,法语国家组织假定民主的巩固有助于政治稳定,从而促进内部和平。2006年部长级会议通过的《圣博尼法斯宣言》对预防冲突和人类安全的具体阐述即是说明。"法语国家组织和民主是不可分割的:促进民主理念的传播以及民主制度的实现是法语国家组织的重要方面。法语国家组织把民主事业作为优先事项,并转化为具体建议和措施。"法语国家"将尊重民主和人权作为和平的合法性标志",以此为指引来制定其建设和平的方略。

法语国家组织对价值观的倡导和依赖使其陷入意识形态的束缚,远离成员国所面临的具体现实问题。在宣扬西方价值观的同时尊重成员多样性对法语国家组织来说是一项重要挑战。换言之,法语国家组织处于理想普世主义和尊重制度多样性之间的两难境地。法语国家组织一直在努力调和这两个对立面之间的平衡。这是一项艰难的任务,并且成员国之间的利益竞争使该任务更加复杂化。

通过从非洲建设和平的角度,可以看到法语国家组织在不断适应变化的国际形势和外部环境。法语国家组织在维护各个成员国特殊性的同时,试图在全球性和地方性之间找到一个暂时的平衡,但是对于价值观的过度依赖使其脱离甚至违背成员国的客观实际。此外,法语国家组织试图通过促进和巩固多边框架内的交流将自身打造为国际社会中既合理

---

① Abdulahi A. Osman, "Poverty and Democratic Consolidation in Sub-Saharan Africa", dans Steven W. Hook, *Democratic peace in theory and practice*, Ohio, Kent State University Press, 2010, p. 96.

② Mamoudou Gazibo, *Les paradoxes de la démocratisation en Afrique*: *Analyse institutionnelle et stratégique*, Montréal, Canada, Presses de l'Université de Montréal, 2005. Et " La démocratie en Afrique", *Pouvoirs*, 2009, Vol. 129.

又具有创造性的平台。然而，作为一个具有地缘文化性质的组织，其"制度"的效用相对有限。

第三节　建设和平政策和理念的互补性

通过上文对中国和法语国家组织在建设和平政策和行动的分析，可以认识到二者在建设和平实践路径上存在一定差异。中国侧重针对具体议题采取实质性行动，而法语国家组织则更加注重结构性问题。中国和法语国家组织在非洲建设和平实践中的不同源于其理念的差异性，二者建设和平政策的制定和实施基于两种不同的选择，前者基于原则，后者基于价值观；前者基于发展，后者基于制度规范。

一　建设和平政策的互补性

通过比较分析中国与法语国家组织在建设和平不同层面的行动，可以观察到二者在建设和平政策和实践中的异同。

表5-2显示出中国和法语国家组织在政治能力建设、选举、财政援助、卫生和教育、媒体、支持社会组织和弱势群体等领域采取行动。然而，二者具体措施不尽相同。

以培训领域为例，中国和法语国家组织都通过培训来提升非洲国家治理能力。法语国家组织将善政和法治建设等结构性议题作为优先事项，而中国更加注重公共事业管理、减贫等有关治国理政具体议题的培训。以中国政府2014年面向非洲法语国家的培训为例，加强政府能力的主题包括政治（国际谈判中的技巧和规则、公共事件和紧急情况的管理）、社会（促进就业、减贫政策、网络安全管理、社会保障、环境保护政策、人力资源管理、促进福利管理和智库建设）、经济（海关管理、工业区管理）等议题。再如，中国面向非洲记者和媒体工作者举办培训班的主题包含电台和电视台管理、电影或通信技术推广等。但是，法语国家组织则更加注重媒体在信息传播中对公众价值观念的引导。

表5-2 中国与法语国家组织在建设和平不同层面的作用

安全层面	
排雷	▲
秩序维护	▲
解除武装、复原和重返社会	●
安全部门改革①	—
预防冲突	●
难民重返社会	—
政治层面	
民主化	—
善治	●
法治	●
能力建设	● ▲
机构建设	—
人的保护	●
选举援助	● ▲
民族和解与司法重建	
社群间对话	●
社会经济层面	
基础设施重建	▲
财政援助	● ▲
卫生教育	● ▲
农业粮食援助	▲
媒体	● ▲
水电供应	▲
对社会组织的支持	● ▲
对弱势群体的支持	● ▲

▲中国

●法语国家组织

资料来源：笔者自制。

---

① Les définitions de la réforme du secteur de la sécurité (RSS) sont nombreuses. Selon l'ONU, les termes "secteur de la sécurité" désignent, d'une manière générale, les structures, les institutions, et le personnel chargés de la gestion, de la prestation et de la supervision des services de sécurité dans un pays. Rapport de l'ONU A/62/659 - S/2008/39 du 23 janvier, 2008. D'après l'OCDE, l'objectif en général de la RSS est d'établir un environnement sécurisé qui stimule le développement.

在选举方面，中国通过提供财政和物资援助支持非洲国家组织选举，而法语国家组织则在选举筹备阶段派遣专家进行指导并在选举期间派遣观察员以监督和确保选举顺利举行。

此外，中国和法语国家组织都致力于卫生和教育援助。中国卫生援助的主要形式包括向受援国派遣医疗队、培训非洲医务人员、捐赠防治药品和防疫物资等。而法语国家组织通常通过组织圆桌会议和专题讨论会传播和分享医学知识，协调公共卫生政策等机制建设和医疗技术分享。在教育方面，中国组织的非洲教师培训覆盖了小学、中学和高等教育阶段。而法语国家组织则侧重宣传教育理念、建立统一的教育体系。例如，从1960年成立的法语国家教育部部长会议到2015年的法语国家教育与培训研究所，法语国家组织致力于促进成员国之间协调一致的行动，促进教育政策的发展、执行、监测和评价，以确保包容性和公平的教育，使教育事业服务于各国发展进程。

在与社会组织合作层面，尽管与非洲国家社会组织的合作不是中非合作的主体内容，但是中国在培训方案的设计上没有忽视社会组织，提升社会组织的管理水平是培训主题之一。对于法语国家组织，如上文所述，支持非政府组织是其行动的主要部分。

支持弱势群体也是中国和法语国家组织共同的行动领域。中国为非洲国家残疾人、妇女和儿童等困难人士协会调配资源并提供援助。法语国家组织则主张并提升政府公共服务意识和水平，以改善困难群体的生活条件。

由此可见，中国和法语国家组织在非洲建设和平中发挥作用的领域有所重合，但各自采用的方法有所不同。中国针对具体问题采取行动，法语国家组织则尤其注重结构性问题。中国拥有较为充足的财力和物力资源，为非洲各国政府在执行其公共政策方面提供财政支持，而法语国家组织作为标准、规则、制度的制定者和传播者，试图成为统一和协调成员国国家政策和行为的平台。

此外，中国和法语国家组织在行动领域上侧重不同。中国在军事上参与联合国框架下的维和行动以推进和巩固建设和平进程，并将推动社会经济发展作为巩固和平的主要手段。与此同时，中国政府重视与非洲政府在治国理政方面的合作并充分意识到选举对稳定政治局势的重要性。

法语国家组织则在其价值观的指引下将政治层面作为优先事项，其行动多侧重于机制建设（解除武装、复员和重返社会、预警）、治理（民主化、善政、法治、机构建设）、社会凝聚力重构（人权、和解以及社区间对话）等。

二 建设和平理念的互补性

中国和法语国家组织在非洲建设和平实践中的互补性反映出其理念的差异。中国和法语国家组织建设和平政策的制定和实施基于两种不同的选择，前者基于原则，后者基于价值观；前者基于发展，后者基于制度规范。

从 1964 年提出的《对外经济技术援助八项原则》到 2021 年发表的《新时代的中非合作》白皮书，中国一直基于尊重主权、平等、互利合作、共同发展等原则发展对非关系。作为中非合作的理性基础，这些原则不仅构成了中国制定和实施对非政策中遵循的重要参考，而且成为中非双方达成共识、拓展合作的基石。

法语国家组织则强调西方价值观，并试图利用这些价值观为和平、合作、团结和可持续发展服务。价值是指"根据个人或社会标准对真善美的定义，构成其行为的参考和道德原则"。价值作为参考是主观的和相对的，通常根据其承载的文化观念不同而异。然而，西方价值观标榜的"普世"一词使这一概念具有绝对性，将价值假设为全人类共有的观念，并且不会因社会、哲学、历史背景而异。

原则和价值的可信性和生命力都取决于其在现实中的适应与应用。就中国和法语国家组织而言，中国政府制定的对非合作原则具有持续性，构成了中国对非外交的行为准则。而法语国家组织推崇的价值观难以有效引导成员国的政治发展。因此，中国制定的原则比法语国家组织推崇的价值观更具可信度和吸引力。另外，原则着眼于在与他者之间关系中自身如何作为，是向内而生的，也就是说，原则是用来指导中国外交实践的。而西方价值观是外向型的，旨在传播一定的价值观体系。例如，中国把平等作为国与国之间交流的原则，而平等则被法语国家组织视作基本价值。中国所指的平等表达了其在外交政策上坚持的立场和态度，而法语国家组织所指的平等则是每个成员国政治社会制度建设的标准与参考。各成员国在内化这一价值参考的具体实践中困难重重。

民主与发展是建设和平的重要方面,如何认识和处理二者间的互动关系对推动建设和平实践意义重大。诸多学术文献和官方报告阐述了民主与发展之间的相互联系,并强调了它们在建设和平领域中不可或缺的作用。[1] 联合国秘书长加利在 1992 年起草的《和平纲领》中强调"民主对于建设和平至关重要……和平与发展是相互依存的"。法语国家组织出台的《巴马科宣言》也指出"民主与发展是密不可分的,是建立持久和平的重要因素"。参与建设和平进程的具体行为人在本研究的实地访谈中也强调了民主与发展之间的关联性及其对建设和平中的重要性。

一些受访者认为发展是冲突的根源,促进发展是实现和平的路径。科特迪瓦全国法语国家组织事务委员会秘书长埃皮法尼·佐罗比（Épiphane Zoro-Bi）在访谈中表示:"如果没有和平与安全,不是因为我们没有民主和自由,而是因为我们需要发展。发展可以解决安全和其他问题,如自由。"[2] 马里外交部亚洲与大洋洲司司长马马杜·拉明·瓦塔拉（Mamadou Lamine Ouattara）在访谈中强调:"我们面临的唯一问题就是发展,但是和平与稳定是发展的条件。和平是发展的另一个名字。"[3] 部分受访者指出发展的落后阻碍了民主进步。塞内加尔驻法国大使保罗·巴吉（Paul Badji）在访谈中表示:"贫穷是民主化进程的主要障碍。只有经济和社会的发展才能在坚持原则的前提下满足人民的需要。"[4] 马里外交部亚洲与大洋洲司司长马马杜·拉明·瓦塔拉在访谈中指出:"有人认为民主将有助于发展。但我认为情况是相反的。贫穷影响到大部分

---

[1] Manus I. Midlarsky, *Inequality, Democracy, and Economic Development*, Cambridge, Cambridge University Press, 1997; Jose Tavares et Romain Wacziarg, "How Democracy Affects Growth", *European Economic Review*, 2001, Vol. 45, No. 8, pp. 1341 – 1378; Przeworski Adam et E. Alvarez Michael (*et al.*), *Democracy and Development: Political Institutions and Material Well-being in the World*, 1950 – 1990, Cambridge, Cambridge University Press, 2000; Unesco, *L'interaction démocratie et développement*, Paris, Unesco, 2002.

[2] 笔者与科特迪瓦全国法语国家组织事务委员会秘书长埃皮法尼·佐罗比（Épiphane Zoro-Bi）的访谈。访谈时间:2014 年 7 月 19 日,访谈地点:阿比让。

[3] 笔者与马里外交部亚洲与大洋洲司司长马马杜·拉明·瓦塔拉（Mamadou Lamine Ouattara）的访谈。访谈时间:2014 年 8 月 11 日,访谈地点:巴马科。

[4] 笔者与塞内加尔驻法国大使保罗·巴吉（Paul Badji）的访谈。访谈时间:2014 年 5 月 7 日,访谈地点:巴黎。

第五章　非洲建设和平：中国和法语国家组织共同关注的议题　／　197

人口。没有经济基本保障使民众变得脆弱。"① 另一些受访者强调了民主的重要性，他们认为民主促进发展，也受发展的制约。"透明国际"塞内加尔"公民论坛"项目负责人巴卡里·马洛因·费伊（Bakary Malouine Faye）在访谈中表示："我们需要最低限度的民主来保障发展，腐败阻碍了发展。"② 科特迪瓦驻法国使馆法语国家组织事务负责人穆米纳托·巴里·迪亚比（Mouminatou Barry Diaby）同样在访谈中指出："民主是必须的，是通向发展的道路之一。"③

更多受访者表示民主与发展是相互关联、不可分割的。马里驻法国使馆代办特拉奥雷在访谈中表示："民主和发展有着相同的使命，即满足人民的需求，满足他们的愿望的使命。"④ 塞内加尔文化交流部法语国家组织司司长马盖耶·图雷（Maguèye Touré）在访谈中指出："民主是推动发展的众多原因之一，民主必须辅之以社会经济发展……民主与发展息息相关，都是对民众需求的满足……为和平作准备的形式民主是发展的起点，但不是唯一的起点。"⑤

可见，民主和发展的关系远非机械的、线性的或单一的因果关系。民主和发展之间的相互作用是复杂的，甚至相互矛盾的。发展和民主皆可衍生出多个相关概念。就发展而言，多指可以增加幸福感的一系列行动，而民主要求人人参与行使权力，是实现这种愿望的可能制度。民主和发展两个概念有许多限定词：可持续发展，平衡发展，人类发展……代议制民主、社会民主、参与式民主等。⑥

---

① 笔者与马里外交部亚洲与大洋洲司司长马马杜·拉明·瓦塔拉（Mamadou Lamine Ouattara）的访谈。访谈时间：2014 年 8 月 11 日，访谈地点：巴马科。

② 笔者与"透明国际"塞内加尔"公民论坛"项目负责人巴卡里·马洛因·费伊（Bakary Malouine Faye）的访谈。访谈时间：2014 年 9 月 1 日，访谈地点：达喀尔。

③ 笔者与科特迪瓦驻法国使馆法语国家组织事务负责人穆米纳托·巴里·迪亚比（Mouminatou Barry Diaby）的访谈。访谈时间：2014 年 5 月 15 日，访谈地点：巴黎。

④ 笔者与马里驻法国使馆代办特拉奥雷（Traoré）的访谈。访谈时间：2014 年 5 月 16 日，访谈地点：巴黎。

⑤ 笔者与塞内加尔文化交流部法语国家组织司司长马盖耶·图雷（Maguèye Touré）的访谈。访谈时间：2014 年 8 月 22 日，访谈地点：达喀尔。

⑥ Philippe Marchesin, "Démocratie et développement", *Tiers-Monde*, 2004, Vol. 45, No. 179, pp. 487-513.

民主化进程同和平进程一样是连续的过程,而不是割裂的步骤。[1] 作为一个曾堪称非洲民主典范的国家,马里在民主化的道路上取得了进展,直到2012年军事政变突然动摇了国家的稳固性。[2] 在科特迪瓦,博瓦尼总统的离世使该国陷入政治军事危机。2010年的总统选举重新引发了两位候选人阵营之间的战争,民主化进程受到阻碍。政局相对稳定的塞内加尔于2012年因86岁的阿卜杜拉耶·瓦德(Abdoulaye Wade)总统试图谋求第三任期而爆发动乱,夺去了数十名受害者的生命。可见,民主化进程是一个过程。在现实政治发展轨迹中,民主的进步或者倒退并非线性的,民主进步和民主倒退的运动总是反复的、不规则的,甚至是混乱的。例如,马里和科特迪瓦经历了民主崩溃,并且尚未免于复发的危险。尽管塞内加尔的选举程序相对可靠透明,但是其民主化进程也经历了多次曲折,不平等现象仍相当严重,社会参与国家治理受到限制。这表明塞内加尔仍存在民主受到侵蚀的现象。

"北京共识"和"华盛顿共识"有助于认识中国和法语国家组织对民主和发展关系的认识。彼得森国际经济研究所经济学家约翰·威廉姆森(John Williamson)在1989年提出了"华盛顿共识"一词,后来在《政策改革下华盛顿意味着什么》一文中详细阐述了"华盛顿共识",并列出了针对拉丁美洲和其他南方国家经济社会改革的十项建议清单。[3] 它突出了自由主义模式的特点,强调贸易金融的私有化和自由化、透明度和专利保护。世界银行和国际货币基金组织等国际机构在此基础上给债务国制定一套标准性建议。以国有企业私有化为目标的"华盛顿共识"在某种程度上剥夺了相关国家的主权和资源。"华盛顿共识"迫使相关国家政府削减公共服务开支,限制了政府管理的权力,损害了国家主权,使其难以履行其国家管理责任。

---

[1] Andreas Schedler, "What Is Democratic Consolidation?", dans Larry J. Diamond, Marc F. Plattner et Philip J. Costopoulos, *Debates on Democratization*, Baltimore, Johns Hopkins University Press, 2010, pp. 59–74.

[2] Olivier Nay, "Grand angle: La théorie des 'États fragiles': un nouveau développementalisme politique?", *Gouvernement et action publique*, 2013, Vol. 1, No. 1, p. 139.

[3] John Williamson, "*What Washington Means by Policy Reform*", dans John Williamson, *Latin American Adjustment: How Much Has Happened?* Washington, DC, Institute for International Economics, 1990.

美国学者约书亚·库珀·拉莫（Joshua Cooper Ramo）于2004年提出的"北京共识"，以强调中国与西方经济政治发展模式的差异。[1] "和平、创新、务实或意识形态色彩、发展导向和灵活性"等是概括"北京共识"特点和内容的关键词。"北京共识"强调通过创新来实现公平、和平的高质量发展，并以此捍卫国家利益。相对于华盛顿共识，"北京共识"更侧重强调发展的重要性，是"华盛顿共识"所代表的西方新自由主义发展模式的替代选项。[2] 尽管"北京共识"不足以全面总结中国的现实道路，但是，"北京共识"在一定程度上总结了中国发展战略的特点。

"北京共识"是基于现实经验总结而成，而"华盛顿共识"则是从新自由主义范式中衍生出来的。[3] 因此，"北京共识"更像是一条路径，而不是一种模式。路径是实验性的和创新性的，而模型假定了转换和复制的可能性。这就是为什么中国政府对中国道路的传播和复制持谨慎态度，在官方话语中采用"中国道路""中国方案"或"中国智慧"，而不是"中国模式"一词。中国政府强调中国的发展经验不一定适合非洲现实，非洲国家必须根据本国国情探索适合自身情况的发展道路。

关于民主与发展之间关系的问题，中国和法语国家组织持有两种不同的立场。这使中国和法语国家组织在制定和实施政策时的优先选项不同，在建设和平行动中有不同侧重。前者强调经济发展、基础设施的重要性、工业技术的掌握以及财富的分配，后者通过制定经济监管标准，注重在行使权力和善政方面对价值观的尊重。中国和法语国家组织有不同的优先事项，前者提倡通过经济建设改善生活条件，认为经济发展是民主建设的前提条件，后者提倡推行"民主化"，认为民主是实现社会正义的必要条件，并最终促进发展。尽管如此，中国和法语国家组织充分认识到民主与发展之间的关联性，努力在行动中平衡两者之间的关系。

---

[1] Joshua Cooper Ramo, *The Beijing Consensus: Notes on the New Physics of Chinese Power*, Londres, Foreign Policy Centre, 2004.

[2] Ewelina Róża Lubieniecka, "Chinese Engagement in Sub-Saharan Africa: Can the Beijing Consensus be Explained under World-Systems Analysis?" *Fudan Journal of the Humanities and Social Sciences*, 2014, Vol. 7, No. 3, pp. 433–450.

[3] Zhiming Chen, "La voie chinoise de développement", *Études Internationales*, 2010, Vol. 41, No. 4, p. 455.

例如，中国意识到经济发展必须伴随着法律制度的建设和司法体系的完善，因此，中国不仅在经济上，而且从政治体制上，创新发展了中国特色社会主义制度。考虑到多党制和西方选举程序不适合中国的历史和现实国情，中国没有遵循西式民主模式。

1982年中国宪法确定了发展"多党合作和政治协商"的历史地位。中国基本政治制度经过多次修改和完善。2013年党的十八届三中全会提出深化政治体制改革，并进一步阐明了广泛多层制度化发展"协商民主制度"。协商民主是中国特色社会主义民主的主要形式之一。[1] 协商民主以协商一致原则为基础，因此对选举法的行使起着补充作用。它通过协商、协调、听证和决策进行。它涵盖了最高层机构人大和基层机构，以及民主党派。民主集中制是权力组织的基本原则。它一方面源于全国人民代表大会人民意愿的表达，发挥"中心"的作用，另一方面体现多数人在行使权力中的地位。这样，中国政府将自由和纪律结合起来。协商民主和民主集中制是中国借鉴外部经验和结合自身历史发展进程的产物，它更倾向于协调统一，而不是对抗，这扩大了达成共识的可能性。协商民主、选举改革"善政"……中国至今仍在探索适合自身国情的民主道路。习近平总书记在党的二十大报告中提出："全过程人民民主是社会主义民主政治的本质属性……加强人民当家作主制度保障……全面发展协商民主……积极发展基层民主……巩固和发展最广泛的爱国统一战线"[2] 是发展全过程人民民主，保障人民当家作主的重要内容。党的二十大报告突出强调"协商民主是实践全过程人民民主的重要形式"[3]，要"全面发展协商民主"[4]。可见，协商式参与是全过程人民民主链条中的一

---

[1] Xiaomei Liu, "Le développement de la Chine nourri par la démocratie et le droit", *La Chine au Présent*, 2015, Beijing.

[2] 习近平：《高举中国特色社会主义伟大旗帜 为全面建设社会主义现代化国家而团结奋斗——在中国共产党第二十次全国代表大会上的报告》，人民出版社2022年版，第37页。

[3] 习近平：《高举中国特色社会主义伟大旗帜 为全面建设社会主义现代化国家而团结奋斗——在中国共产党第二十次全国代表大会上的报告》，人民出版社2022年版，第38页。

[4] 习近平：《高举中国特色社会主义伟大旗帜 为全面建设社会主义现代化国家而团结奋斗——在中国共产党第二十次全国代表大会上的报告》，人民出版社2022年版，第38页。

个重要环节。① 此外，全过程人民民主是中国式民主，是将现代民主价值和中国民主道路进行有机结合的产物。中国的政治发展道路为非洲国家提供了有益思路，是一种通过挖掘自身文化和现实国情建立起来的替代西方模式的方案。

法语国家组织在倡导民主价值观的同时强调了挖掘法语国家经济潜力的必要性。法语国家组织在经济方面为可持续发展、人性化发展服务，提倡在经济增长基础上消除贫困、环境保护和人性化发展。在2014年11月29日和30日第15届首脑峰会上，法语国家组织制定和批准了"法语国家经济战略"，定义了法语国家组织的经济愿景，并提出将深化发展"法语、团结的价值观和经济之间的关系"。在2014年12月的第一届法语国家经济论坛上，在贸易、金融、培训、数字经济、自然资源、卫生和旅游等经济发展领域提出了若干具体倡议。

法语国家组织促进经济发展的方式较为多样：通过法语企业家网络、非洲大学网络、专门从事采掘服务的中小企业网络、分享卫生领域经验的网络等方式促进经验交流；通过促进谈判自由贸易协定、在非洲法语世界国家之间实现护照互认促进人员、经验和知识流动；通过建立培训小组和设立支助基金来提高成员国经济发展能力等。法语国家经济论坛旨在加强本组织经济交流和互动，一方面回应了致力于经济发展的成员国的需要，另一方面也符合法语国家组织的特点，即成为人员、经济、信息和知识流动的空间。

法语国家经济方面的发展使其行动更接近实地的需要。但是，基于语言联系建立起的法语国家组织难以有效加强成员国之间的经济联系。例如，在法语国家及地区实现护照互认的设想缺乏现实基础，边界可渗透性突出的法语非洲国家更倾向于加强对其边界的管控。另外，缺乏成员国的投入，设立中小企业支助基金的政策难以落地。此外，组织本身的体制弱点也有可能使项目失败。例如：由于领导层发生争端，法语商

---

① 张明军、李天云：《协商式参与与全过程人民民主的高质量发展》，《理论探讨》2023年第3期。

业论坛已经停止运作。① 因此，法语国家组织的可持续性和生命力取决于成员国的利益关切和参与意愿。如何在共同基础上建立合作，平衡南北国家之间的关系，促进公平的南南合作，是法语国家组织成为真正的经济合作平台所面临的现实挑战。

中国和法语国家组织有着不同的性质、愿景和手段，正在为巩固非洲和平作出努力。它们的行动存在交集并呈现出互补性。虽然两个行为体在非洲建设和平中的政策和行动有所不同，但双方意识到发展与民主之间虽然没有必然的因果关系，但具有同样的重要性并存在相互依存性，因此中国和法语国家组织在政策制定和实行过程中力图实现民主和发展关切之间的结合。

---

① 笔者与塞内加尔文化交流部法语国家组织司司长马盖耶·图雷（Maguèye Touré）的访谈。访谈时间：2014 年 8 月 22 日，访谈地点，达喀尔。

结　　语

冷战结束后，全球化背景下的战争在目标、方式、财政来源等方面较之前的战争呈现出诸多新特点，国家内部冲突的数量明显增多，成为非洲国家冲突的主要形式。充分认识和分析非洲国家冲突的根源是建设和平的前提。在殖民历史影响下大多数非洲国家经济仍然普遍处在欠发展阶段，其政权呈现出的新世袭主义性质构成了非洲国家冲突根源的主要因素。同时，身份认同的工具化、外部行为者的参与等因素使非洲冲突呈现高度的复杂性。冲突的根源是多维度的，建设和平也是多层面的，包括提升国家能力，优化政府机构，恢复经济活力，重塑社会凝聚力，修复族际关系，改善公共服务体系等方面。

非洲地区安全问题给包括中国和法语国家组织在内的国际社会带来了严峻挑战。中国和法语国家组织共同致力于非洲建设和平进程，二者建设和平的理念政策和行动措施为多角度考察建设和平进程提供了有益素材。当今，随着中国与世界的联系日益紧密，互动日渐深入，安全议题的重要性愈加凸显。一方面，地区和国际不稳定因素构成中国深化国际合作的主要障碍，另一方面，安全机制建设是全球治理的一个重要方面，全球治理体系的改革和完善需要中国的参与。[①] 新中国成立之后，中国一方面努力使其国际地位合法化，另一方面在冷战期间提出两个意识形态竞争的替代方案，即"三个世界理论"和"不结盟政策"。自1971年10月联合国承认其合法地位并于1978年实行改革开放政策以来，中国

[①] Michael D. Swaine, "Chinese Views on Global Governance Since 2008 – 9: Not Much New", *Foreign Policy*, 2016, http://www.hoover.org/publications/china-leadership-monitor.

在国际舞台上开始获得信心，同时保持韬光养晦。当前，中国已成为世界第二大经济体。如何在维护自身发展利益的同时承担相应国际责任，为建立公平合理的国际秩序、实现世界和平稳定作出贡献是中国外交面临的重大议题。中国参与全球治理体系改革的过程是与全球体系互动的过程。以相互依存度的增加为特征的国际环境为中国实现"中华民族的伟大复兴中国梦"提供了战略机遇期。

就中非关系而言，在中国政府"走出去"政策的鼓舞下，中国企业走向非洲、扎根非洲。稳定、安全的环境是扎实推进"一带一路"合作项目的必要前提和保障。非洲地区安全问题不仅直接影响中非合作的有序推进，威胁在非中国公民和企业的人身和财产安全，而且妨碍实现构建更加紧密的中非命运共同体的目标。此外，中国的崛起改变了中国在国际舞台上的地位，中国积极参与非洲国家和地区的冲突管理是树立中国在全球治理中负责任大国形象的有效方式。中国致力于非洲建设和平事业将使国际社会更加充分地认识中国开放包容的外交风格和中国对外"以合作促和平"、对内"以发展谋和平"的安全治理理念。

习近平总书记于2014年首次提出的总体国家安全观正是基于中国国情和中国安全实践进行的理论创新，是对西方现实主义安全观的批判和超越，其丰富的理论内涵和安全治理思想，对全球安全治理提出了中国思考与解决方案，为全球安全理论注入中国思想。[1] 总体国家安全观的提出为新时代国家安全学提供了主体内容、严整逻辑和基本架构。总体国家安全观既重视外部安全，又重视内部安全。[2] 从外部安全维度，总体国家安全观本质上认同安全相互依存理论，承认每个国家都有获得安全的权利，去追求"共同"的安全，而安全的获得路径便是通过"合作"。合作是解决国际冲突、实现国际和平的唯一有效且理性的路径。从内部安全维度，总体国家安全观强调安全治理要将国内问题与全球安全问题联系起来，从安全问题的根源——发展着手，追求可持续安全，将发展和

---

[1] 姚晗：《习近平总体国家安全观的系统原理》，《中国政法大学学报》2022年第2期。
[2] 张宇燕、冯维江：《新时代国家安全学论纲》，《中国社会科学》2021年第7期。

安全并重以实现持久安全。①

  2022年4月，习近平主席在出席博鳌亚洲论坛时首次提出全球安全倡议。该倡议为应对国家、地区和国际等诸多安全问题提供重要指引，是新时代中国为国际社会破解全球安全困局和维护世界和平与地区安全而提供的中国方案。② 全球安全倡议强调：坚持共同、综合、合作、可持续的安全观，共同维护世界和平和安全；坚持尊重各国主权、领土完整，不干涉别国内政；坚持遵守联合国宪章宗旨和原则；坚持重视各国合理安全关切；坚持对话协商以和平方式解决国家间的分歧和争端；坚持统筹维护传统领域和非传统领域安全。③ 全球安全倡议为中国参与非洲建设和平进程提供战略指引，为中国和非洲共同维护地区和平与安全、探索建设和平道路指明了方向。

  在建设和平实践上，非洲建设和平使中国面临新的挑战。不干涉内政和不附加政治条件是中国对非关系的基本原则和立场，这一原则和立场在国际局势的演变中不断受到考验。随着中国国际地位的改变，从冷战时期支持非洲国家民族解放运动到全球化时代的国际合作，中国外交立场和原则没有发生根本性变化，但其外交风格经历了渐进式变化，外交实践从被动反应演变为建设性参与。国际问题专家王逸舟教授用"创造性介入"来概括中国外交政策的更新与全球角色的扮演。"创造性介入"是对传统的不干涉内政方针做出的拓展，"在量力而行、互助互利的前提下，提供更多、更有效的战略援助和公共物品"。④ 中国积极参与非洲建设和平进程便是其创造性介入国际事务的体现。

  建设和平是法语国家组织占大多数的非洲成员国所关心的议题，也是该组织的重点任务之一。作为组织的法治和民主建设框架，《巴马科宣言》在建设和平领域发挥着指导性作用。考虑到和平进程是一个连续的

---

① 李志斐：《总体国家安全观与全球安全治理的中国方向》，《中共中央党校（国家行政学院）学报》2022年第26卷第1期。

② 云新雷、夏立平：《全球安全倡议：破解全球安全困境的中国方案》，《国际论坛》2023年第2期。

③ 参见《习近平在博鳌亚洲论坛2022年年会开幕式上发表主旨演讲》，《人民日报》2022年4月22日第1版。

④ 王逸舟：《创造性介入：中国之全球角色的生成》，北京大学出版社2013年版，第67页。

过程，法语国家组织将其行动扩展到冲突的各个阶段，包括在冲突的预防和解决阶段通过动员其外交与专家网络调解促进和平，在冲突后阶段促进民族和解、提升国家能力等。法语国家组织的行动同时着眼于消极和平（即限制冲突的升级，使各国恢复稳定和宪政秩序）和积极和平（即加强体制建设，巩固和平的社会基础，促进民主和发展）。

在建设和平实践中，法语国家组织动员非国家行为体（如非政府组织）来实现建设和平的目标是其行动特点之一。作为跨国性质的政府间机构，法语国家组织不仅超越了国家的地理边界，而且在政府和非政府实体之间建立了多重联系。值得注意的是，尽管非国家行为体是法语国家组织动员的主要力量，但国家行为体在其组织内部仍发挥着主导作用。非国家行为体的出现并不是对国家主权的质疑，成员国间达成一致仍是派遣特派团和选举观察员的先决条件。

不同于联合国、非洲联盟和西共体等其他国际组织，法语国家组织由于其特殊优势是一个发挥补充作用的参与者。通过语言和价值观建立的关系使其在地理语言空间中"建立起伙伴关系"[1]，形成可以团结、调动的潜在非物质资源空间。[2] 换言之，法语国家组织通过建立一套成员国可以利用的文化和政治资源及参考体系来维护其利益。本研究中的受访者经常使用的"大家庭"一词描述存在于法语国家内部的团结和内聚力，它超越了其体制方面，为法语国家组织成员提供了低调却有效的保护。然而，法语国家组织通过价值观的建立和传播来建设和平的路径是值得进一步探讨和批判的，其巩固民主的手段和路径可能成为引发冲突的又一因素。此外，虽然协商一致作为法语国家组织的决策机制可以束缚其内部大国的主导作用，但法国在组织内部中的主导地位难以掩饰。

多边国际和地区组织、传统西方大国，中国、印度等新兴国家、非政府组织等不同行为体在建设和平领域践行不同的理念和做法。在建设和平进程中，由于不同性质行为体对和平的认知、意识形态支撑以及维

---

[1] Frédéric Ramel, "Penser la profondeur stratégique francophone", dans Niagalé Bagayoko et Frédéric Ramel, *Francophonie et Profondeur Stratégique*, Études de l'IRSEM, 2013, No. 26.

[2] Frédéric Charillon, "La francophonie comme profondeur stratégique", dans Niagalé Bagayoko et Frédéric Ramel, *Francophonie et Profondeur Stratégique*, Études de l'IRSEM, 2013, No. 26.

护的利益有所不同，加之各行为体之间缺乏有效的协调统一，造成建设和平难以达到预期效果。例如，联合国维和行动主要关注安全—军事领域。欧洲联盟则强调建设和平的政治和外交层面，并愈加重视冲突评估和预警。世界银行和国际货币基金组织则注重经济发展。美国、英国专注于安全和军事领域，同时对"民主化"和经济复苏兴趣浓厚。日本重点关注冲突后重建，法国和德国则以冲突后短时期的稳定和长时段的"民主促进"和经济重建为优先选项。①

中国与西方国家对非洲政策的不同源于双方在历史经验、外交理念和外交原则中所存在的差异。历史经验上，非洲与西方国家是由殖民统治历史延伸而来的垂直型依附关系，而非洲与中国之间是在平等互利基础上形成的友好合作关系。外交理念上，西方推行的是以新自由主义为特征的"华盛顿共识"，中国则是倡导根据自身国情独立自主地探索发展道路。外交原则上，西方国家以"民主和平论"之名，干预非洲国家的政治制度和体制构建。中国则一向遵守"不干涉内政"原则，让非洲国家解决非洲问题。②

中国和法语国家组织两个行为体在非洲建设和平领域的行动存在一定差异。在参与全球治理中，中国坚持秉持共同、综合、合作、可持续的安全理念。③ 对于包括非洲在内的发展中国家来说，发展就是最大安全，也是解决地区安全问题的"总钥匙"。④ 相较于法语国家组织倡导的民主、法律体系、治理体系等制度规范的建立，中国更加注重当事国的经济发展，重视经济发展在建设持久和平中的重要作用。

中国和法语国家组织两个行为体在非洲建设和平领域的行动具有互补性，参与建设和平进程中的当地实践者将这种互补性视为合作的基础。

---

① Michael Bernett, et al., "Peacebuiding: What is in a Name?", *Global Governance*, Vol. 13, 2007, pp. 45–48.

② 罗建波：《中国与西方国家的对非洲外交：在分歧中寻求共识与合作》，《世界经济与政治》2009 年第 4 期。

③ 《习近平出席博鳌亚洲论坛 2018 年年会开幕式并发表主旨演讲》，《人民日报》2018 年 4 月 11 日第 1 版。

④ 习近平：《积极树立亚洲安全观 共创安全合作新局面——在亚洲相互协作与信任措施会议第四次峰会上的讲话（二〇一四年五月二十一日，上海）》，《人民日报》2014 年 5 月 22 日第 2 版。

尽管由于其立场、理念、战略政策和对形势的解读存在差异，但中国和法语国家组织并非对立关系。作为全球治理的目标，和平的实现要求利益攸关方更贴近当地民众和政府的需求，并且通过协同合作来提高建设和平的效力。中国与法语国家组织在这一共同目标下可以在弥合分歧的基础上相互理解并建立对话。

中国与法语国家组织的合作源于当前和未来的互动。中国时任驻马里大使曹忠明用"水到渠成"一词来描述中国和法语国家组织实现合作的可能性。也就是说，在建立合作之前，应扩大"关系"，为"关系"的建立和互动创造机会。只有促进不同层次的交流和对实地条件的充分认识，才能使"关系"制度化，进而建立合作。中国可以通过加强与法语国家组织的合作把"硬援助"与"软援助"结合起来，把国家力量与社会力量结合起来。这将成为中国"创造性介入"非洲建设和平进程的有效路径。[①]

就中国、法语国家组织和非洲而言，尽管行为体的性质存在差异，但在建设和平领域，每个行为体的利益都交织在一起。正如前文所述，差异并不会限制合作，相反会促进合作的产生，甚至是合作的前提条件。合作并不要求建立一个基于思想、规范和共同标准的框架，而是在共同利益基础上寻求最大公约数。中国和法语国家组织试图以不同方式满足非洲的需求，在这一目标基础上实现合作，有利于促进"共同体"的形成。中国和法语国家组织都代表着南方国家和新兴市场国家的利益，其目标在相当程度上是一致的，即致力于促使全球多元化，[②] 二者的政策和理念共同丰富了国际关系理论。

从具体实践来看，三方合作是2012年在金沙萨举行的第14届法语国家首脑会议所设想的一种合作模式。法语国家组织宣布致力于"发展三方伙伴关系，其中至少有一个发达国家或一个国际机构与至少一个具有

---

① 王逸舟教授在以中非关系为例阐释"创造性介入"时指出："把'硬援助'与'软援助'结合起来，把器物层面的建设合作与人力资本层面的共同培养结合起来，把国家力量与社会力量结合起来，把经贸方面的优点优势转化为人文、教育、科技、艺术等方面的学习欣赏与互补互助，把中国和非洲领导人之间的握手拥抱，扩大至亿万中非民众之间的深度接触理解。"王逸舟：《创造性介入：中国之全球角色的生成》，北京大学出版社2013年版，第120—121页。

② Amitav Acharya, *The End of American World Order*, Cambridge, Polity Press, 2014.

专门知识的发展中国家合作,使至少一个发展中国家受益,解决受援国自身确定的具体发展问题"。① 这种"区域间主义"② 性质的合作可以通过提供具体知识和经验的关键国家的参与来解决由受援国确定的具体发展问题,开辟了三方合作新的视角。中国作为捐助国和关键国可以发挥其融资能力和技术转让能力。③ 从这个角度来看,中国不是法语国家这一障碍是次要的,也是可以跨越的。2021 年,在新冠疫情全球持续暴发的背景下,中非双方共同发起"支持非洲发展伙伴倡议",欢迎更多国家和国际组织参与倡议,共同支持非洲发展振兴,推动非洲联合自强和一体化进程,把资源投向非方最急需的领域。这一倡议秉持"非洲主导、平等开放"原则,旨在汇聚支持非洲发展的强大合力。可见,中国和法语国家组织都已表达了扩大对非合作范围、丰富对非合作形式的意愿,并提出了相关机制和设想,这为进一步建立直接的合作关系提供了有益思路。

没有结构性暴力的积极和平是建设和平的目标,这最终是一项不可能完成的任务。宁静与和谐皆是理想主义目标,我们必须接受冲突长期处于未解决的状态。④ 有社会关系的地方就有矛盾,建设和平如果忽视矛盾的动向就有可能掩盖或加剧紧张局势。正是紧张关系使国际社会团结在一起,但这些紧张关系可能导致混乱。如果说混乱是不可避免的,这便需要动员国际社会来寻求"将其转化为能够产生积极效果的路径"⑤。

在法国社会学家乔治·巴勒迪尔（George Balandier）看来,改变混

---

① *La coopération Sud-Sud et tripartite dans l'espace francophone*, état des lieux, Direction de la Francophonie économique, Paris, octobre, 2014, http：//www. francophonie. org/IMG/pdf/cooperation_sud-sud_vdef. pdf.

② Heiner Hänggi, "Interregionalism as a multifaceted phenomenon. In search of a typology", Heiner Hänggi, Ralf Roloff et Jürgen Rüland, *Interregionalism and international relations*, Londres et New York, Routledge, 2006.

③ *La coopération Sud-Sud et tripartite dans l'espace francophone*, état des lieux, Direction de la Francophonie économique, Paris, octobre 2014, http：//www. francophonie. org/IMG/pdf/cooperation_sud-sud_vdef. pdf.

④ Jean-Claude Marut, "L'instrumentalisation d'un modèle：les mécanismes traditionnels de résolution des conflits africains", dans Dominique Darbon, *La politique des modèles en Afrique：simulation, de politisation et appropriation*, Paris, Karthala, 2009, pp. 107 – 121.

⑤ Georges Balandier, *Le désordre：Éloge du mouvement*, Paris, Fayard, 1988.

乱状态的有效解决方式之一就是"运动"。"运动"能够创造新的动力，但"运动"充满矛盾、风险和不确定性。[1]"运动"是真实而强大的，它释放了社会的想象力并赋予其影响历史的力量。中国和法语国家组织是建设和平这一"运动"的参与者。中国和法语国家组织在建设和平方面的影响程度与其说是与二者的理念和政策有关，不如说是它们在执行政策的过程中与对象国互动的结果。如何通过富有创新性和变革性的互动来建立更加密切的关系以实现社会关系的新平衡，是包括中国和法语国家组织在内的每一个建设和平事业参与者需要共同思考的议题。

---

[1] Georges Balandier, *Le désordre*：*Éloge du mouvement*, Paris, Fayard, 1988.

参考文献

一 中文文献

［美］L.科塞：《社会冲突的功能》，孙立平等译，华夏出版社1989年版。

［古希腊］柏拉图：《柏拉图全集：第三卷》，王晓朝译，人民出版社2003年版。

［美］保罗·戴尔、丹尼尔·德鲁克曼：《和平行动的评价》，聂军译，知识产权出版社2013年版。

曹峰：《康德永久和平思想及其当代意义》，《太原学院学报》（社会科学版）2021年第1期。

陈冲：《机会、贪婪、怨恨与国内冲突的再思考——基于时空模型对非洲政治暴力的分析》，《世界经济与政治》2018年第8期。

陈公元：《古代非洲与中国的友好交往》，商务印书馆1985年版。

陈晓云：《中国社会矛盾学说与西方社会冲突理论比较》，《中国地质大学学报》（社会科学版）2003年第6期。

达乌德：《非洲大陆对和平安全的认知与和平安全治理机制建设》，《国际社会科学杂志》（中文版）2019年第2期。

葛公尚、于红主编：《世界民族·第六卷·非洲》，中国社会科学出版社2013年版。

顾章义：《非洲国家边界问题初探》，《西亚非洲》1984年第3期。

关培凤：《20世纪后半叶国外非洲边界和领土争端问题研究述评》，《世界历史》2017年第4期。

韩志斌、高文洋：《图阿雷格人和马里政府冲突型民族政治关系探究》，

《陕西师范大学学报》（哲学社会科学版）2018年第6期。

何曜：《作为冲突解决的国际干预》，《世界经济研究》2002年第6期。

何银：《规范竞争与互补——以建设和平为例》，博士学位论文，外交学院，2014年。

何银：《中国的维和外交：基于国家身份视角的分析》，《西亚非洲》2019年第4期。

贺鉴、王筱寒：《马里军人哗变，政治社会危机更深》，《世界知识》2020年第18期。

侯钧生主编：《西方社会学理论教程》，南开大学出版社2001年版。

胡平：《国际冲突分析与危机管理研究》，军事谊文出版社1992年版。

胡锐军：《政治冲突引论》，中国社会科学出版社2013年版。

［德］康德：《历史理性批判文集》，何兆武译，商务印书馆2005年版。

［英］拉尔夫·达仁道夫：《现代社会冲突》，林荣远译，中国社会科学出版社2000年版。

李海龙：《论中国外交之正确义利观的内涵与实践》，《理论学刊》2016年第5期。

李新烽：《非洲踏寻郑和路》，中国社会科学出版社2013年版。

李因才：《超越自由主义：建设和平的多元论争》，《国际政治研究》2019年第1期。

李因才：《联合国对撒哈拉以南非洲国家的安全部门援助》，《中国非洲学刊》2021年第3期。

［美］利普塞特：《政治人：政治的社会基础》，刘钢敏、聂蓉译，商务印书馆1993年版。

刘俊波：《冲突管理理论初探》，《国际论坛》2007年第1期。

刘伟才：《"跨界民族—国际移民综合症"与非洲国家冲突——以科特迪瓦为中心》，《世界民族》2012年第6期。

陆苗耕：《周恩来访问非洲十国》，《百年潮》2015年第2期。

路征远：《非洲统一组织与非洲国家边界问题》，《安徽农业大学学报》（社会科学版）2008年第5期。

［美］罗伯特·A. 达尔：《多元主义民主的困境》，尤正明译，求实出版社1989年版。

罗建波：《中国与西方国家的对非洲外交：在分歧中寻求共识与合作》，《世界经济与政治》2009年第4期。

马克思、恩格斯：《共产党宣言》，人民出版社1958年版。

《马克思恩格斯文集》第1卷，人民出版社2009年版。

毛泽东：《关于三个世界划分问题》，《毛泽东文集》第8卷，人民出版社1999年版。

毛泽东：《毛泽东文集》第7卷，人民出版社1999年版。

孟瑾：《法语国家与地区国际组织在非洲冲突管理中的作用》，《法语学习》2017年第3期。

倪春纳：《民主能产生和平吗？——对"民主和评论"的批判及其回应》，《外交评论》2013年第2期。

彭大森：《建设和平：联合国解除武装、复员和重返社会工作浅析》，《经济视角》2011年第4期。

蒲宁、陈晓东：《国际冲突研究》，时事出版社2007年版。

钱国安：《我国同非洲国家开展经济技术合作的四项原则》，《国际贸易》1984年第5期。

［美］乔纳森·H. 特纳：《社会学理论的结构》，吴曲辉等译，浙江人民出版社1987年版。

秦亚青：《关系视角下的全球社会变迁》，《中国社会科学报》2021年10月9日第5版。

秦亚青：《中国传统文化与现代社会科学的知识构建》，《当代中国与世界》2021年第3期。

青觉、朱鹏飞：《从宽恕到宽容：后冲突时代南非社会和解与转型正义之反思——基于开普敦地区的田野调查研究》，《世界民族》2019年第1期。

桑业明、王怡玮：《论毛泽东社会矛盾理论和新时代中国社会主义建设》，《牡丹江师范学院学报》（社会科学版）2019年第5期。

孙红：《马里族群冲突折射萨赫勒地区安全危机的复杂性》，《世界知识》2019年第10期。

仝菲：《中国与非洲高质量共建"一带一路"：理念、基础、困境及应对》，《世界社会主义研究》2022年第11期。

王国梁等：《中国与非盟维和合作的机遇与挑战》，《武警学院学报》2021年第3期。

王杰：《人类命运共同体理念对中国传统"天下观"的传承与创新》，《光明日报》2020年9月25日第6版。

王梦：《试析加尔通和平思想的价值与局限》，《学术交流》2015年第11期。

王浦劬：《西方当代政治冲突理论述评》，《学术界》1991年第6期。

王涛、汪二款：《图阿雷格人问题的缘起与发展》，《亚非纵横》2014年第5期。

王晓荣、李斌：《毛泽东对社会主义国家政治安全规律的探索——基于〈关于正确处理人民内部矛盾的问题〉的分析》，《理论学刊》2021年1月。

王振川主编：《中国改革开放新时期年鉴》，中国民主法制出版社1996年版。

徐坚：《中国共产党的国际关系理论创新——从和平共处五项原则到人类命运共同体》，《外交评论》2021年第4期。

徐伟忠：《中国参与非洲的安全合作及其发展趋势》，《西亚非洲》2010年第11期。

叶丽文：《法语国家国际组织和法国》，博士学位论文，上海外国语大学，2012年。

袁武：《非洲国家冲突后重建研究——刚果民主共和国案例研究及比较分析》，经济管理出版社2018年版。

袁武：《联合国建设和平理论的发展及其在非洲的实践》，《国际关系学院学报》2012年第6期。

［日］原野昭吉：《全球政治学——全球化进程中的变动、冲突、治理与和平》，刘小琳、张胜军译，新华出版社2000年版。

苑国华：《简论齐美尔的社会冲突思想及其现实意义》，《陕西理工大学学报》（社会科学版）2011年第1期。

［挪］约翰·加尔通：《和平论》，陈祖洲等译，南京出版社2005年版。

云新雷、夏立平：《全球安全倡议：破解全球安全困境的中国方案》，《国际论坛》2023年第2期。

[美] 詹姆斯·多蒂尔、小罗伯特·普法尔茨格拉夫:《争论中的国际关系理论》,阎学通、陈寒溪等译,世界知识出版社 2003 年版。

张传开、冯万勇:《探索、建构、确立和深化——马克思社会冲突理论的历史发展》,《安徽师范大学学报》(人文社会科学版) 2017 年第 4 期。

张春:《新时期中非和平安全合作:创新国际安全公共产品供应》,《当代世界》2018 年第 10 期。

张春宇、张梦颖:《中非和平与安全合作》,《新时代中非友好合作智库报告》,中国社会科学出版社 2018 年版。

张锋:《道义现实主义的道义观评议》,《国际关系研究》2022 年第 1 期。

张贵洪:《多边主义、国际组织与可持续的和平发展》,《人民论坛》2020 年第 32 期。

张明军、李天云:《协商式参与与全过程人民民主的高质量发展》,《理论探讨》2023 年第 3 期。

张胜利:《理论与现实的双重困境——后冷战时代"民主和平论"再审视》,《河南大学学报》(社会科学版) 2016 年第 5 期。

张逸潇:《从管理冲突到管理和平——联合国维和行动与冲突后国家的安全治理》,《国际安全研究》2015 年第 1 期。

赵磊、高心满等:《中国参与联合国维持和平行动的前沿问题》,时事出版社 2011 年版。

郑杭生:《社会学概论新修》,中国人民大学出版社 1994 年版。

周玉渊:《大变局时代中非合作的新征程与新思考》,《西亚非洲》2023 年第 3 期。

周玉渊:《非洲集体安全机制的进展与挑战——从非洲和平安全框架到"2020 年消弭枪声计划"》,《云大地区研究》2020 年第 1 期。

二 外文文献

Abélès Marc, *Anthropologie de la globalisation*, Paris, Payot, 2008.

Acharya Amitav, *The End of American World Order*, Cambridge, Polity Press, 2014.

Adamczewski Amandine et al., "Concessions de terres et dynamiques sociales dans la zone office du Niger au Mali", *Études rurales*, 2013, No. 191.

Alagbe Mérich Freedy, La Coopération sino-africaine à travers le FOCAC, contribution à l'analyse empirique et théorique de la présence chinoise en Afrique noire, thèse de doctorat en Science politique, soutenue le 12 mars, 2012, Université Jean Moulin Lyon 3.

Alden Chris, Large Daniel et Oliveira Ricardo Soares de, *China Returns to Africa: A Rising Power and a Continent Embrace*, New York, Columbia University Press, 2008.

Archer Clive, *International Organizations*, 2e édition, Londres et New York, Routledge, 1992.

Arendt Hannah, *Condition de l'homme moderne*, Paris, Pocket, 1988.

Arendt Hannah, *Journal de pensée*, Paris, Éditions du Seuil, 2005.

Arendt Hannah, *Responsabilité et jugement*, traduit par Fidel Jean-Luc, Paris, Payot, 2005.

Aït-Aoudia Myriam et Roger Antoine, *La logique du désordre: Relire la sociologie de Michel Dobry*, Paris, Presses de Sciences Po, 2015.

Aurégan Xavier, Géopolitique de la Chine en Côte d'Ivoire, thèse de doctorat en Géographie et Géopolitique, soutenue le 4 mars, 2014, Université Paris XIII Vincennes Saint-Denis.

Avant Deborah D., Finnemore Martha et Sell Susan K., *Who governs the globe?* New York, Cambridge University Press, 2010.

Bach Daniel C., *Regionalism in Africa: Genealogies, Institutions and Trans-state Networks*, Abingdon, Routledge, 2016.

Bach Daniel C. et Dufy Caroline, "Diversification des trajectoires, renouveau des problématiques", *Revue internationale de politique comparée*, 2013, Vol. 20, No. 3.

Bach Daniel C. et Kirk-Greene Anthony Hamilton Millard, *États et sociétés en Afrique francophone*, Paris, Economica, 1993.

Badie Bertrand, *Culture et politique*, Paris, Economica, 1993.

Badie Bertrand, *Le diplomate et l'intrus: l'entrée des sociétés dans l'arène internationale*, Paris, Fayard, 2007.

Badie Bertrand, *L'État importé: Essai sur l'occidentalisation de l'ordre politique*,

Paris, Fayard, 1992.

Badie Bertrand et Smouts Marie-Claude, *Le retournement du monde: Sociologie de la scène internationale*, Paris, Presses de la Fondation nationale des sciences politiques: Dalloz, 1999.

Bagayoko Niagalé et Ramel Frédéric, Francophonie et profondeur stratégique, Études de l'IRSEM, 2013, No. 26.

Balandier Georges, *Le désordre : Éloge du mouvement*, Paris, Fayard, 1988.

Barnett Michael, Kim Hunjoon, O'Donnell Madalene et Sitea Laura, "Peacebuilding: What is in a Name?" *Global Governance*, 2007, Vol. 13, No. 1.

Bassett Thomas J., "Nord musulman et Sud chrétien: les moules médiatiques de la crise ivoirienne", *Afrique Contemporaine*, 2003, Vol. 206, No. 2.

Basu Kaushik et Kanbur S. M. Ravi, *Arguments for a Better World: Essays in Honor of Amartya Sen*, Oxford, Oxford University Press, 2009.

Battistella Dario, *Théories des relations internationales*, Paris, Presses de Sciences Po, 2009.

Bayart Jean-François, "La démocratie à l'épreuve de la tradition en Afrique subsaharienne", *Pouvoirs*, 2009, Vol. 129, No. 2.

Bayart Jean-François, "L'Afrique dans le monde: une histoire d'extraversion", *Critique internationale*, 1999, Vol. 5, No. 1.

Bayart Jean-François, *L'État en Afrique: la politique du ventre*, Paris, Fayard, 2006.

Bertram Eva, "Reinventing Government", *Journal of Conflict Resolution*, 1995, Vol. 39, No. 3.

Bessière Stéphanie, *La Chine à l'aube du XXIe siècle: le retour d'une puissance?* Paris, l'Harmattan, 2005.

Bidima Jean-Godefroy, "Philosophies, démocraties et pratiques: à la recherche d'un 'universel latéral'", *Critique*, 2011.

Billioud Sébastien et Thoraval Joël, *Extrême orient Extrême occident, Regards sur le politique en Chine aujourd'hui*, Saint-Denis, Presses Universitaires de Vincennes, 2009.

Bossard Laurent, "Peuplement et migration en Afrique de l'Ouest: une crise régionale en Côte d'Ivoire", *Afrique contemporaine*, 2003, Vol. 206, No. 2.

Bouquet Christian, "L'artificialité des frontières en Afrique subsaharienne: Turbulences et fermentation sur les marges", *Les Cahiers d'Outre-Mer*, 2003, Vol. 56, No. 222.

Bouthoul Gaston, *La paix*, Paris, Presses Universitaires de France, 1974.

Buzan Barry, "China in International Society: Is 'Peaceful Rise' Possible?", *The Chinese Journal of International Politics*, 2010, Vol. 3, No. 1.

Buzan Barry, *People, States and Fear: The National Security Problem in International Relations*, Brighton, Wheatsheaf book, 1991.

Buzan Barry et Waever Ole, *Regions and Powers: The Structure of International Security*, Cambridge, Cambridge University Press, 2003, No. 91.

Cabestan Jean-Pierre, *Le système politique chinois: un nouvel èquilibre autoritaire*, Paris, Presses de Sciences Po, 2014.

Carbonnier Gilles, "La malédiction des ressources naturelles et ses antidotes", *Revue internationale et stratégique*, 2013, No. 91.

Charbonneau Bruno, "Côte d'Ivoire: Possibilités et limites d'une réconciliation", *Afrique Contemporaine*, 2013, Vol. 245, No. 1.

Cheng Anne, *Histoire de la pensée chinoise*, Paris, Éditions du Seuil, 1997.

Chen Lichuan, "Le débat entre libéralisme et nouvelle gauche au tournant du siècle", *Perspectives chinoises*, 2004, Vol. 84, No. 1.

Chen Zhiming, "La voie chinoise de développement", *Études Internationales*, 2010, Vol. 41, No. 4.

Chetail Vincent, *Lexique de la consolidation de la paix*, Bruxelles, Bruylant, 2009.

Chouquer G., "Les attributions de terres pour le complexe sucrier du Mali", janvier, 2012, http://formesdufoncier.org/pdfs/4ComplexeSucrier.pdf, consulté le 2 février, 2015.

Collier Paul, *The bottom Billion: Why the Poorest Countries are Failing and What can Be Done about It*, Oxford, Oxford University Press, 2008.

Collier Paul et Hoeffler Anke, "On Economic Causes of Civil War", *Oxford Economic Papers*, 1998, Vol. 50, No. 4.

Confucius, Meng zi et Xun zi, traduits et présentés par Charles Le Blanc et

Rémi Mathieu, *Philosophes confucianistes*, Paris, Gallimard, 2009.

Cooley John K., *East Wind over africa: Red China's African Offensive*, New York, Walker and company, 1965.

Cooper Ramo Joshua, *The Beijing Consensus: Notes on the New Physics of Chinese Power*, Londres, Foreign Policy Centre, 2004.

Coulibaly Hawa et Lima Stéphanie, "Crise de l'État et territoires de la crise au Mali", *EchoGéo*, 2013, http: //echogeo. revues. org/13374. < Hal -01020719 >.

Darby John et Mac Ginty Roger, *Contemporary Peacemaking: Conflict, Peace Processes and Post-war Reconstruction*, Basingstoke et New York, Palgrave, 2008.

Darrobers Roger, "Kang Youwei, du confucianisme réformé à l'utopie universelle", *Études chinoises*, 2000.

Delmas-Marty Mireille et Will Pierre-Étienne, *La Chine et la démocratie*, Paris, Fayard, 2007.

De Villette Thérèse, *Faire Justice autrement, le défi des rencontres entre détenus et victimes*, Canada, Mediaspaul, 2009.

Devin Guillaume, *Faire la paix: la part des institutions internationales*, Paris, Presses de Sciences Po, 2009.

Devin Guillaume et Smouts Marie-Claude, *Les organisations internationales*, Paris, Armand Colin, 2011.

Diagne Pathé, "De la démocratie traditionnelle: Problème de définition", *Présence Africaine*, 1976, Vol. 97, No. 1.

Diagne Souleymane Bachir, "Du mouvement avec l'universel", *De (s) générations penser avec l'Afrique*, 2015, No. 22.

Diagne Souleymane Bachir, *L'encre des savants: Réflexions sur la philosophie en Afrique*, Paris et Dakar, Présence africaine et CODESRIA, 2013.

Diamond Larry Jay, Plattner Marc F. et Costopoulos Philip J., *Debates on Democratization*, Baltimore, Johns Hopkins University Press, 2010.

Dieckhoff Milena, *L'individu dans les relations internationales: le cas du médiateur Martti Ahtisaari*, Paris, l'Harmattan, 2012.

Domenach Jean-Marie, Laborit Henri et al., *La violence et ses causes*, Paris,

Unesco, 1980.

Dugan Maire, "A Nested Theory of Conflict", *A Leadership Journal*: Women in Leadership-Sharing the Vision, 1996, Vol. 1, No. 1.

Dupuy René-Jean, *Manuel sur les organisations internationales*, Dordrecht, M. Nijhoff, 1998.

Fischer Georges, "La Nigeria en marche vers l'indépendance", *Annuaire français de droit international*, 1959, Vol. 5, No. 1.

Ford Christopher A. , *The Mind of Empire*: China's History and Modern Foreign Relations, Lexington, University Press of Kentucky, 2010.

Foucault Michel, *Dits et écrits*, 1954 – 1988. II. 1976 – 1988, Paris, Gallimard, 2001.

Freund Julien, *Sociologie du conflit*, Paris, Presses Universitaires de France, 1983.

Galtung Johan, *Peace by Peaceful Means*, *Peace and Conflict*, *Development and Civilization*, Oslo, Sage Publications, 1996.

Galtung Johan, "Twenty-Five Years of Peace Research: Ten Challenges and Some Responses", *Journal of Peace Research*, 1985, Vol. 22, No. 2.

Galy Michel, *La guerre au Mali*: Comprendre la crise au Sahel et au Sahara enjeux et zones d'ombre, Paris, La Découverte, 2013.

Gan Yang, "Prendre en compte la continuité historique pour penser le politique aujourd'hui", *Extrême-Orient Extrême-Occident*, traduit par Sébastien Billioud, 2009, No. 31.

Gan Yang, *Tong san tong*, Beijing, Sanlian, 2007.

Gauchet Marcel, *Avènement de la démocratie*: 1914 – 1974, Paris, Histoire Premium, 2013.

Gazibo Mamoudou, *Les paradoxes de la démocratisation en Afrique*: Analyse institutionnelle et stratégique, Montréal, Presses de l'Université de Montréal, 2005.

Geertz Clifford, *Savoir local*, *savoir global*: les lieux du savoir, traduit par Denise Paulme, Paris, Presses Universitaires de France, 2012.

Girault René, "Encore une nouvelle histoire des relations internationales: l'histoire des organisations internationales", *Relations internationales*, No. 75, 1993.

Glissant Édouard, *Traité du tout-monde*, Paris, Gallimard, 1997.

Goheneix Alice, "Les élites africaines et la langue française: une appropriation controversée", *Documents pour l'histoire du français langue étrangère ou seconde*, 2008, No. 40/41.

Goodhand Jonathan, "From Wars to Complex Political Emergencies: Understanding Conflict and Peace-building in the New World Disorder", *Third World Quarterly*, 1999, Vol. 20, No. 1.

Granet Marcel, *La pensée chinoise*, Paris, Albin Michel, 1999.

Guo Xiaoqin, *State and Society in China's Democratic Transition: Confucianism, Leninism, and Economic Development*, New York, Routledge, 2003.

Haggard Stephan et Simmons Beth A., "Theories of International Regimes", *International Organization*, 1987, Vol. 41, No. 3.

Heinich Nathalie, *La sociologie de Norbert Elias*, Paris, la Découverte, 2010.

Hänggi Heiner, Roloff Ralf et Rüland Jürgen, *Interregionalism and International Relations*, Londres et New York, Routledge, 2006.

Hobsbawm Eric John et Ranger Terence Osborn, *The Invention of Tradition*, Cambridge, Cambridge University Press, 1992.

Hook Steven W., *Democratic Peace in Theory and Practice*, Ohio, Kent State University Press, 2010.

Horesh Niv et Kavalski Emilian, *Asian Thought on China's Changing International Relations*, Basingstoke, Palgrave Macmillan, 2014.

Huang Meibo, "Le mécanisme de l'assistance extérieure de Chine: l'état des lieux et la tendance", *Coopération économique internationale*, Vol. 6, Beijing, 2007.

Hugon Philippe, "La Côte d'Ivoire: Plusieurs lectures pour une crise annoncée", *Afrique contemporaine*, 2003, Vol. 206, No. 2.

Jakobson Linda et Knox Dean, *New Foreign Policy Actors in China*, Stockholm International Peace Rechearch Institute, Policy Paper, Stockholm, 2010.

Jeong Ho-Won, *Peacebuilding in Postconflict Societies: Strategy and Process*, Boulder et Londres, Lynne Rienner Publishers, 2005.

Johnson Hilde, "Les cadres stratégiques pour la consolidation de la paix",

Afrique Contemporaine, 2004, Vol. 209, No. 1.

Jullien François, *De l'universel, de l'uniforme, du commun et du dialogue entre les cultures*, Paris, Fayard, 2008.

Jullien François, *La Propension des choses: pour une histoire de l'efficacité en Chine*, Éditions du Seuil, 1992.

Jullien François, *Les transformations silencieuses*, Paris, Grasset, 2009.

Jullien François, *L'ombre au tableau: du mal ou du négatif*, Paris, Éditions du Seuil, 2004.

Jullien François, *Procès ou création: une introduction à la pensée chinoise*, Paris, Éditions du Seuil, 1996.

Jullien François, *Traité de l'efficacité*, Paris, Grasset, 2013.

Kant Emmanuel, *Projet de paix perpétuelle: Texte intégral*, Rosny-sous-Bois, Bréal, 2002.

Kant Emmanuel, *Vers la paix perpétuelle. Essai philosophique*, Paris, Presses Universitaires de France, 1974.

Kennedy Scott, "The Myth of the Beijing Consensus", *Journal of Contemporary China*, 2010, Vol. 19, No. 65.

Keohane Robert Owen, *After Hegemony: Cooperation and Discord in the World Political Economy*, Princeton, Princeton University Press, 2005.

Keohane Robert Owen, Nye Joseph S., *Power and Interdependence*, 3e edition, New York, Longman, 2012.

Keohane Robert Owen et Nye Joseph S., *Transnational Relations and World Politics*, Cambridge et Mass, Harvard University Press, 1972.

Kernen Antoine, "L'Afrique face à la puissance économique de la Chine", *Politique africaine*, No. 134.

Kernen Antoine, "Les stratégies chinoises en Afrique: du pétrole aux bassines en plastique", *Politique africaine*, No. 105.

Kielce Anton, *Le Sens du Tao*, Paris, le Mail, 1985.

Kora Andrieu et Geoffroy Lauvau, *Quelle justice pour les peuples en transition? Démocratiser, réconcilier, pacifier*, Presse de l'Université Paris-Sorbonne, Paris, 2014.

Lao Zi, *La voie et sa vertu: Tao-tê-king*, présenté et traduit par Houang François-Xavier et Leyris Pierre, Nouvelle éd. remaniée, Paris, Éditions du Seuil, 1979.

Larus Elizabeth Freund, *Politics & Society in contemporary China*, Boulder, Lynne Rienner publishers, 2012.

Le Pape Marc, "Les politiques d'affrontement en Côte d'Ivoire 1999 – 2003", *Afrique contemporaine*, 2003, Vol. 206, No. 2.

Levy Marc A., Young Oran R. et Zürn Michael, "The Study of International Regimes", *European Journal of International Relations*, 1995, Vol. 1, No. 3.

Li Dan, *Entre le danger et l'opportunité, la gestion des crises par la diplomatie chinoise de 1949 ànos jours*, Lille, ANRT, 2008.

Lin He, " *Rujiasixiang de xinkanzhan* (le nouveau développement de la pensée confucéenne)", *Sixiang yu shenghuo*, 1941.

Liu Xiaomei, "Le développement de la Chine nourri par la démocratie et le droit", *La Chine au Pprésent*, 2015, Beijing.

Liu Yun, Cui Jing, "China's Participation in UN Peacekeeping Operations in Africa: Characteristics and Significance", *Journal of Zhe Jiang Normal University*, No. 172, 2011.

Losch Bruno, "Libéralisation économique et crise politique en Côte d'Ivoire", *Critique internationale*, 2003, Vol. 19, No. 2.

Lubieniecka Ewelina Róża, "Chinese Engagement in Sub-Saharan Africa: Can the Beijing Consensus be Explained under World-Systems Analysis?", *Fudan Journal of the Humanities and Social Sciences*, 2014, Vol. 7, No. 3.

Mainwaring Scott, O'Donnell Guillermo A. et Valenzuela J. Samuel, *Issues in Democratic Consolidation: The New South American Democracies in Comparative Perspective*, Notre Dame, University of Notre Dame Press, 1992.

Maïla Joseph, "La notion de crise en Francophonie: entre dispositif normatif et traitement politique", *La Revue internationale des mondes francophones*, No. 2, printemps-été 2010.

Mangala Jack, *Africa and the New World Era, From Humanitarian to a Strategic View*, New York, Palgrave Macmillan, 2010.

Marchal Roland, "Justice internationale et réconciliation nationale: Ambiguïtés et débats", *Politique africaine*, 2003, Vol. 4, No. 92.

Marchesin Philippe, "Démocratie et développement", *Tiers-Monde*, 2004, Vol. 45, No. 179.

Marut Jean-Claude, "À l'Ouest, quoi de nouveau? Les obstacles à la paix en Casamance", *Les Cahiers d'Outre-Mer*, 2011, Vol. 64, No. 255.

Mbabia Olivier, *La Chine en Afrique: Histoire, géopolitique, géoéconomie*, Paris, Ellipses, 2012.

Mbembe Joseph-Achille, *Critique de la raison nègre*, Paris, La Découverte, 2015.

Médard Jean-François, *États d'Afrique noire: Formation, mécanismes et crise*, Paris, Karthala, 1991.

Merleau-Ponty Maurice, *Éloge de la philosophie: et autres essais*, Paris, Gallimard, 1965.

Midlarsky Manus I., *Inequality, Democracy, and Economic Development*, Cambridge, Cambridge University Press, 1997.

Milliken Jennifer, *State Failure, Collapse and Reconstruction*, Malden, MA Blackwell, 2003.

Musitelli Jean, "La Convention sur la diversité culturelle: Anatomie d'un succès diplomatique", *Revue internationale et stratégique*, 2006, Vol. 2, No. 62.

Nay Olivier, "Grand angle: La théorie des 'États fragiles': un nouveau développementalisme politique?", *Gouvernement et action publique*, 2013, Vol. 1, No. 1.

Orend Brian, *The Morality of War*, Peterborough, Broadview Press, 2006.

Paltiel Jeremy T., *The Empire's New Clothes: Cultural Particularism and Universal Value in China's Quest for Global Status*, New York, Palgave Macmillan, 2007.

Perret Thierry, *Mali: une crise au Sahel*, Paris, Karthala, 2014.

Phan Thi Hoai Trang, Guillou Michel et Durez Aymeric, *Francophonie et mondialisation*, Paris, Belin, 2011, Vol. 2.

Pohu Anne-Aël et Klimis Emmanuel, *Justices transitionnelles: Oser un modèle burundais comment vivre ensemble après un conflit violent?* Bruxelles, Facultés universitaires Saint-Louis, 2013.

Przeworski Adam et E. Alvarez Michael (et al.) , *Democracy and Development: Political Institutions and Material Well-being in the World*, 1950 – 1990, Cambridge, Cambridge University Press, 2000.

Qin Yaqing, "International Society as a Process: Institutions, Identities, and China's Peaceful Rise", *The Chinese Journal of International Politics*, 2010, Vol. 3, No. 2.

Qin Yaqing, "Rule, Rules, and Relations: Towards a Synthetic Approach to Governance", *The Chinese Journal of International Politics*, 2011, Vol. 4, No. 2.

Rist Gilbert, *Le développement: Histoire d'une croyance occidentale*, Paris, Presses de Sciences Po, 2001.

Rorty Richard, *Objectivisme, relativisme et vérité*, traduit par Jean-Pierre Cometti, Paris, Presses Universitaires de France, 1994.

Rosenau James N. , *Turbulence in World Politics: A Theory of Change and Continuity*, Princeton, Princeton University Press, 1990.

Roubaud François, "La crise vue d'en bas à Abidjan: Ethnicité, gouvernance et démocratie", *Afrique contemporaine*, 2003, Vol. 206, No. 2.

Saunders Harold H. , *A Public Peace Process: Sustained Dialogue to Transform Racial and Ethnic Conflicts*, Basingstoke et New York, Palgrave, 2001.

Scott Andrew MacKay, *The Revolution in Statecraft: Informal Penetration*, New York, Random House, 1965.

Simmel Georg, *Le conflit*, Saulxures, Circé, 1992.

Smouts Marie-Claude, *La situation postcoloniale: les "postcolonial studies" dans le débat francais*, Paris, Presses de Sciences Po, 2007.

Smouts Marie-Claude, *Les nouvelles relations internationales*, Paris, Presses de Sciences Po, 1998.

Somé Marcelin, *Le statut juridique de l'Organisation internationale de la Francophonie*, thèse de doctorat en Droit public, 2008, Université Jean Moulin Lyon 3.

Spykman Nicholas John, *The Geography of the Peace*, New York, Harcourt, 1944.

Strange Susan, *Mad Money: When Markets Outgrow Governments*, Michigan, University of Michigan Press, 1998.

Strombom Lisa, "Thick Recognition: Advancing Theory on Identity Change in Intractable Conflicts", *European Journal of International Relations*, 2014, Vol. 20, No. 1.

Sun Zi, *L'art de la guerre*, présenté et annoté par Jan Michel et traduit par Tang Jialong, Paris, Payot, 2004.

Sun Zi, *L'Art de la guerre*, traduit par le Père Amiot, Paris, Mille et Une Nuits, 2000.

Tavares Jose et Wacziarg Romain, "How Democracy Affects Growth", *European Economic Review*, 2001, Vol. 45, No. 8.

Tilly Charles, *The Formation of National States in Western Europe*, Princeton, Princeton University Press, 1975.

Tocqueville Alexis de, *De la démocratie en Amérique*, Paris, Gallimard, 1951.

Traisnel Christophe, *Francophonie, francophonisme: Groupe d'aspiration et formes d'engagement*, Paris, Université Panthéon-Assas LGDJ, 1998.

Trinquand Dominique, "La contribution de la Francophonie aux opérations de maintien de la paix", *La Revue internationale des mondes francophones*, No. 2, 2010.

Verdier Yvonne, *Façons de dire, façons de faire: la laveuse, la couturière, la cuisinière*, Paris, Gallimard, 1979.

Vettovaglia Jean-Pierre, *Démocratie et élections dans l'espace francophone*, Bruxelles, Bruylant, 2010.

Vettovaglia Jean-Pierre, *Déterminants des conflits et nouvelles formes de prévention*, Bruxelles, Bruylant, 2013.

Vettovaglia Jean-Pierre, *Médiation et facilitation dans l'espace francophone: Théorie et pratique*, Bruxelles, Bruylant, 2010.

Wang Qinghua et Guo Gang, "Yu Keping and Chinese Intellectual Discourse on Good Governance", *The China Quarterly*, 2015, Vol. 224.

Weinstein Brian, "Francophonie: A Language-Based Movement in World Politics", *International Organization*, 1976, Vol. 30, No. 3.

Wilhem Richard et Perrot Etienne, *Yi king: Le livre des transformations*, Paris, Librairie de Médicis, 1973.

Williamson John, *Latin American Adjustment: How Much has Happened?* Washington D. C. , Institute for International Economics, 1990.

Womack Brantly, *China among Unequals: Asymmetric Foreign Relations in Asia*, Singapore et Hackensack, N. J, World Scientific Publishing Company, 2010.

Xiaoyu P. , "Socialisation as a Two-way Process: Emerging Powers and the Diffusion of International Norms", *The Chinese Journal of International Politics*, 2012, Vol. 5, No. 4.

Xi Jinping, *La gouvernance de la Chine*, Beijing, Éditions en langues étrangères, 2014.

Yan Xuetong, *Ancient Chinese Thought, Modern Chinese Power*, trans by Dun – he Lei, Princeton, Princeton University Press, 2011.

Yin Zhongqing, *Le système politique chinois*, Paris, Pages ouvertes, 2014.

Yu Keping, *Democracy is a Good Thing: Essays on Politics, Society, and Culture in Contemporary China*, Washington, Brookings Institution Press, 2009.

Yukou Lie, *Le Vrai classique du vide parfait*, traduit par Benedykt Grynpas, Paris, Gallimard: Unesco, 1994.

Zhang Hongming et An Chunying, *Annual Report on Developpment in Africa*, n° 16, 2011 – 2012, Social Sciences Academic Press, Beijing, 2014.

Zhang Qingmin, "L'évolution de la situation diplomatique de la nouvelle Chine depuis dix ans-analyse des rapports du Congrès national du Parti communiste chinois", *Wai Jiao Ping Lun (Revue des Affaires étrangères)*, 2009, Vol. 4.

Zhao Lei, Gao Xinman, *The Cutting-edge Issues of China's Participation in UN Peacekeeping Operations*, Beijing, Shishi Edition, 2011.

Zhao Suisheng, *China and Democracy: The Prospect for a Democratic China*, New York et Londres, Routledge, 2000.

Zhao Suisheng, *Chinese Foreign Policy: Pragmatism and Strategic Behavior*, New York et Londres, M. E. Sharpe, 2004.